# 企业管理的创新模式

敖　翔◎著

吉林出版集团股份有限公司

**图书在版编目（CIP）数据**

企业管理的创新模式 / 敖翔著 . — 长春：吉林出版集团股份有限公司，2020.5

ISBN 978-7-5581-8442-0

Ⅰ . ①企… Ⅱ . ①敖… Ⅲ . ①企业管理－研究 Ⅳ . ① F272

中国版本图书馆 CIP 数据核字（2020）第 059829 号

## 企业管理的创新模式

著　者　敖　翔

责任编辑　齐　琳　李晓华

封面设计　林　吉

开　本　787mm×1092mm　1/16

字　数　270 千

印　张　12

版　次　2021 年 6 月第 1 版

印　次　2021 年 6 月第 1 次印刷

出　版　吉林出版集团股份有限公司

电　话　总编室：010-63109269

　　　　发行部：010-82751067

印　刷　炫彩（天津）印刷有限责任公司

ISBN　978-7-5581-8442-0　　　　　　　定　价：58.00 元

# 前　言

　　大众创业、万众创新是经济发展的动力之源。没有创新，就没有如此丰富多彩的世界；没有创新，资源也就不再是资源。创新驱动是我国经济持续发展的必由之路。在把创新和创业的重要性推到如此高度，我们更加确定了创新的重要性，但如何实现创新仍然是值得持续讨论的问题。

　　现阶段是我国实施国家创新发展战略的关键时期，企业作为国家创新的重要行为主体，必须加强建设和完善企业创新体系，这既是落实创新发展国策的必然要求，也是企业进行可持续发展的必要途径。我国很多企业目前都处于技术创新和管理创新的过渡阶段，企业能否以管理创新继续企业的发展是企业兴衰的关键。

　　企业应该进行哪些管理创新、如何进行管理创新，企业选择创新有多大的风险，这些都是当前我国企业面临的问题。因此，本书立足于企业管理发展的实践，探讨了现代企业管理的创新模式，旨在以辩证的观点来对当代中国企业管理的创新进行研究和探讨，期望能为读者创造创新企业管理清晰的视野和有益的启迪。

　　本书共分为七章。第一章是企业管理创新概述，主要阐述了创新理论及管理创新的基本知识；第二、三、四章主要针对企业发展中的技术创新、战略管理创新及文化创新等进行了研究，第五、六章主要探讨了企业的思维创新模式及创新企业的商业模式；第七章主要立足于生态创新的发展理念，对企业的生态创新做了分析。

　　由于编者时间仓促，加之能力有限，书中的不足之处在所难免，望广大读者给予批评指正。

编　者

# 目 录

# 第一章 企业管理创新概述

每个新时代的来临都意味着一些人、一些思想和一些行为方式被淘汰，同时也意味着另一些人、另一些思想和另一些行为方式的崛起。表现在市场，直接意味着一些企业，一些行业的衰落和消亡，同时另一些企业，另一些行业的迅速崛起。当前的经济全球化导致竞争的范围扩大和强度加剧，从而要求我国企业做出应对，对知识经济时代而言，应对即为创新。

创新是一个民族进步的灵魂，是一个国家兴旺发达的不竭动力。没有创新能力的民族，难以屹立于世界先进民族之林。随着经济全球化，知识经济形势的到来，市场竞争日益加剧，创新是企业成败的关键。

## 第一节 创新理论及其发展

### 一、创新的概念

"创新"在《现代汉语词典》中的解释是："抛开旧的，创造新的。"

（一）"创新"的来源与含义

创新是一个古老的词，起源于 15 世纪。在英语里，"创新"翻译为 innovate（动词）innovation（名词），起源于拉丁语里的"innovare"，意思是更新、制造新的东西或改变。《汉书·叙传下》中也有记载："礼仪是创"，颜师古注为"创，始造之也"。

《韦伯斯特词典》关于"创新"的定义是：①引入新东西、新概念。②制造变化。

因此，"创新"的含义应是：在世界上首次引入新东西，引入新概念，制造新变化。

作为专业词的"创新"是知识产权意义上的新，须在原理、结构、功能、性质、方法、过程等方面有显著变化。

与其他专业名词组合，则有观念创新、知识创新、教育创新、艺术创新、文化创新、环境创新、技术创新、服务创新、制度创新、组织创新、管理创新等。

彼得·德鲁克认为，创新是对资源给予一种新的创造财富的能力行动。

斯蒂劳·罗宾斯认为，创新是指形成创造性思想并将其转换为有用的产品、服务或方法的过程。

可以说创新就是变革，创新就是发展，它贯穿于人类社会经济生活的各个领域。人类社会生产力的每一次巨大飞跃，生产方式的重大改革都与创新密不可分。更为重要的是，创新从本质上说是一种理念，即一种不断追求进步、追求发展、追求卓越的理念，是一种通过技术变革有效地促进经济发展的可行思路和持续动力，是一个国家、一个民族不可缺少的。

### （二）熊彼特的创新理论

著名的经济学家约瑟夫·熊彼特在《经济发展理论》一书中首次提出"创新理论"，熊彼特认为"创新"就是"建立一种新的生产函数"，在生产体系中引入一种从来没有过的生产要素和生产条件的"新组合"，这些"新组合"的要素包括：新产品；新技术或新的生产方法；新的市场；新的原材料或者半成品的一种新的供应来源；新的组织管理方法。

熊彼特强调：创新是一个经济概念，而发明是一个技术概念，两者有严格的区别。科学技术的发明并不意味着创新。对创新来说，更重要的是如何将科学技术进行商业化，或者说如何把科学技术引入企业中来形成一种新的生产能力和竞争能力，熊彼特认为："只要发明还没有得到实际上的应用，那么它在经济上就是不起作用的。"创新不仅仅要在发明或者创意上快别人半步甚至更多，更重要的是在实际的运用中能够比竞争对手快半步或更多。

"创新"可能是世界上第一次的创新，也可能是本国第一次的创新，可能是在某个行业内的第一次创新，还可能是某个企业在其有意义的小环境（如企业所处的城镇或者社区）里的第一次创新，也有可能是对现有产品、技术等的创造性模仿。正所谓"模仿也是一种创新"，关键是模仿之后至少要与被模仿者具有同等的效用，最好能够"青出于蓝而胜于蓝"。

本书所指的创新主要是以企业为创新主体而进行的创新，其目的是塑造企业的核心竞争能力和持续的竞争优势，保证企业生存和发展的持续性。

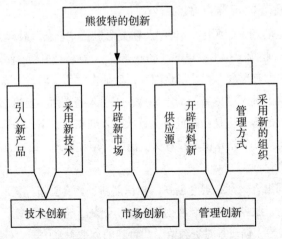

**图1-1　熊彼特的创新理论**

## 二、创新的特点

### （一）创造性

创造性是指创新所进行的活动与其他活动相比具有改变，这种改变带来了质的升华。从创新的字面意义上看，创新的本质包括创造性。无论是完全彻底的改变，还是"小修小改"，创新中必须包括新的不同的东西才能谓之创新，否则就失去了存在的依据。

### （二）系统性

创新受到诸多因素的影响，不论是创新前期工作的开展，还是后期实施的效果都会受到各种因素的影响。创新不是"空中花园"，它会受到创新者、投入资源、外界环境等的作用和影响，有时还会面临诸多的阻碍和压力。因此，为了创新的成功，必须综合考虑各种因素，将创新看成是一个系统。

### （三）高风险性

创新就是改变，是对当前状况的否定或者是升华，受到多种因素的影响，而创新的效果也要在后期才能检验出来，有时这个时期还会非常漫长。即使前期做了充分的考察和论证，随着环境、条件等的改变，很可能完全颠覆先前的论证或者正在进行的创新项目。因而，创新具有风险性，一个创新项目很可能进行了一半就无法进行下去了，也可能进行到最后才发现它并没有价值。这时，创新中所付出的资源得不到应有的补偿，产出无法弥补成本，企业将面临更多的不确定性。

### （四）高收益性

之所以很多人和企业痴迷于创新，是因为其一旦成功，创新成果就能带来巨大的收益，这里的收益既包括物质财富上的，也包括精神上的。人们对于创新结果的美好预期，才推动了创新在满是荆棘的道路上前进。创新很可能让企业获得超额收益，这种高额收益与高风险性是相对应的。

### （五）适用性

高收益性首先要求创新具有适用性，不适合现实环境即无法加以利用的创新成果是不能为企业带来相关收益的。创新成果为企业带来收益的方式有多种，归结起来就是自用和他用，不管哪种方式，如果创新成果没有现实环境的土壤就不能够开花结果，企业就不能够从中获得利益。

### （六）时机性

创新的"新"以及相应的收益性要求创新具有时机性。时机性是指先一步或者晚一步对于创新而言意义重大。若有人先一步创新成功，先一步申请专利者在竞争中将获得占领性优势，而其他人的创新成果就不再"新"了，所带来的效益也将大打折扣。

## 三、创新的基本类型

### （一）按过程和效应来分

根据创新过程的快慢程度以及彻底性程度，可以将创新分为突破性创新和渐进性创新。突破性创新和渐进性创新的主要区别体现在创新的彻底性和差异性。一般来说，将创新的成果与现有的生产方式、生产技术、产品范围、市场类别以及管理方法等相比，彻底性和差异性越大，则其突破性越强；反之，则渐进性越强。因此，突破性创新是指在生产方式、生产技术、产品、市场、管理、制度等方面的彻底性的创新，如组织的再造。渐进性创新则只涉及生产方式、生产技术、产品、市场、管理、制度等方面的改进或者改善、调整，创新的成果在彻底性和差异性上与突破性创新有较大的差距。

由于突破性创新是对现有技术、管理、制度等的突破，其结果往往是对过去的巨大变革，其影响也是显著和深远的。在很多情况下，突破性创新能够开创一个新的产业。突破性创新还对现有的竞争规则造成巨大的冲击，拥有突破性创新成果的企业往往能够改写竞争规则，成为新的竞争规则的制定者。此外，突破性创新往往能够大幅度地提高人民的生活水平和生活质量，特别是一些重大疾病预防药物的发明，能够极大地提高人类抵抗疾病的能力，如青霉素、天花疫苗、结核疫苗和甲流疫苗的发明和推广。由此可见，突破性创新的重要性毋庸置疑，在人们的印象中，重大的突破性创新往往占据较高的位置，所得到的评价也非常高。

但是，在突破性创新和渐进性创新之间，我们不能厚此薄彼，突破性创新固然非常重要，但是渐进性创新在人类社会的进步当中同样扮演着相当重要的角色。因为突破性创新是点滴的渐进性创新积累的结果，只有当渐进性创新发展到一定程度（量变）的时候才会出现重大的突破性创新（质变），正所谓"不积跬步无以至千里，不积小流无以成江海"，计算机的诞生是众多渐进性创新的集成而形成的突破性创新。没有晶体管等技术的发明就不可能有电视机的诞生，随着人们对最原始电视机的不断改进，平板电视、液晶电视、数字电视等相继诞生。在技术领域，企业的突破性创新是以往各种技术创新以及各部门配合的结果，当渐进性创新达到一定程度时，任何微小的创新都可能给技术人员带来灵感，从而导致突破性创新。同样，在企业制度上，不可能全盘摒弃原有的制度并用全新的制度加以取代，因为任何制度的变迁都会受到"路径依赖"的影响，所以需要逐渐地对制度进行变革。企业文化和思维的变革更易受到"路径依赖"的影响，企业文化是企业在长期的经营管理中形成的，具有稳定性和长期性，因此，对文化的变革要循序渐进，切忌在短时间内进行"突破性"的变革。

总之，人类社会或者企业的任何一项突破性创新都是无数渐进性创新不断积累和整合的结果，渐进性创新是突破性创新的必备条件。所以，在创新的路上，企业不要盲目地追求所谓的突破性创新，特别是对没有重大科研实力的中小企业而言，更应该注重渐进性创新，不断地对渐进性创新的成果（不论是自身的还是外来的）进行总结、积累和运用，扩充自己的创新知识库，从而追求更具有突破性的创新成果。

（二）按驱动创新的力量来分

在企业创新中，推动企业不断进行创新的驱动力主要来自两个方面：一是市场的需求；二是技术的进步。需求是最终的顾客，需求也是最好的顾客，之所以这么说，是因为需求是所有经济活动的源泉，是企业生存和发展的基础，企业能够生存得益于市场对其生产的产品有需求并且企业能满足这一需求。从这一点我们可以得出一个非常重要的结论——企业的创新需要以市场需求为导向。企业是一种营利性的组织，在以需求为导向的企业创新过程当中，与顾客的沟通和交流非常重要，很多创新的创意都是来源于与顾客的沟通交流。如在与年轻人的交流过程中，索尼公司的研究人员发现年青一代希望录音机能够具有随身携带的功能，索尼公司就根据这样的需求发明了"随身听"，在当时这种技术能够算是一个重大的创新。有些公司虽然在创新的过程当中没有根据当时的市场需求，但是能够为创新的成果创造出新的市场，从而实现创新和需求的匹配，最典型的就是杜邦公司发明的尼龙。杜邦公司先发明了尼龙，然后再为尼龙设计多种用途，如将尼龙应用于女士长筒袜，为尼龙创造市场的过程也是一个创新的过程。

由市场需求拉动的创新需要以了解市场的需求为前提，因此，市场需求拉动创新多为渐进性创新。在此类创新过程中，企业了解消费者的需求需要耗费一定的时间，而消费者的需求在一定的时期内比较稳定，不会有重大的变化，在缓慢的需求变化当中，企业由于需求拉动而进行的创新也是渐进性的，主要是对某些功能的改进、增加或者删除，或者对外形包装等的改变。如某个家电制造商原来并没有较小形体的洗衣机，在进行市场调查之后，发现社会上大量单身人士需要洗的衣服并不多，用大体积的洗衣机既浪费电又浪费水，因此就对其形体进行创新，设计了一款适合单身贵族使用的小型洗衣机。

相对而言，由技术进步推动的创新多为突破性创新，因为一种全新的技术有可能改变或者提高人类对自然规律的认识，并且提高人类改造客观世界的能力，还有可能形成一个全新的产业。如瓦特发明的蒸汽机改变了人们对蒸汽动力的看法，蒸汽动力技术因此开始为人类所应用，在对这一技术不断的运用过程当中，人们在其他很多领域内取得了众多的创新成果，如工厂动力设备、车船等领域，一系列新兴产业相继开创。

（三）按发生方式来分

按照创新的发生方式不同，创新可以分为程序化创新和非程序化创新。程序化创新的特点是按部就班，创新的过程有一系列的程序可以遵守，先做什么后做什么都有比较明确的指示，创新的计划电在创新之前制定好，整个创新的过程沿着既定的路线和程序进行。在创新过程当中，程序化创新对偏差的容忍度比较低，除非进行不下去，否则是不会改变原来的路线或者程序的。非程序化创新则没有既定的路线和程序，创新的过程比较"随意"。非程序化创新可以进一步分为两种类型：一是消极型的非程序化创新，它是一种偶然的创新，创新的发生主要是来源于偶然的资金支持或者偶然的创意，这种创新的偶然性非常突出；二是痛苦型的非程序化创新，这种创新的主要缘由是企业正面临生存的风险，不创新就可能导致企业生命的终止，因此，这种创新具有较强的被动性，通常是在不得已的情况下进行的。

（四）按调整程度来分

所谓调整程度是指对现有技术、人员、组织、管理、制度等的调整程度，根据调整的程度大小可以将创新分为独立创新和系统化创新。如果对创新成果的运用或者商业化需要对以上要素进行较大程度的调整，则这种创新就是系统化创新。相比较而言，独立创新成果的使用或者商业化只需要对现有的技术、人员、组织、管理、制度等进行小范围的调整，对以上要素的依赖性比较小。物联网是系统化创新的一个例子，物联网的使用需要对互联网服务提供公司、通信服务提供公司、加入物联网的公司、现有的信息技术等做出重大调整才能实现。最新发明的城市立体公交也是一个系统化创新的例子，在立体公交进行商业化的过程当中需要对现有的城市路面、公交站台、从业人员、管理方式等进行重大的变革，从而适应立体公交运行的需要。

## 四、创新的多层次研究

组织是一个多层次的、层层相扣的系统结构，个体、团队与组织在多重层次中相互影响与整合，以创造产出。因此，必须视组织为一个整合的系统。然而，传统的组织研究将组织切割成个体、群体与组织层次，研究者不是倾向于强调宏观的观点就是微观的观点，微观的观点主要源自心理学，着眼于个体与行为的差异；而宏观的观点主要源自社会学，强调个体行为的集体或共同反映。只采用宏观的观点或微观的观点无法精确、全面地解释组织行为。宏观的观点不重视个体之间的差异，且忽略个体的人格、情感、行为及互动可能提升到更高层次的现象的过程；反之，微观的观点不重视个体所存在的情境，可能忽略此情境对个体差异效果的限制。鉴于此，必须综合微观和宏观的观点研究。

组织创新和创造力本质上是一个多层次现象，然而较少的研究从多层次角度进行讨论。在此，作者试图应用多层次组织理论并结合多层次组织理论中的一些重要研究来讨论研究创新的多层次现象及途径，以加深人们对组织创新多层次本质的认识。

多层次理论的根本目的是帮助人们更好地理解和分析一个层次上的现象如何影响另一个层次的现象，并提供一个更丰富的视角来研究某个现象：诸如创新和创造力。研究多层次现象有两个基本途径：一是组织、群体及其他情境因素如何由上而下影响个体层次的结果变量；二是个人感知、态度及行为由下而上以形成群体、组织的现象。

（一）由下而上的涌现过程研究

由下而上的涌现过程，即由较低层次的互动和集聚而涌现到较高层次的过程。许多创新现象，如组织学习、团队学习行为、吸收能力、创新气氛都来源于个体行为、感知、态度和认知的方式，通过个人和群体间的互动和交换涌现为高层次的现象。涌现现象通常通过两种截然不同的机制产生：组合型（composition）和汇聚型（compilation），借助这两种机制产生由下而上的涌现过程。组合—涌现现象是基于同构的原则。反映功能等同的现象，从低层次到高层次现象的涌现过程。汇聚—涌现现象是基于相关的但不同的较低层次特性，当这些特性以合并方式涌现到更高层次时，其功能则不同。

由下而上的组合—涌现现象的一个例子是创新气氛。组织创新气氛形成于组织成员对组织政策，程序和实践支持、鼓励创新的共同感知程度。尽管在组织层面上，创新气氛源于员工对工作环境的个体感知，它是通过接触相似的组织政策、程序、创新实践、社会互动、选聘、自然减员以及社会化过程，该组织成员形成组织创新气氛的共享感知。因此，组织成员对组织支持创新的感知程度的一致性是一个重要标准，用于维护由下而上的组合—涌现结构。汇聚—涌现的创新现象的例子是网络。网络已被证明对理解和促使创新的重要性。网络由不同实体间的多种类型的连带所构成，无论是个人、团队或企业，最好的理解是以关系的总体模式来考虑（例如网络密度）和个体在网络中的位置。通过个体贡献和互动有助于合并形成一个创新现象的涌现模式。一个典型例子是 Reagans 和 McEvily（2003）详述了非正式网络的开发，如社会内聚和网络范围（知识共享）的连带，以及它们如何产生和影响不同形式知识主体之间的转化，进而产生新的成果。

一个由下而上的涌现过程不论是有赖于"组合"还是"汇聚"，需要明白的是：高层次的分析概念如何从低层次的实体与交互中涌现，即从低层次现象升华出的高层次概念的结构是什么？例如，在个体、团队或组织的交互作用的结构是什么，在高层次上分析的结果或因果关系是什么？搞不清楚这些作用结构和过程，则不可能描述理解个体是如何有助于较高层次的实体。举例而言，心理安全，即支持人际冒险的程度，已被一些研究者在团队层次和组织层次概念化，并得出相关成果。心理安全是基于一定的领导和团队/组织成员行为的交互作用，以及个体心理反应以形成心理安全的共同感知。Edmondson（1999）在团队层次上推进心理安全的概念以及将其与学习联系起来，并详细描述这些行为。交互形成结构基础，心理安全的涌现有助于阐明团队层次现象的本质。另外，Edmondson 还提供了心理安全与学习过程及创新成果关系的理论描述，并指出它在团队及组织层次的分析中的不同作用。

（二）由上而下的过程和情境影响研究

由上到下的过程和情境影响就是由高层次向低层次影响的过程。创新系统中每个层次都嵌入在一组或更高层次的情境中。情境可能有助于塑造低层次的创新现象本质。通过确定情境影响的本质来帮助加深理解创新现象，也有助于确定创新成果的影响来源。

由上而下过程的第一种情境作用类型是直接的跨层次影响，是高层次上的自变量影响低层次上因变量的结果。例如，有积极的纠错管理文化的组织，具有谈论自由和当错误发生时理解错误的强规范，并在问题出现和需要采取纠正措施的时候提供援助。这些共享的规范是代表建设性的纠错管理文化，有利于错误的开放性沟通，鼓励在这种文化环境中工作的个体更自由地承认并承担发生的错误，努力纠正发生的错误，并从错误中学习。

由上而下过程的第二种情境作用类型是作为跨层次调节变量——调节较低层次的变量。例如，Hirst 和 Zhou（2009）研究发现：团队学习行为会正向调节个体学习倾向与创造力之间的关系，换言之，团队层面的学习行为跨层强化个体学习倾向对创造力的影响作用。

由上而下过程的第三种情境作用类型是跨层次青蛙池塘效应，它反映较低层次的个体在较高层次中的相对位置所产生的影响。同样的一只青蛙，假若池塘很大，这只青蛙看起来可能会很小；若池塘很小，这只青蛙看起来就可能很大。例如，假设要检测薪资的高低与工作满意度之间的关系，个体的工作满意度可能就会取决于该个体相对于群体中同事的平均薪资水准。与此相似，个体创造性自我效能与创造产出的关系，可能受到上级主管对个体创造性角色期望程度的调节影响。再者，一个员工的创新价值观与组织的创新价值观相关，一个组织在多大程度上努力将员工视为新技术的目标用户，则影响员工对这种技术创新的态度。具有强烈的创新价值观的员工，如果是工作在一个强烈支持和鼓励员工尝试新的做法和学习的组织中，员工就很可能成为新技术的"领先用户"或创新冠军；如果是工作在一个自认为是完美的、反对冒险的不支持创新的组织中，员工对新技术的反应就完全相反。可见，一个组织是否重视员工在创新中的作用和地位，对员工的创新价值观及其行为产生完全不同的影响。

# 第二节　管理创新在企业发展中的作用

在市场环境条件下，企业的管理创新具有更加广泛的意义和特点，在管理创新基本概念的基础上能够更加清晰地看到管理创新的不同角度，通过对管理创新的规划，可以找到进行管理创新可行性的操作流程。

## 一、管理创新的概念界定

许多管理学大师都对管理进行了不同方式的定义，但无论他们定义的方式和角度如何迥异，其对管理的基本认识都包括：计划、组织、领导和控制四个主要方面。所谓管理就是人们以计划、组织、领导和控制等基本活动作为手段，对所掌握的资源进行合理的利用和分配，从而达到组织目标的一个实践过程。

为了进一步理解这一实践过程，首先应认识到管理是在一定的组织架构下实施和实现的，不存在没有组织的管理；其次，对组织进行管理的目的是实现组织目标，在实现组织目标的过程中，要做到充分地利用组织资源，实现组织资源利用的最大化；最后，在组织内进行管理的整个过程中要运用必要的手段，这些手段包括计划、组织、领导和控制四种。对于管理过程中的四种手段的运用并非完全孤立和程序化的，而是相互交叉的，同时这四种手段作为一个过程也是一个不断循环的过程。在管理实施过程中，要跟随环境的变化做出新的计划，并依据计划组织资源实施，然后通过领导手段来引领组织资源配置，最后通过控制手段组织资源向组织目标流动，并通过对结果的反馈进一步对计划做出新的调整。在领导和控制过程中，根据需要不断对计划完善调整并进行相应的组织安排，同样，在计划和组织过程中也要做好计划制作的领导并对计划中的变量和方向进行一定的控制。

而我国著名管理专家周三多提出，除了以上四个职能外，管理还应有第五个重要职能——创新。创新的主要功能则是促使企业更为有效地持续运行、健康发展，创新职能更像是管理中一个动力之源，但只有与其他四个职能进行结合才具有其价值。结合关于以上四个要素的分析，再加上对创新职能的理解，可以画出如下管理四职能和创新的关系图1-2所示。管理的创新职能与其他四个职能紧密相连，在不同的时期，通过创新职能，管理的其他四个职能也会相应的随之变化。

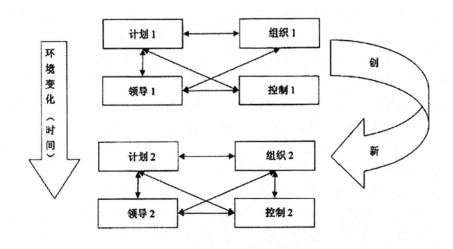

**图1-2　管理的创新职能与其他四职能关系图**

企业的管理过程本质上是一个运用各种有效手段对各种内部可控资源进行有效的配置，从而实现企业目标的过程。管理创新乃是对管理的一种创新，其着眼点有三个方面：管理思想的创新，资源配置、活动秩序和企业氛围的创新，控制手段的创新。管理理念的创新主要是对管理目标进行创新性的改进，从而使得整个管理得到创新。资源配置、活动秩序和企业氛围的创新，主要是从硬件、软件分类的视角来看待企业的管理创新。其中对资源配置的创新属于硬件创新；而针对活动秩序和企业氛围的创新为软件创新。控制手段的创新，则主要是对四种基本手段进行创新以改进整个管理的流程，使得管理流程更加高效。本文以前两个着眼点来进行探讨分析，因为控制手段的创新更类似于一种视角，而这个视角与思想观念、资源配置、活动秩序和企业氛围等内容密不可分，而学界对管理是否能被控制已有很多反思和争论，因此这里不再单独讨论。

## 二、管理创新体系

管理创新根据管理思想、企业战略、组织架构、企业文化、管控手段和企业制度等不同视角和创新切入点，构成了完整的管理创新体系。其中，管理观念创新属于管理思想的创新，战略管理创新、组织机构创新、制度创新、产品及服务创新属于资源配置、活动秩序的创新，关系创新属于企业氛围创新的一个具体应用。

### （一）管理观念创新

管理观念是整个企业管理过程中的灵魂，是对企业实施各种管理措施的基本指导思想。管理观念的确定是一个复杂的过程，它涉及对企业经营外部环境的把握、对企业所拥有的资源和能力的细致分析和对企业战略目标的确定，经过对各个方面的协调和整合最终确定企业的基本指导思想。企业的管理观念具有相对稳定性，一旦确定就不易改变。企业的管理观念和具体经营过程相互影响和相互促进。管理观念创新是提出一种崭新的不同于以往的经营思路，这种经营思路既可以是对企业所有经营活动来说是新颖的，也可以是仅对某一企业经营活动来说是新颖的。只要这种经营思路被证明是切实可行的，那么这就是一种管理创新。管理观念的创新是整个企业管理创新的出发点，是思想创新。现代企业经营管理过程中经营管理理念正在发生巨大的变化，由注重物的管理向注重人的管理方向转变，由注重有形资产的管理向注重无形资产的管理，由企业间的绝对竞争关系向企业将竞争与合作并存并逐步寻求共赢转变，所有的这些都体现出企业的管理理念在发生着巨大而深刻的变化。这些企业管理理念的变化极大地促进了企业管理效率的提高。所以，在企业进行管理创新的过程中，最重要的就是进行一场深刻的管理理念的创新，这需要不断的学习和探索，需要不断地对内自省并引进外来先进的管理人才和管理经验。人的一切活动均源于思想，管理思想、观念的创新是整个管理创新的灵魂。

### （二）战略管理创新

战略管理对于企业的生存和发展有着举足轻重的作用，它是企业进行管理创新的灵魂，因此构成了企业管理创新的一部分。企业在进行管理创新过程中，应当把握好战略创新的节奏，着眼于全球竞争的大视角。企业进行战略创新时应当把握好自身的核心竞争力，通过不断发展核心竞争力以适应外部环境的发展变化并力图引领变化潮流，从而实现企业的可持续发展。管理创新是战略创新的微观层面的操作，为了实现企业的创新战略就必须不断改变企业的经营管理方式，通过管理的创新使企业以一种不同的方式运行，这充分说明了战略管理创新对企业创新的作用。

### （三）组织机构创新

组织管理创新，即通过创立一个崭新的组织或者对原有的组织架构进行整合得到一个更有效率的组织架构，这种新形成的组织能够在企业的目标实现过程中正常运行并起到促进作用。

在管理过程中，其对象是必然指向某一组织，因此，对于组织进行创新就成为进行管理创新的基础。在现代企业中，企业组织再也不是一个固定不变的工作单位，而是一个能够通过不断的学习以适应变化和促进变化的有机体。随着知识经济的到来，组织正在发生十分深刻的变革，组织间的共享性和虚拟性正在逐步增强，组织之间正在构建一种超高共享性的网络，而管理层级的扁平化也导致人际关系更加平等。在新型组织体系中，知识和专业技术更加占据重要地位，逐渐形成以技术和知识为基础的业务单元，这是组织的一大创新。业务单元的组织形式具有极强的适应性和工作弹性，因而能够产生诸多创意性的业务解决方案。同时，这种不同的组织状态需要企业在管理过程中采用与以往不同的方法进行管理，否则将会阻碍组织效能的发挥，可见正是组织机构的创新，影响着管理的不断进步。

企业在组织机构创新的过程中要特别注意结合内外环境，遵循组织运行的基本规律，以组织运行的实际效果作为最为可靠的检验指标。为了能够成功实现组机构创新，企业一方面必须做到组织机构内部的决策分散化，即要根据市场的变化和企业自身经营状况，制定有针对性的应对措施，另一方面要建立平行流程网络下的组织结构，这不仅有利于企业内部高效的信息传递和交流机制的建立，也能确保企业内部各部门之间的有效沟通，还能促进企业决策的高效传达和运行。

（四）制度创新

制度的改变或创新即是设计一种新的管理方法或标准，这种管理方法或标准如果有效，就会为企业的整体管理或者部分管理会带来最直接的影响，这即是一种管理创新。通过对企业的管理制度不断地改进，企业的制度会不断促进企业的发展，企业的整个资源整合利用过程会更加合理，最终整个企业运转会更加流畅。

（五）产品及服务创新

产品及服务模式的管理创新主要包括生产、品牌、技术工艺、营销及客户服务等方面的管理创新。主要是基于市场的变化，企业应主动调整生产的产品本身、产品的生产方式、产品的品牌定位与组合、产品的生产工艺、产品的销售方式、产品的售后服务等一系列的生产经营活动而进行的管理创新，其核心宗旨在于使持续整合、改良、优化的管理活动适应企业产品发展战略的需求，进而满足消费者需要，使企业创新价值实现最大化。以上的各个管理活动中，营销模式的管理创新尤为关键。这是因为，对于任何企业而言，其生存的关键首先来自市场，只有拥有广阔市场的企业才能够不断发展，而一旦市场逐步萎缩，则导致企业岌岌可危。在营销的整个过程中，市场信息由一线销售人员向企业进行传播，信息传播的速度延迟严重地影响着营销销售的质量和数量。所以，必须建立起网络化的信息传递模式，从而提高营销过程的信息传递和反馈速度。从另一方面讲，通过构建网络化的销售平台能改变过于传统的一对一的销售方式，从而减少企业的成本和负担，进而为企业带来额外的利润，提高企业竞争力。对于销售模式的管理创新，利用网络平台将是很重要的一个方面，但是销售的管理创新也不限于此。销售的管理创新应当注重采用一切可以迅速传递信息的手段和方式，并拉近客户与企业的沟通方式，以便客户的诉求能够在最短的时间内进入企业的供给规划之中。销售模式创新实质是管理创新的一大动力，在涉及企业生死存亡的领域总能激起企业的深思熟虑和深刻改革，这也为我们研究管理创立提供了一个新的视角。

（六）关系创新

关系创新是在关系管理过程中提出一种新的方法或者对原有的方法进行合理的改进，使得企业运行效率提高，员工关系更加和睦。这也是一种管理创新，它的效果在于通过人员关系的改变促进整个企业氛围的改善，从而增强整个企业的凝聚力。

## 三、管理创新的特点

无论是从管理的内涵出发还是从企业经营中面临的各种情况来分析，都可以看到管理的创新具有多个层面和多个维度。由于管理的多层次性和多维度性，管理创新因此而显现出诸多的特点。

一方面，管理创新是以现代法人治理结构为基础的。有限责任公司和股份有限公司是现代法人治理结构的两种主要表现形式，也是现代经济社会使用最广泛的两种企业制度，这种治理结构通过所有权和经营权的分离，有利于企业不断地进行管理上的创新和改进。法人治理结构的出现使得经理人市场迅速发展，经理人要提高自己在市场上的竞争力就要不断进行管理上的创新，不仅有利于企业效益的发展，同时有利于管理的不断创新。而作为股东，为了使得自己的投资获得较高的回报率，也会敦促经理人不断进行管理创新以更加有效地利用资源，同时股东也会不时地进行相应的改革以促进公司的顺畅运营。法人治理结构的建立要做到因地制宜，不可盲目照搬，这样才能够在具体的土壤中进行适合当地、当时文化和政策的管理创新。

另一方面，企业的管理创新应当以现代化的管理流程为前提。我国改革开放过程中，首先做的就是实施现代企业制度，这标志着我国在企业管理中开始运用现代化的流程管理体系。流程化的管理体系促进了企业的组织运行效率，并为组织的不断创新提供了条件。流程管理本身就是在强调对企业资源进行计划、控制和指挥，突出企业管理的重点环节，明确企业发展的方向流程管理，强调统筹计划、指挥、控制，着力消除影响企业发展的障碍，在加强企业部门内部协作和决策沟通的基础上，实现企业经济利益和社会效益的最大化。这一过程本身就是一个企业管理不断创新的过程。

再者，管理创新具有多个层次和多个目标。其首要目标是提高管理效率，提高整个企业资源配置的能力，其次在于完善组织内部各个成员之间的相互关系，使得组织内成员在一个稳定而平滑的环境中实施组织的计划，最后管理创新还要服务于组织的不断自我进步与完善，使组织更具凝聚力和创造力。

### 四、管理创新实施原则

管理创新是企业的一种资源整合创新，这种创新并不是随机产生的，而是在企业全体员工思维的碰撞和在摸索中产生的。所以，要实现企业管理创新是有迹可循的。

在企业的管理创新过程中，要确立相应的原则作为对整个创新过程的引导和约束，具体的创新过程不能超越原则的制约，否则将会导致管理创新走向歧路。这些具体的管理创新原则包括与市场变动相接轨、与本企业实际状况和发展阶段相契合和坚持以人为本的企业管理创新根本策略。

#### （一）紧随市场变动

企业进行管理创新的根本动力来自对不断变化的市场状况的适应，为此，企业管理创新就必须紧随市场变动的步伐。企业在创新过程中要紧紧地把握市场的脉搏，完善市场竞争机制，及时掌握各种涉及本行业的相关信息和动态，据此做出相应的调整。这样不仅能够实现企业发展的目标，还能够走在行业的前列，提高经济效益。

#### （二）契合本企业状况

管理创新的根本目的在于提高本企业的管理水平，促进本企业效益的提高，所以企业管理创新不可尽搬所谓的经典模式，应当对其做出适当的适合自我状况的改进。在管理创新过程中，要时刻把自我发展的阶段和实际状况作为出发点，只有把握这个出发点才能确定出合理的目标，制订合理的计划，而不是好高骛远，邯郸学步。

#### （三）坚持以人为本

在管理创新过程中，最重要的资源莫过于人，所以坚持以人为本具有非常重要的意义。这里所讲到的人不仅仅是高层管理者，还包括所有与企业的经营相关的人员，包括一线的业务人员、工作人员和技术人员。因为他们能够更真切地了解到什么样的改进能够更好的促进企业运行的效率。同时，以人为本，尊重企业中的每个人的观点和建议能够在无形中使得每个人将自己当作公司的一部分，尽心尽力地为改进公司运行中的不足献计献策，为企业管理创新提供思路和创意。

# 第三节　管理理论的发展与创新

管理自初步形成理论以来，已经历了近一个世纪的演变，从泰罗对于工厂的科学管理到今天对于全球化、知识化、信息化的企业管理，其中凝结了无数管理实践者与思想者的汗水和心血，管理理论的发展是管理理论家与管理实践家们不断对管理真谛、管理特性的认识与把握的过程，这个过程从另一个方面来说恰是管理理论的创新过程。从科学管理到行为科学，从行为科学到管理科学，从管理科学到现代管理理论丛林，无不是理论创新的结果。当然，理论的创新源于管理创新的实践，而一旦创新成功又成为管理创新实践的指导。

本书在此简要介绍一下管理理论发展与创新的历程，以便为后文的管理实践提供理论支持。

## 一、古典管理理论

19世纪中叶至19世纪末的大约50年，是以股份公司制度为代表的现代企业制度确立与普及的时期。股份公司制度的出现和确立，从根本上克服了传统企业制度对企业持续成长的人为界限，比如企业的发展开始较少为创业者个人的去留和能力所限，企业的发展的重要资源如资金和经理人才也可以从较大范围内筹措与选拔了。因此股份公司为后来企业的发展提供了一个坚实的制度平台。

进入20世纪后，现代企业便由小到大逐渐成长起来。特别是第二次世界大战后，人们对物质产品需求的数量迅猛增加，商品供不应求。在庞大的市场需求的推动下，企业只要增加投资、扩大生产、提高生产效率，在一定的时间内生产出更多数量的产品就能发展壮大。因此与企业由小到大的规模发展相适应，管理理论形成阶段的研究可以说是"建立在生产理论上的，以提高效率为主要研究课题的"理论。

在这一时期，在美国、法国、德国分别活跃着具有奠基人地位的管理大师，即"科学管理之父"——泰罗（F.W.Taylor）、"管理理论之父"——法约尔（H.Fayol）以及"组织理论之父"——马克斯·韦伯（M.Weber）。

### （一）泰罗及科学管理理论

泰罗出生于美国，被后人称为"科学管理之父"，既有从事科学研究和发明的才能，又有从事社会活动和领导工作的才能。他在管理方面的主要著作有：《计件工资制》《车间管理》《科学管理原理》等。科学管理理论的要点是：

①科学管理的中心问题是提高劳动生产率。泰罗为此提出了工作定额原理，要制定"合理的日工作量"。

②为了提高劳动生产率，必须为工作配备"第一流的工人"，而培训工人成为"第一流工人"是企业管理管理者的责任。

③要使工人掌握标准化的操作方法，使用标准化的工具、机器和材料，并使作业环境标准化。这是企业管理的首要职责。

④实行有差别的计件工资制，以此来督促和鼓励工人完成或超过定额。

⑤工人和雇主双方都必须来一次"心理革命"。劳资双方必须变相互指责、怀疑、对抗为互相信任，共同为提高劳动生产率而努力。

⑥把计划职能同执行职能分开，变原来的经验工作方法为科学工作方法。计划职能归企业管理当局，并设立专门的计划部门来承担；而现场的工人，则从事执行职能。

⑦实行职能工长制。把管理工作细分，使每个工长只承担一种职能；这种思想为以后职能部门的建立和管理专业化提供了基础。

⑧在管理控制上实行例外原则。上级管理者把一般的日常事务授权给下级管理者去处

理，而自己只保留对例外事项的决策和监督权。

## （二）法约尔与管理过程理论

法约尔出生于法国，大学毕业后长期在一家煤矿公司担任领导工作。他对社会其他行业的管理也进行过广泛的调查研究。在漫长的职业生涯中，他一直从事管理工作。他对组织管理进行了系统的、独创性的研究，特别是关于管理组织和管理过程的职能划分理论，对后来的管理理论研究具有深远影响。他还是一位概括和阐述一般管理理论的先驱者，是伟大的管理教育家，被后人称为"管理过程理论之父"。其代表作是《工业管理和一般管理》。管理过程理论的要点是：

①企业职能不同于管理职能。任何企业都有六种基本活动或职能，管理活动只是其中之一。在各类企业中，下属人员的主要能力是具有企业特点的职业能力；而较上层人员的主要能力是管理能力，并且随着地位的上升，管理越来越重要。

②管理教育的必要性和可能性。企业对管理知识的需要是普遍的，而单一的技术教育适应不了企业的一般需要。应尽快建立管理理论，并在学校中进行管理教育。

③管理的 14 项原则，包括劳动分工、权利与责任、纪律、统一指挥、统一领导、个人利益服从整体利益、合理的报酬、适当的集权与分权、等级链、秩序、公平公正、保持人员稳定、首创精神、集体精神等。这些原则，在管理工作中不是死板和绝对的东西，有个尺度问题。

④管理要素。管理这一职能活动是由五个管理职能组成的：计划、组织、指挥、协调和控制，计划是管理职能中一个重要的要素。

## （三）韦伯与理想行政组织体系

韦伯出生于德国，对社会学、宗教学、经济学和政治学有广泛的兴趣，并发表过著作。他在管理思想方面的贡献是在《社会和经济理论》一书中提出了理想行政组织体系理论，由此被人们称为"组织理论之父"。

韦伯指出，任何组织都必须有某种形式的权利作为基础，才能实现目标。只有理性——合法的权利才宜于作为理想组织体系的基础。理想行政组织体系的要点是：

①明确的分工。每个职位的权利和责任都应有明确的规定。

②自上而下的等级系统。组织内的每个职位，按照等级原则进行法定安排，形成自上而下的等级系统。

③人员的考评和教育。人员的任用完全根据职务的要求，通过正式考评和教育训练来进行。

④职业管理人员。管理者有固定的薪金和明文规定的升迁制度，是一种职业管理人员。

⑤遵守规则和纪律。管理者必须严格遵守组织中规定的规则和纪律。

⑥组织中人员之间的关系。组织中人员之间的关系完全以理性准则为指导，不受个人情感的影响。

古典管理理论的研究侧重于从管理职能、组织方式等方面研究效率问题，但是他们把人当作机器似的、功利主义的"经济人"来看待，忽视了人的社会心理需要。

## 二、行为科学管理阶段

20 世纪 20 年代末到 20 世纪 30 年代初全世界出现经济大危机。在美国，罗斯福政府从宏观上对经济实施管制，管理学者们则开始从微观上研究"硬件"以外的造成企业效率下降的影响因素，由此便产生了行为科学管理理论。

行为科学理论阶段重视研究人的心理、行为等对高效率地实现组织目标（效果）的影响作用。这些研究起源于以梅奥（G.E.Mayo）为首的美国国家研究委员会与西方电气公司合作进行的霍桑实验（1924—1932 年）。以霍桑实验结论为依据，梅奥等人提出了以下几条原理：①工人是"社会人"，是复杂的社会系统的成员。所以，工人不是单纯追求金钱收入，他们还有社会、心理方面的需求，即追求人与人之间的友情、安全感、归属感和受到尊重等；因此，必须从社会、心理方面来鼓励工人提高生产率。②企业中除了"正式组织"之外，还存在着"非正式组织"。这种非正式组织是企业成员在共同工作的过程中，由于抱有共同的社会感情而形成的非正式团体。这些团体有自然形成的规范或惯例，其成员必须服从。梅奥等人认为非正式组织同正式组织是相互依存的，对生产率的提高有很大的影响。③新型的领导能力在于，通过对员工满足度的提高而激励员工的"士气"，从而达到提高生产率的目的。工人所要满足的需要中，金钱只是一部分，更多的是感情、安全感、归属感等。所谓满足度就是工人的这些需要得到满足的程度。梅奥等人通过在霍桑工厂的试验了解到，工人并不是把金钱当作刺激积极性的唯一动力的"经济人"，而是在物质之外还有社会的和心理的因素的"社会人"。所以，新型的领导能力就是要在正式组织的经济需求和工人的非正式组织的社会需求之间保持平衡。他们认为，这样就可以弥补古典理论的不足，解决劳资双方之间以至整个"工业文明社会"的矛盾和冲突，提高生产率。

梅奥等人奠定了行为科学的基础后，西方从事这方面研究的人大量出现。行为科学在后一阶段的创新发展，主要集中在以下四个领域。

1. 有关人的需要、动机和激励问题。在这方面有代表性的理论有美国的马斯洛（A.H. Maslou）的需求层次理论、赫次伯格（F.Herzberg）的"激励因素—保健因素理论"、斯金纳（B.F.Skinner）的"强化理论"、弗鲁姆（VictorH Vroom）、莱曼·波特（Lyman W.Porter）、爱德华·劳勒（Edward E.Lawler）等人的"期望几率模式理论"。

2. 同企业管理有关的"人性"问题。在这方面有代表性的理论有美国麻省理工学院教授麦格雷戈（D.M.McGregor）的"X—Y 理论"。麦格雷戈把传统的管理观点叫作"X理论"，那是以对工人的管束和强制为主的；他主张以诱导的办法，鼓励职工发挥主动性和积极性，他把这种鼓励观点叫作"Y 理论"。麦格雷戈认为，只有"Y 理论"才能在管理上取得成功。莫尔斯和洛希在修正发展了麦格雷戈的"X—Y 理论"后提出了"超Y 理论"。他们在 1970 年发表了《超 Y 理论》一文和 1974 年出版了《组织及其成员：

权变法》一书。"超 Y 理论"以行为科学中关于企业中人的特性的"复杂人假设"为依据，但它本身则成为权变理论的理论基础。还有阿吉里斯（Chris Argyris）的"不成熟—成熟理论"等。

3. 企业中的非正式组织以及人与人的关系问题。在这方面有代表性的理论有：卢因（Kurt Lewin）的"团体力学理论"；布雷德福（Leland Bradford）的"敏感性训练"、大内（Theory Z 的"Z 理论"。Z 理论认为，组织发展的关键是创造出一种组织环境或组织气氛，使得生产率高的团体得以产生和发展。以前的一些管理理论大都从企业管理当局同职工是对立的这一基本前提出发，其实，它们之间可以是一致的，企业管理当局同职工的利益和积极性是可以融为一体。

4. 企业中领导方式的问题。这方面有代表性的理论有美国的坦南鲍姆（Robert Tannenbaum）和施米特（Warreu H.Schmidt）的"领导方式连续统一体理论"、利克特（Rensis Likert）的"支持关系理论"、斯托格第（Ralph M Stogdill）和沙特尔（Carrall L Shartle）等人的"双因素模式"。特别值得注意的是布莱克（Robert R. Blake）和穆顿（Japes Mouton）两人的"管理方格理论"。他们在《新管理方格》等著作中提出，为了避免企业领导工作中趋于极端的方式，即或者是科学管理，或者是人际关系；或者以生产为中心，或者以职工为中心，或者采取 X 理论，或者采取 Y 理论，应采取各种不同的综合的领导方式。他们以对生产的关心为横轴，对职工的关心为纵轴，每根轴线分为 9 个小格，共分成 81 个小方格，代表各种不同结合的领导方式。他们认为，把对生产的高度关心同对职工的高度关心结合起来的领导方式是效率最高的。

## 三、现代管理阶段

第二次世界大战以来，随着现代自然科学和技术日新月异，生产和组织规模急剧扩大，生产力迅速发展，生产社会化程度不断提高，管理理论引起了人们的普遍重视。许多学者和实际工作者在前人的理论与实践经验的基础上，结合自己的专业知识，去研究现代管理问题。由于研究条件、掌握材料、观察角度以及研究方法等方面的不同，必然产生不同的看法和形成不同的思路，从而形成了多种管理学派。美国管理学家孔茨将管理理论的各个流派称为"管理理论丛林"。主要有管理过程学派、社会系统学派、决策理论学派、系统管理学派、经验主义学派、权变理论学派、管理科学学派等。这些学派的产生，是同科学技术的进步、生产力的巨大发展、生产社会化的程度日益提高相联系的。

### （一）管理过程学派

管理过程学派又叫作管理职能学派、经营管理学派。其创始人是法约尔，代表人物包括孔茨、奥唐奈。他们把管理看作是在组织中通过别人或同别人一起完成工作的过程，管理应该分析这一过程，从理论上加以概括，确定一些基础性的原理，并由此形成一种管理理论。有了管理理论，就可以通过研究、实验、传授管理过程中包含的基本原则，改进管理的实践。这个学派把它的管理理论建立在以下七条基本信念的基础上：①管理是一个过程，可以通过分析管理人员的职能从理性上很好地加以剖析。②可以从管理经验中总结出一些基本道理或规律，这些就是管理原理，它们对认识和改进管理工作能起一种说明和启示的作用。③可以围绕这些基本原理开展有益的研究，以确定其实际效用，增大其在实际中的作用和适用范围。④这些原理只要还没有被证明为不正确或被修正，就可以为形成一种有用的管理理论提供若干要素。⑤就像医学和工程学那样，管理是一种可以依靠原理的启发而加以改进的技能。⑥即使在实际应用中由于背离了管理原理而造成损失，但管理学中的原理，如同生物学和物理学中的原理一样，仍然是可靠的；⑦尽管管理人员的环境和任务受到文化、物理、生物等方面的影响，但管理理论并不需要把所有的知识都包括进来才能起一种科学基础或理论基础的作用。

（二）社会系统学派

社会系统学派从社会学的观点来研究管理，把企业组织中人们的相互关系看成一种协作的社会系统。这种思想的根源可以追溯到意大利的社会学家维尔弗雷多·帕累托，但社会系统学派的创始人却是切斯特·巴纳德。巴纳德认为，社会的各级组织都是一个协作的系统，即由相互进行协作的各个人组成的系统。这些协作系统是正式组织，都包含三种要素：协作的意愿、共同的目标、广泛的信息联系。非正式组织也起着重要的作用，它同正式组织互相创造条件，在某些方面对正式组织产生积极的影响。至于组织中经理人员的作用，就是在协作系统中作为互相联系的中心，并对协作的努力进行协调，以便企业、组织能够维持运转。

（三）决策理论学派

决策理论学派是从社会系统学派中发展出来的，该学派的基本观点是，由于决策是管理者的主要任务，因而应该集中研究决策问题，而管理又是以决策为特征的，所以应该围绕决策这个核心来形成管理理论。支持这个学派的学者多数是经济学家和数学家。该学派的代表人物是曾获诺贝尔经济学奖的西蒙，其代表作是《管理决策新科学》。

现在，决策理论学派的视野已大大超出关于评价比较方案过程的范围。他们把评价方案仅仅当成考察整个企业活动领域的出发点，决策理论不再局限于某个具体决策，而是把企业当作一个"小社会"来系统地、广泛地考察，因而又涉及社会学、心理学、社会心理学等多种学科。

（四）系统管理学派

系统管理学派同社会系统学派有着密切的关系，但各有不同的侧重方面。1963 年理查德·约翰逊、弗里蒙德·卡斯特、詹姆士·罗森茨韦克三人出版了《系统理论和管理》一书，从系统概念出发，建立了企业管理的系统模式，成为系统管理学派的代表作。该学派认为系统方法是形成、表述和理解管理思想最有效的手段。所谓系统，实质上就是由相互联系或相互依存的一组事物或其组合所形成的复杂统一体。这些事物可以像汽车发动机上的零件那样是实物，也可以像人体组成部分那样是生物的，还可以像完整综合起来的管理概念、原则、理论和方法那样是理论上的。尽管人们给理论规定出界限，以便更清楚地观察和分析它们，但是所有的系统（也许只有宇宙除外）都同它们的环境在相互起作用，因而都受到其环境的影响。

系统管理学派在 20 世纪 60 年代最为盛行，目前仍有相当多的人继续从事研究。而且，系统管理理论中许多内容促进了自动化、控制论、管理信息系统、权变理论的创新与发展。

（五）经验主义学派

经验主义学派的代表人物有美国的彼得•德鲁克、戴尔和曾任美国通用汽车公司董事长、总经理的艾尔弗雷德•斯隆等人。他们认为，古典管理理论和行为科学都不能完全适应企业发展的实际需要，主张通过分析经验（通常是一些案例）来研究管理学问题。该学派认为，通过分析、比较和研究各种各样成功和失败的管理经验，就可以抽象出某些一般性的结论或原理，这有助于学生和从事实际工作的管理者理解管理原理，并使之学会有效地从事管理工作。

很多学者认为，该学派的主张实质上是传授管理学知识的一种方法，称为"案例教学"。实践证明，这是培养学生分析问题和解决问题的一种有效途径。

（六）权变理论学派

权变理论学派是 20 世纪 70 年代在经验主义学说基础上进一步发展起来的一种管理学派。该学派强调，管理者的实际工作取决于所处的环境条件。但与经验主义学派不同，权变理论学派不局限于研究个别案例，提出个别解决方法，而是试图提出适应特定情况的管理组织方案和管理系统方案。该学派认为，在管理中要根据企业所处的内外条件随机应变，没有什么一成不变、普遍适用的"最好的"管理理论和方法。

美国学者卢桑斯认为，当过程、数量、行为和系统等四个学说结合在一起时，就产生了不同部分总和的某种东西，这就是管理的"权变学说"，这里包含"权变关系"和"权变理论"。权变关系是指两个或两个以上的变量之间的一种函数关系。权变理论是考虑到有关环境的变量同相应的管理概念和技术之间的关系，使采用的管理观念和技术能有效地达到目标。

（七）管理科学学派

管理科学学派又叫作管理中的数量学派。尽管各种管理理论学派都在一定程度上应用数学方法，但只有管理科学学派把管理看成是一个数学模型和程序的系统。一些知名的运筹学家或运筹分析家就属于这个学派，为此该学派的人士常自称为"管理科学家"，他们的信念是，只要管理、组织、计划、决策是一个逻辑过程，就能用数学符号和运算关系来予以表示。

该学派的主要方法就是模型，借助模型可以把问题用它的基本关系和选定目标表示出来。由于数学方法大量应用于最优化问题，可以说，它同决策理论有着密切的关系。当然，编制数学模型绝不限于决策问题。

## 四、管理理论新发展

### （一）企业战略理论

当今我们所处的时代，用彼得·德鲁克的话来说，是一种"跳跃性的时代"。复杂多变的外部环境正在使企业将管理的重点由提高生产效率转向适应环境变化。因此作为研究企业与环境之间相互关系，为企业生存和发展指明方向的重要手段的战略管理，已被越来越多的企业提到重要日程。企业战略管理已经成为企业管理理论界和实业界所共同关心和研究的"热点"。其代表人物有美国的企业战略管理学家安索夫（H.I Ansoff）、企业经营史学家钱德勒（A D Chandler. Jr）、迈克·波特（M. E Porter）、W. H纽曼（Willian H Newman）和日本的大前研一等人。经过 30 多年的发展，战略管理基本上形成了设计学派、计划学派、定位学派、企业家学派、认识学派、学习学派、权力学派、文化学派、环境学派、构造学派共十个学派。

### （二）组织管理理论

20 世纪 80 年代末以来，信息化和全球化浪潮迅速席卷世界，跨国公司力量逐日上升，跨国经营已成为大公司发展的重要战略。同时，知识经济的到来使信息与知识成为重要的战略资源，而信息技术的发展又为获取这些资源提供了可能。顾客的个性化、消费的多元化决定了企业只有能够合理组织全球资源，在全球市场上争得顾客的投票，才有生存和发展的可能。这一阶段的管理理论研究主要针对学习型组织及虚拟组织问题而展开。

1990 年，彼德·圣吉（P.M.Senge）出版了《第五项修炼》一书，指出企业唯一持久的竞争优势源于比竞争对手学得更快更好的能力，学习型组织正是人们从工作中获得生命意义、实现共同愿望和获取竞争优势的组织蓝图；要想建立学习型组织，系统思考是必不可少的"修炼"。由此引起了人们对学习型组织的研究和关注。在阿里·德赫斯（Ariede Geus）所著的《长寿公司》一书中，作者通过考察 40 家国际长寿公司，得出结论——"成功的公司是能够有效学习的公司"，在他看来，知识是未来的资本，只有学习才能为不断的变革做好准备；此外，罗勃特·奥伯莱（R.Aubrey）与保罗·科恩（P.M.Cohen）合著《管理的智慧》则描述了管理者在学习型组织中角色的变化——他们不仅要学会管理学习的技巧，也要使自己扮演学习的领导者、师傅和教师的多重角色。

除了学习型组织，20 世纪 90 年代还有一个组织管理的热点——虚拟组织。虚拟组织与传统的实体组织不同，它是围绕核心能力，利用计算机信息技术、网络技术及通信技术与全球企业进行互补、互利的合作，合作目的达到后，合作关系随即解散，以此种形式能够快速获取处于全球各处的资源为我所用，从而缩短"观念到现金流"的周期；不仅如此，灵活的"虚拟组织"可避免环境的剧烈变动给组织带来的冲击。1994 年出版的由史蒂文•L•戈德曼（S.L.Glodman）、罗杰 N. 内格尔（R.N.Nagel）及肯尼斯•普瑞斯（K.Preiss）合著的《灵捷竞争者与虚拟组织》是反映虚拟组织理论与实践的较有代表性的著作。

### （三）企业再造理论

20 世纪 80 年代，随着人们受教育水平的日益提高，随着信息技术越来越多地被用于企业管理，20 世纪三四十年代形成的企业组织越来越不能适应新的、竞争日益激烈的环境，管理学界提出要在企业管理的制度、流程、组织、文化等方方面面进行创新。美国企业从 20 世纪 80 年代起开始了大规模的"企业重组革命"，日本企业也于 20 世纪 90 年代开始进行所谓"第二次管理革命"。十几年间，企业管理经历着前所未有的、类似脱胎换骨的变革。

实践先于理论的产生，企业再造理论的最终构架由迈克尔•海默（M.Hammer）博士与詹姆斯•昌佩（J.Champy）完成。他们在其合著的《再造企业——管理革命的宣言书》中阐述了这一理论：现代企业普遍存在着"大企业病"，面对日新月异的变化与激烈的竞争，要提高企业的运营状况与效率，迫切需要"脱胎换骨"式的革命，只有这样才能回应生存与发展的挑战。企业再造的首要任务是 BPR——业务流程重组，它是企业重新获得竞争优势与生存活力的有效途径；BPR 的实施必须以先进的信息系统和信息技术（IT）以及其他的先进管理技术（JIT、TQM、MRP）为手段，以顾客中长期需求为目标，通过最大限度地减少对产品价值增值无实质作用的环节和过程，建立起科学的组织结构和业务流程，使产品质量和规模发生质的变化，从而提高企业核心竞争力。这些研究中提出了如何认识现有流程、如何确定重整目标、如何协作重整方式以及如何保证重整成功的条件等各种具体操作性观点。与此同时，和企业再造相关联的其他领域产生了一系列新的管理理论方法，如 ISO9000 质量保证体系认证、MRP、MPRII、EPR 等。

在完成了对近百年来管理理论与思想的演变历程的回顾之后，需要说明的是：第一，各个阶段的年代划分并非泾渭分明、非此即彼。事实上，无论是行为科学、战略管理，还是企业再造依旧是我们今天的话题。第二，无论哪一种理论或思想，都是围绕管理的核心问题"效果"（做正确的事）或"效率"（如何正确地做事）而展开，对于今天的中国企业，没有哪一种理论过时或无用，企业应当结合自己"要做的事"，兼收并蓄；有选择地取舍，这样才能在继承前人的基础上，发展自我——这才是我们回顾历史的目的所在。

# 第二章　企业技术创新研究

技术创新是一系列活动的总和，它主要包括产生新产品、新服务或新工艺的过程，通过研究、开发或技术引进手段获取技术的过程，技术的工程化、商业化生产到市场应用的过程。由于技术的本质就是知识，知识可以不断地在技术创新的所有活动中进行流动。所以，从知识的角度出发，技术创新可以看作是企业获取、存储、应用、交流及创造所需要的技术创新知识的一系列活动。在知识经济时代下将知识管理和技术创新结合起来运用，是企业经营发展过程中出现的新特点。将知识管理有效地应用于企业的技术创新活动中，即实践知识管理理论，将会提高企业的创新成功率。与此同时，技术创新过程中创新出的新知识也可以不断地更新知识管理理论，从而具有一定的理论意义。

在企业技术创新过程中有效地应用知识管理理论和实践，能够有效地提高企业技术创新绩效，提高技术创新速度，减少技术创新的风险。因此，在知识经济时代下，探讨知识管理在企业技术创新过程中的实施，及知识管理如何管理企业的技术创新活动中的技术知识，以提升企业技术创新能力和企业创新效率，并最终获得竞争优势，具有一定的现实意义。

## 第一节　知识管理研究

知识管理是知识经济时代下应运而生的新的管理理论，是现代企业管理的核心。20世纪90年代初期，人们开始对知识管理进行深入的研究和有意识的应用，知识管理由人力资源、变革管理、组织发展、品牌和声誉管理、信息技术、经验测定及评估等几门学科碰撞后产生的，并迅速发展起来。随着组织不断地实践、学习、抛弃、保存、调整与发展，每天都在产生对知识管理的新认识。对知识管理进行的特定研究和实践虽然只有二十几年的时间，但它的孕育和发展却是来自世界不同国家的众多学者共同推动的结果。

托马斯·达文波特（Thomas H.Davenport，1999）是美国著名的知识管理专家，他在1999年发表了一篇对知识管理未来前景看法的文章，并指出目前知识管理已经非常流行，企业在不断地推出各种知识管理的解决方案，且几乎所有的 IT 企业都在推销自己的知识管理理念及技术和产品。同时，达文波特还在文章中提出了具有广泛影响的"知识管理两阶段论"。

## 一、知识管理的定义

知识管理发展时间虽只有二十几年，但其涉及较多的领域，且自身有着丰富内涵，所以学者们对知识管理有着不同的理解和认识，目前在理论界尚未达成知识管理的统一定义。

（一）国外知识管理的定义

野中郁次郎和竹内弘高认为，知识管理是组织内部持续不断地创造和传播新知识，并及时地将其体现在新产品、新服务、新技术及新系统的过程。

美国生产力和质量中心（APOC）认为，知识管理是能够在合适的时间把合适的知识传播给合适的人，实现知识在组织内的共享，同时还通过不同的方式将知识进行实践，以提高组织绩效的一种有意识的战略。

卡尔·弗拉保罗（Carl Frappaolo，1998）认为，知识管理是企业为实现其显性知识与隐性知识的共享，利用全体人员的智慧提高企业应对变化的能力和创新能力的新途径。此定义指出知识管理与企业的技术创新能力有关，且有利于实现知识的共享。

欧洲标准化委员会认为，知识管理是对一系列活动及过程的管理，组织和个人将能够更好地应用和创新知识，最终最大化知识价值和提高组织的核心竞争力。

巴斯（Bassi）认为，知识管理是组织通过获取、使用和创造知识，来增强组织创新绩效的过程。

有的学者认为，知识管理是组织在外界多变的环境下，主动采取的一种迎合措施，以提高组织的生存能力、适应能力和竞争力。这一定义包含了两方面含义：其一，组织的发展过程；其二，寻找一种有效地结合人的发明创造能力与信息技术所提供的对数据和信息的处理能力方法。

（二）国内知识管理的定义

黄顺基认为，知识管理是对知识进行管理及运用知识进行管理的学问。该定义表明，知识管理不仅是个技术问题，而且还是一门学问，即管理领域新出现的分支学科。

王众托（2004）认为，知识管理是组织对所需知识进行识别、定位、储存、传播、生成、应用、更新、保护等的一系列活动。

冯俊文（2000）认为，知识管理是对企业知识的管理，即企业为满足其现有的、未来的需要和开拓新的机会，管理知识的一系列连续活动，如知识的获取、存储、创新、共享、应用等，以期实现有效利用其所具有的和获取的生产和经营所需要的知识的目的。

高勇（2001）认为，知识管理是企业为实现显性知识和隐性知识的相互转化，同时提高其自身的应变能力、学习能力及创新能力，从而有计划、有目的地构建企业内部知识网络和外部知识网络，通过这些网络知识能够转化，并实现知识的创造、积累和扩散的综合过程。

王德禄指出，知识管理是组织为了提高组织的应变能力、核心竞争力和创新绩效、提高组织中的知识工作者的产出率、实现商业模式的创新和增强，而对知识的获取、存储、学习、共享、创新进行的管理。

吴家培从阶段论对知识管理进行了论述并指出，信息管理是知识管理的基础，知识管理是信息管理的延伸与发展，且是信息管理的最新阶段，知识管理能够将信息转换为知识，以提高组织的应变能力和创新能力：信息管理发展到知识管理，共经历了文献、计算机、信息资源和竞争情报管理四个阶段。

综上所述，国内外学者从不同方面对知识管理进行了阐述。概括来说，知识管理主要包含几个方面的内容：其一，它是知识、与知识有关的活动及知识的载体（人和物）等的管理；其二，它的目标是创造新的知识，提高知识价值、提升组织对环境的适应能力及创新能力，并实现知识的共享；其三，知识管理需要一定的技术手段提供支持，信息基础设施为知识管理提高良好的平台。因此，知识管理是以人为中心、以信息技术为基础支持、目的是提升知识创新和组织核心竞争力的管理思想、过程与方法。

## 二、知识管理的目标

库伯认为，知识管理的目标是运用信息创造某种行为对象的过程，而知识的产生是由于信息与人类认知能力的结合，也就是说知识管理的目标是认识主体和主体行为之间的互动。吴丹认为，知识管理的目标有三个：构建以知识产生、积累、获取、共享和利用为核心且全员参与的企业战略；实现全员的知识交流和共享；知识资产和产业资产的共同管理。

知识管理的目标主要体现为以下三点：

1. 在面对多变的环境时，企业应能够较快地识别市场的变化趋势，并及时做出调整以适应市场，企业员工积累知识的多少决定了企业反应速度的快慢。

2. 企业竞争力主要取决于获取知识和应用知识能力的大小，企业应能够快速获取到所需要的新知识。

3. 使企业成为高度集成的整体，也就是从调研市场、设计产品到开发产品、生产制造再至销售产品和售后服务的整个生产经营活动过程，形成一个统一体。

## 三、知识管理的内容及过程

有学者把知识管理的内容从横向和纵向两个层次分别进行了划分。纵向层次的知识管理内容是狭义的知识管理，是对"知识链"上的活动的管理，"知识链"包括知识获取、知识存储、知识共享、知识创新等环节，通过知识链中对知识进行创新，可以把知识的供应者、创新者、使用者联系在一起，以实现知识的经济化、整体最优化及利润最大化的目标。横向层次的知识管理内容是广义的知识管理，不仅涉及信息管理，还涉及无形资产管理、经营决策管理、人力资源管理等相关领域。国内外学者对知识管理过程的理解有着不同的侧重点，以下是一些学者的观点：

holsapple 和 Singh 对知识管理内容的理解侧重纵向层次的内容，他们认为知识管理应包括知识收集、知识选择、知识产生及知识转化等过程。

巴斯（1997）指出，知识管理的过程包括知识使用、知识获取及知识创造。

戴维·沙凯米认为，知识管理内容包括创造、收集、组织、应用知识等一系列活动。

迈勒认为，知识管理包括知识的识别、知识的编辑、知识的交流、知识的产生等内容。

卡尔认为知识管理包括知识转移、知识共享和传播及知识创新等。

国内学者王德禄认为，知识管理包括知识的获取、存储、学习、共享及创新等过程。

冯俊文认为，知识管理包括知识的获取、存储、创新、共享和应用等内容。

通过国内外有关的文献研究，可以得出知识管理内容主要包括以下四个方面的管理：对知识获取的管理、对知识存储的管理、对知识传播共享的管理、对知识创新的管理。

### 四、知识管理的战略模式

汉森等在考察了若干个行业、不同公司的知识管理实践后，概括出两类知识管理战略模式：编码化战略和个人化战略。实施知识管理编码化战略的企业核心是计算机，经过编码的知识存储在数据库中，企业内部员工可以方便地使用；实施知识管理个人化战略的企业，注重人员的直接交流，知识在人员的直接接触中实现共享。

美国生产力与质量研究中心（APQC）给出了六种战略模式：将客户作为重点的知识战略；无形资产管理战略；知识转移和最大化实践活动战略；知识管理作为企业经营的知识管理战略；技术创新和知识创造战略；培养企业对知识的责任感。

柳卸林（1998）指出，知识管理战略共有技术创新和知识创造战略，无形资产管理战略，将客户作为重点的知识战略，员工对知识责任感的战略，知识转移和最优实践活动战略，以知识管理为企业经营的战略六种模式。

综上，不同的知识管理战略模式侧重点有所不同，企业要结合自身的有关情况选择合适的知识管理战略模式，有效利用企业拥有的知识资源，以提高其核心竞争力。

## 第二节　技术创新研究

创新是人类特有的认识和实践能力，它能够推动社会发展和民族进步。企业是技术创新的主体，而技术创新是企业获得竞争力和保持资源优势的重要来源，同时也是企业发展高科技和实现产业化的重要前提。

技术创新理论最早是由美籍奥地利人熊彼特提出的，他指出创新是在企业生产体系中引入一种新的生产函数，即重新组合其生产要素和生产条件。他指出创新的五方面内容：产品的创新、生产方法的创新、开辟新市场、组织形式的创新、获得新的供应商。

### 一、技术创新的定义

1934年熊彼特在《在经济发展理论》一书中指出，创新是现代经济增长的核心，它是生产函数的重新组合。他认为创新是发明的第一次商业化应用，只有将发明引入生产体系中才能成为创新。他开创性地提出创新概念，为学术界技术创新的研究指明方向，奠定了创新理论基础。

索洛（1951）在《在资本化过程中创新：对熊彼特理论的评述》的文章中指出，技术创新需要具备新思想的来源和以后阶段的发展实现这两个条件后，才能够成功。这是著名的"两步论"——界定技术创新概念的里程碑。

伊诺思（1962）对技术创新的含义解释是从行为集合的角度出发的，他认为技术创新是综合选择创新方向、投入足够的资本、建立相应的组织、制订创新计划、聘用员工和开辟市场等活动的结果。

曼斯菲尔德（E.Mansfield）认为，技术创新是企业从构思新产品，到销售新产品及交接产品的过程，该定义的主要是从产品创新定义技术创新的。

弗里曼（C.Freeman）认为，技术创新是首次产生新服务、新产品、新过程及新装备等技术，同时实现技术向商业化转化的一系列过程。

美国国家科学基金会（NSF）在其报告中指出，创新是指在市场中引入新的或改进后的产品、服务或过程。经济合作组织（OECD）认为，技术创新是从原有产品、原有工艺到新产品、新工艺发生的显著性变化。

缪尔塞（R.Mueser）认为，技术创新是一个连续过程，其特点在于活动构思新颖和成功实现活动。这一定义包含了两方面内容：其一，具有新颖性和连续性的非常规过程；其二，过程必须取得最后的成功。

近几十年来，技术创新引来国内众多学者的极大关注，技术创新的理论研究和实践得到了较大发展。以下是一些国内的机构和学者通过对技术创新的研究后，给出的技术创新的定义。

1999年中共中央、国务院在《关于加强技术创新、发展高科技、实现产业化的决定》一文中界定了技术创新的概念，指出企业通过采用新的生产函数和经营管理方法，同时利用产生的新技术和新工艺，开发新的产品和新服务，提高产品的质量，并最终提高产品市场占有率和实现产品市场价值的连续过程。

汪应洛认为，技术创新是企业建立一种新的生产体系，重新组合生产条件和要素，以获得潜在的经济效益的过程。

许庆瑞认为，技术创新是从新思想的构思、新产品的生产，到实现市场用户需求的综合活动。

傅家骥是国内研究技术创新的先驱，他对国内外对技术创新的概念进行研究后，指出技术创新是综合科技、组织、金融和商业等多方面活动的综合过程，企业为获得商业利益，抓住市场中潜在的盈利机会，通过新的生产经营系统，重新组织生产要素和条件，获得新的原材料或半成品供给来源，使得企业能够高效能、高效率及低成本地推出新产品、新工艺，同时开拓新的市场和建立新的组织。

吴贵生认为，技术创新是从构思新的技术开始，研究新技术、开发新技术，到新技术的使用，新技术的商业化，直至产生经济效益和社会效益的一系列过程。

综上技术创新的定义，技术创新指的是一个过程，在这个过程中新的科研成果转化为产品或技术系统，并开辟新的市场。因此我们认为，技术创新就是企业运用新思想，重新组合生产条件和要素，研究开发出新产品、新服务或新工艺，以开辟新市场和获得经济效益，企业将最终取得竞争优势的综合活动。

## 二、技术创新的类型

### （一）SPRU 的分类

20 世纪 80 年代，英国 Sussex 大学的科学政策研究所（SPRU）提出了基于创新程度和影响范围的创新的分类（1988）：

1. 渐进型创新。它是一种不断进行着的累积性改变。其创新程度不大，但对降低成本、提高质量、改进包装、增加品种和提高生产效率有很大的作用。

2. 根本性创新。它是在科学技术突破或市场需求吸引下进行研究开发的结果，其成果将导致产品的性能与功能或生产工艺发生质的变化。

3. 技术系统的变革。它是在严密的计划和细致的组织下，经过多年和耗费大量资源完成的现有技术系统的改变和新的技术系统的建立。

4. 技术范式的变更。它不仅伴随着根本性的技术创新，而且还有技术系统的变更。

这四种技术创新类型中，数量最多的一种创新是渐进型创新。

### （二）A-U 的分类

1975 年，Abernathy 和 Utterback 从技术创新对象的角度进行了分类：

1. 产品创新。它是开发生产新产品并推向市场的技术创新活动。

2. 工艺创新。它是研究和采用新的或是有改进的生产方法的技术创新活动。

## 三、企业技术创新战略模式的研究

翟红华通过研究不同规模企业创新模式的选择后，指出以领先和引进再创新的创新模式为主的主要是大企业选择的技术创新模式，反之，以模仿和追随的创新模式为主的主要是中小企业选择的技术创新模式。付茂林、赵勇等从核心能力角度出发，研究了技术创新模式的选择，指出不论企业选择何种创新模式，其技术创新的活动都要分析和满足消费者的需求。刘苏燕指出，技术创新的模式的选择需要分别考虑技术创新体的素质要求差异、创新成功率差异及中介服务体系的差异，所以企业应根据自身的情况选择技术创新模式。孟丽莎指出，企业技术创新模式与产品的生命周期具有紧密的联系，因此，企业在选择技术创新模式时，要选择与产品生命周期相适应的创新模式。

综上所述，学者从不同方面分析研究了企业创新战略模式的选择原则及影响因素。我们认为，当企业在选择创新战略模式时，应该综合考虑企业的规模、产品特点、客户需求、创新成功率等许多相关因素，最终选择最优的创新战略模式。

### 四、技术创新能力的研究

拉里从组织行为学的角度出发，指出技术创新能力是一种综合能力，包括组织能力、应变能力、创新能力及获取技术知识能力。巴顿（D.L.Barton）基于企业技术创新行为的主体对技术创新能力进行了研究，指出技术人员和高级技工的技能、技术系统的能力、管理系统的能力、企业的价值观等内容共同构成的综合能力就是技术创新能力，其中具有专业技能的人、技术系统、企业的价值观是重心。柏格曼（Burgelman）和曼迪奇（M.A.Maidigue）认为，技术创新能力是运用和分配资源的能力、把握行业和技术发展的能力、战略管理能力的一种综合能力，它能够帮助企业实现技术创新战略。

许庆瑞认为，技术创新能力的本质就是知识，它包括两方面能力，产品创新能力和工艺创新能力。王健认为，技术创新能力是技术创新的投入能力、产出能力以及活动过程和企业技术创新的内部支持和社会支持能力构成的综合能力。贾蔚文认为，技术创新能力是决策能力、技术获联能力、工程化能力、生产能力和市场开拓能力的综合能力。

综上，学者对技术创新能力的论述，可以看出，技术创新能力是一种综合能力，是企业运用自身可以利用的全部资源，提高资源的有效利用率，实现组织的战略目标，增强企业竞争能力的一种综合能力。

## 第三节　知识管理和技术创新研究

国外对技术创新的研究比知识管理早了60年，因此早期对技术创新和知识管理二者的研究都是单独进行的。20世纪20年代国外开始了技术创新的研究，直到20世纪80年代开始研究知识管理，知识管理理论出现后也鲜有将两者结合起来进行研究。后来逐渐意识到两者具有联系，国内外才开始将技术创新与知识管理相结合进行研究。

### 一、国外研究现状

Nonaka 和 Takeuchi 认为，创新的主要来源是对知识的管理。Moorman 和 Rust 认为，企业通过知识管理将内部知识收集起来获取新知识和技术，这将有效提高企业创新成功的概率。Jon-Arild Johannessen 认为，创新过程很大程度上是信息和知识的相互转化过程。Wheelwright 和 Clark 认为，创新过程中的不确定性与信息、知识存量成反比。Fujimoto 和 Clark 认为，技术创新过程是把客户需求、技术知识转化到产品和工艺的设计中的知识转化过程。Jay Barney、Dierickx 等认为，企业应该将知识获取和传播加入其战略中，这将有助于企业积累知识，提高技术创新能力，形成竞争优势。S.Tamer Cavusgil 等认为，隐性知识在企业的技术创新中具有重要作用，企业应重视隐性知识的转化。Ronald Mascitelli

认为，来自团队和个人的隐性知识能够促使企业进行突破性创新。Yogehs Malhotra 认为，技术创新和知识管理是共生共存的，它们都是组织主动适应外部的环境及应对复杂多变的外部环境的综合性措施。M.J.Martin 认为，技术创新是组织从相关环境当中吸收新的知识而产生的"技术突破"，技术与市场的协同识别决定了组织的创新效率。Rod Coombs 和 Richhard Hully 认为，知识是按照一定的轨道发展的，技术创新类型和特定的知识管理方法的组合使用，能够提高组织的技术创新绩效。R. Johnston 和 M. Gibbons 认为，企业技术创新过程中，内部知识比外部知识、隐性知识比显性知识、经济领域知识比自然科学领域知识对技术创新的贡献更大。

综上，国外学者从创新主要来源角度及两者的联系角度等方面，研究了技术创新和知识管理。可以看出，知识管理在技术创新过程中的重要作用，尤其重要的是对隐性知识的管理。在企业技术创新活动中实施知识管理，将可以保持创新的方向和企业战略方向一致，提高创新的成功率和企业的竞争优势。

## 二、国内研究现状

杨文明等从历史和哲学的角度出发给出了技术创新和知识创新的内涵，认为技术创新过程是由知识创新间接引起的。汪克强指出企业技术创新过程中的知识管理具有导向作用，不同的技术创新阶段应实施与之相适应的知识管理，其中心环节是技术绩效导向。他把技术创新过程划分为源头研发、结构功能、系统集成三个阶段，由于这三阶段的划分忽略了技术创新的动态性及知识管理的运作机制，在实践中企业很难把握。

周永红认为，在企业技术创新过程中发挥知识管理的作用与功能，企业能够取得显著的竞争优势。张子刚认为，知识管理在企业技术创新过程中能够产生能动效应，并论述了能动效应产生的机理及知识管理时如何影响技术创新模式、创新速度及创新类型等方面的。刘锦英认为，企业获取竞争优势的重要途径是技术创新，而动态的知识管理是技术创新持续进行的根本保证。战丽梅在其研究中指出，知识管理在企业技术创新中具有重要作用，而且能够提高企业技术创新能力，同时基于知识积累、创新体系及创新机制介绍了知识积累制度化、创新活动流程化和创新能力组织化。

董小英通过结构方程和线性回归模型验证了影响企业创新能力的主要因素是知识管理水平。王树平（2006）通过分析技术创新能力形成过程中知识管理的作用，构建了企业基于知识管理的技术创新能力模型。詹湘东认为，知识管理可以有序化技术创新过程中的知识，有助于企业完善创新机制、规避创新风险、监控创新反馈及保持创新优势，从知识网络（以技术和市场创新为中心）、知识管理系统（以优化技术创新流程）和知识管理作用机理（以提升技术创新能力为目标）三方面出发构建了基于企业技术创新的知识管理模式。徐建中指出知识管理可以导向技术创新的方向，同时还给出了知识管理促进技术创新的动力机制模型，以提升企业核心竞争力。朱玉春（2010）认为，在企业技术创新和创新绩效这两者关系中，知识管理作为中介连接着两者，同时构建了技术创新、知识管理和创新绩效的关联模型。

综上，国内学者研究的侧重点不同于国外学者，他们从理论及建立模型等方面进行了知识管理与企业技术创新两者之间的相关研究，都指出在技术创新过程中知识管理发挥着重要作用。但在知识管理和技术创新两者间具有相互作用上与国外学者达成一致。

# 第四节　如何提高知识管理在企业技术创新中的应用水平

知识管理在企业技术创新中发挥着重要作用，它可以对技术知识进行管理，有序化技术知识，提高组织技术创新过程中的知识管理水平可以大大提升组织技术创新能力。组织要想发挥知识管理在技术创新活动中的作用，必须结合自身的业务开发适合的知识管理体系，打造一个开放的环境和企业文化，同时建立知识管理系统及相关的机制，确保知识管理顺利实施，并最终提升组织的创新能力。

## 一、构建企业技术创新过程中的知识管理体系

### （一）建立开放的企业文化

要想在组织技术创新活动中有效地应用知识管理，除了需要一些硬件提供支撑以外，还需要打造相关的软环境。根据知识管理的特点，我们知道企业实施知识管理过程中，主要着重于在员工之间形成平等、合作、积极创新的文化氛围和环境，从事某项共同工作的人们相互之间可以实现信息、知识和物质资源的共享，有效利用知识的价值。而企业要能够满足实施知识管理需要的这种软环境，就得通过一定的企业文化来进行打造。企业文化是指一个组织特有的文化形象，由企业的价值观、信念、仪式、符号及处事方式等组成，它是物质载体和精神内容的统一。因此，企业文化对企业拥有什么样的创新观念和管理思想会产生重要的影响。对组织技术创新活动而言，企业文化对创新项目的选择产生直接影响，不同的企业文化对企业识别技术创新机会及抓住市场机遇上会有所差异，这将使得企业选择不同的技术创新、不同的创新水平和不同的创新类型等。根据不同的企业文化所具有的特点，我们认为，在企业技术创新过程中实施知识管理必须打造开放的企业文化。

第一，独自创新和合作创新是企业技术创新通常所采取的两种形式，独自创新要求企业员工具有主动的创新意识及承担创新风险的胆识，并能够不断地获取新思想、新知识；而合作创新要求企业员工能够与他人分享自己的知识。但无论是独自创新还是合作创新，都需要企业员工有开放的思想，能够积极主动地与外界交流、互换及共享信息和知识。不同的企业文化培养出不同素质的企业员工，每一个组织的成员都具有企业特定的素质。开放的企业文化有利于组织成员形成愿意与他人共享知识、善于接受新思想和新知识、主动承担技术创新所带来风险的胆识等素质，而保守的企业文化的员工则形成与开放企业文化相反的素质。

第二，知识共享是知识管理的最终目的，组织通过共享知识，可以加强员工之间的相互合作，形成利于知识交流共享的氛围。通过互相交流和使用的知识能够创新出新知识，即从知识中派生出新知识，知识的拥有者想要获得更大的收益，就需要最大化共享知识。假如企业员工通过隐瞒知识来确保自己在企业中的地位，或者企业利用设置的各种安全措施保密知识，这些均造成了知识共享的障碍，知识不能为更多的人所共享，不利于知识的拥有者获得更大的收益，也阻碍了新知识的创造和产生。因此，为了实现共享知识的目标，企业需要打造出有利于知识共享、传播和创新的开放的企业文化，开放的企业文化环境将鼓励员工以自身独有的隐性知识与企业其他知识资源进行互相交流和共享，促进新知识的产生。

第三，企业在开放的企业文化环境下实施知识管理，将有效地发挥知识管理的功能和作用，可以对企业各种活动中的知识收集、创造、传播、共享及生产进行有效的管理。因此，知识管理能够有效地管理创新过程中需要的知识、创造的知识和以知识形态传播的技术创新成果，同时提高技术创新的成功率和组织的创新能力，加快创新的速度，最终最大化创新成果效益。所以，知识管理为企业技术创新的有效实施提供了有利的物质条件。

### （二）建立动态的学习型组织

学习型组织是美国学者彼得·圣吉在《第五项修炼》书中提出的管理理念，它是指组织全员参与学习，快速地取得、产生和共享知识，持续地改善管理知识的能力的动态组织。学习型组织为了获取并成功应用新的知识，可以随时调整组织的行为。学习型组织结构本身具有以下特点：①连续不断地学习。组织内部全部员工之间可以相互交流共享知识，同时进行知识的扩散，最后把共享到的知识有效吸收后运用到组织中，确保组织可以持续地学习知识。②创造、共享知识。为了实现知识在组织内部快速地流动，所有成员可以在最短的时间内满足自身知识的需求，要求学习型组织能够连续高效地获得、共享和创造知识。③学习的文化。为鼓励成员不断地学习和大胆创新，组织内部构建了完善的评估和激励机制，如果有成员敢于尝试新方法，优化流程或者创造出更有效的流程，勇于说出不同的看法，组织将会嘉奖该员工，以激励其不断地学习和创新。④重视人才。人作为知识的载体在学习型组织内部有着重要的地位，他是组织不断发展的推动力，组织需要高效地管理其人力资本。

企业的技术创新需要构建与其相适应的组织结构，这是因为组织结构类型是影响企业技术创新项目有效实施和制约企业技术创新速度的重要因素。企业进行技术创新实际上意味着将要变革，而这往往要先对企业的组织结构进行变革。根据企业管理的特性，要想有效地实施知识管理企业需要建立动态的学习型组织，动态的学习型组织要求企业的组织结构不仅能够根据变化的经营环境和企业发展的需要实现组织结构实体形式的快速变化，而且能够不断增加组织的知识容量，以提高组织的学习能力。

在组织内部构建学习型组织，可以促进组织的创新活动。无论企业是外部获取技术知识还是内部获取技术知识，都离不开学习型组织，所以企业在构建组织结构的时候，就应该考虑到使其成为学习型组织。组织建立学习型组织以后，不仅可以运用系统的方法激发员工的创造力，改进其创新能力，使得所有成员持续地学习和创新，而且易于成员间的相互协作，鼓励员工间共享知识，使得组织成员凝聚在一起。

（三）建立基于技术创新过程的知识管理系统

在企业技术创新过程中实施知识管理，需要构建基于信息技术的知识管理系统。知识管理系统是在信息管理系统上构建出来的满足员工获取、存储、共享和应用知识的综合管理系统，可以实现外显知识和隐含知识间的转化。知识管理系统具有以下特点：

①建立收集内、外部信息和知识的渠道；②建立知识库以存储知识；③建立获取、存储、发布及编码知识的技术工具；④建立员工之间共享、使用及创新知识的技术工具。

知识资源层表示获取知识的途径，企业技术创新过程中技术知识的获取包括从内部获取和从外部获取。知识获取途径主要包括网页资源、电子邮件资源、文本资源、数据库资源、多媒体资源及交易数据和业务信息（领域信息）等。

知识生产层主要从对象和活动这两个方面解释了如何生产创造知识，对象是知识一系列活动后产生的结果，即知识库（或知识地图）；活动就是指获取、提炼、存储、分发和呈现知识的一系列活动。

知识应用层主要是知识工作者之间通过交流经验和互相协助，以达到共享、应用和创新知识的目的。在应用层中，知识门户为所有知识工作者管理知识提供了技术支持，而且知识门户能够满足用户各种各样的需要。

## 二、构建完善的基于知识管理的技术创新机制

（一）建立技术创新产权管理机制

实施知识管理的重要作用之一是对企业技术创新过程中的创新产权进行有效的管理。根据技术创新产权和知识管理的特点，企业在建立技术创新产权管理机制时，需要做到以下几点：

1. 建立有利于技术创新成果产权化管理机制

我国企业的知识产权制度建立、运行时间不长，企业技术创新成果大量流失，不利于保护创新人员的利益，这主要是因为我国采取发表论文、鉴定和评奖等技术创新成果保护方法而不是采取知识产权管理方法造成的。在企业技术创新过程中，实施的知识管理是一种开放式的管理，与创新过程即从技术创新过程准备阶段到产业阶段和扩散阶段三阶段的有关人员，对所有的技术知识都有接触和使用的权利。但是如果直接在创新过程中共享或是在创新系统外进行扩散，将会损害创新者的收益，从而打击创新者的积极性，这就需要企业及时对产生的新技术和新知识等创新成果进行知识产权保护，确保创新者对创新成果拥有经济收益索取权。

所以，要使得技术创新活动中有效地实施知识管理，发挥知识产权保护作用，就需要企业建立有利于技术创新成果产权管理的机制，主要措施包括两点：一是技术专利的申请，通过申请技术专利可以有效地保护创新者对技术创新成果的知识产权；二是技术创新成果的技术入股，即创新者把技术创新成果以技术入股企业，从而进行再创新投入使用，实现创新者的经济收益权。

2. 促进技术创新产权畅通流动

企业技术创新过程具有多种知识产权资产，且知识产权的分属是多元的和分散的，要使得技术创新最终获取成功需要多种知识产权资产的有效组合。因此，企业技术创新能够取得成功的重要前提条件是取得这些知识资产，并促进知识产权资产的流动和知识产权资产的组合。分散化的知识产权主体是企业创新知识产权资产的主要来源，如企业某项技术的发明者、某些知识的创造者以及企业外部拥有专门知识的专家等，可以通过产权流动来满足这些产权主体对创新资源的需求。

此外，知识管理在企业技术创新过程中的实施，要求最大化地共享创新资产产权并形成技术创新过程中企业产权的一部分，这需要通过资产产权的流动来完成。但是企业技术创新过程的需要引入的创新资的产权总是归属于某一主体，所以，当某些主体约束和限制创新知识产权资产的流动时，如创新知识产权资产所在部门抬高知识产权流动的门槛，或知识产权集中度过高，或是没有有效地知识产权流动形式，都会抑制产权流动，从而阻碍知识产权的畅通流动，这将使得技术创新过程对有关知识产权不能及时获得。

根据创新资产产权的内涵及其特点，提高企业在技术创新过程中运用创新资产产权的效率和促进技术创新产权的畅通流动的措施有：第一，建立知识产权共享途径。通过共享途径，拥有知识产权的人在提供自己所有产权的同时，也能够共享他人的知识产权。第二，建立技术创新成果利益产权分配机制。通过利益产权的分配，使得提供创新产权者在出让产权的同时能够获得产权的未来收益。第三，通过财务手段购买产权。通过购买知识产权，知识产权拥有者可以很快获得出让产权的经济补偿。

（二）建立风险管理机制

当今世界外界社会环境处于激烈的变化之中，因此，组织的技术创新活动将会面临变化带来的不确定性，即风险。组织的创新活动可以持续地发明新技术、创造新知识，还可以提供新产品和新服务。在组织的创新活动中应用知识管理可以对技术创新产生一定的影响和变化，这将会带来或多或少的不确定性。因此，为实现知识管理流程的成功导入和有效发挥作用的目标，组织需要建立适合的风险管理机制，主要有风险管理程序、风险管理技术及风险管理保障机制。

1. 风险管理程序

风险管理是在对生产、生活中的风险进行识别、估测、评价的基础上，优化组合各种风险管理技术，对风险实施有效的控制，妥善处理风险所导致的结果，以期以最小的成本达到最大的安全保障的管理目的。风险管理主要包含以下几部分内容：

一是风险识别。风险识别是形成风险管理机制的前提和基础，是组织确定可能产生影响的创新风险。在组织的创新活动中实施知识管理会产生的一些风险，比如过程风险、人才流失风险、信息风险、泄密的风险及产生时滞的风险等，需要尽早识别这些风险，降低风险的损失程度。

二是风险衡量。风险衡量是组织应用数理统计和概率论的数学方法，同时结合计算机工具来量化风险，目的是对不确定性的程度和不确定性可能造成的损失做出估计。所以，组织应该定期地对风险进行精确的衡量和估计，以管理组织的风险。

三是风险控制。通过对风险的识别和测量后，就要对风险进行控制，以达到最小化风险的目的。风险控制最有效的措施是制定切实可行的应急方案及备选方案，最大限度地做好面临风险的准备，当风险发生后，可按应急方案实施，将损失控制到最小。

四是风险监督。企业应在管理信息管理系统中建立风险控制中心，给定风险的容忍度，随时监控企业所面临的风险。要安排专人定期更新和维护管理信息管理系统，以使系统内的信息充分、有用及准确。在组织的创新活动应用知识管理时，风险控制中心往往是组织的知识主管（CKO）、创新项目的知识经理及技术负责人共同负责的。

2. 风险管理技术

信息技术不仅是知识管理成功实施的主要支撑，也是创新活动管理风险的重要支持。如 DSS，ES 及媒体工具（tools）等知识管理的技术工具不仅可以确保管理风险的员工迅速收集到管理企业风险需要的各种信息，而且还可以使风险管理人员依靠解释信息的潜在内容和风险管理的经验和知识，对潜在的风做出客观判断，从而选择准确而经济的风险管理方案。

除此之外，组织内部的技术工具，像内部网络、电子邮件系统等，可以满足管理风险的员工非正式地交流信息的目的。通过非正式交流，管理风险的员工可以全面地获取风险信息。

3. 风险管理保障机制

第一，形成组织创新活动的内部控制，比如氛围控制、流程控制、交流控制等。通过内部控制，组织可以保障创新活动有效地运行下去，即建立相关的制度为创新活动高效地运行保驾护航，最大化地控制组织内部的风险和组织外部的风险，减少风险带来的损失。

第二，构建完善的风险衡量工具系统。衡量工具具有多样性，所以每一类风险，应使用相应的衡量工具来衡量。企业通过建立健全风险衡量工具系统，可以确保风险衡量产生的误差降到最低。企业技术创新过程中能够产生的人量技术和知识，这就要求企业使用衡量由技术和知识带来风险的工具衡量不确定性带来的损失。

第三，构建信息系统。组织在要其内部构建风险相关的信息系统，需要计算机专家和风险管理专家的共同参与，计算机专家可以解决技术方面的问题，风险管理专家可以对组织如何风险的管理进行专业指导。通过知识的转化——隐性知识外显成显性知识，可以把风险管理专家的管理经验融合在信息系统中，达到让所有风险管理人员共享的目的。

（三）建立技术创新的激励机制

对组织而言，建立有效的激励机制是很重要的一步，完善的激励机制为组织内的员工持续地学习和创新提供支持，组织内形成利于知识共享的氛围，可以提高组织的学习能力和创新能力。

1. 企业设计技术创新激励机制的原则

（1）目标行动相一致原则

为了提高员工的工作主动性，企业需建立技术创新的激励机制，通过激励最终实现企业的创新目标。组织目标是建立激励机制的首要条件，该目标不仅要求包含组织将要实现的工作，还要求与组织成员的目标需求达到一致，使员工为实现组织目标贡献自己的力量，使得目标和行动，整体利益和局部利益，组织利益和个体利益保持一致。

（2）双重激励原则

双重激励原则是组织实施激励措施时要结合使用物质激励及精神激励，针对不同需求的人提供不同的激励方法。员工最开始的需求是物质方面，这就要求组织实施物质激励；慢慢随着物质的不断满足，员工开始重视精神方面的需求，这时组织就需要从物质激励转向精神激励，满足员工的高层次需求，员工才会为实现组织目标加倍地努力。

（3）差别激励原则

组织为实现组织目标，经常采取一些激励措施以满足员工的需求，激励员工努力工作，但是没有达到预期的效果。这是因为组织采取的激励措施没有差异，只对一部分人起到了激励的效果。组织需要在调研所有成员的不同需求的基础上，根据不同岗位、不同工作氛围、不同个体需求、不同阶段和不同福利待遇等多方面综合考虑后，针对性地实施差别化的激励措施，最大化地激励每个员工。

2. 建立技术创新激励机制的对策

激励机制完成后，将在组织内发挥作用，不断地推动组织前进。建立技术创新激励机制的对策主要体现在以下三个方面：

（1）激励技术创新人才

首先，人才是决定技术创新的重要因素，人才作为知识的载体，在创新中起着关键作用。因此，企业要打造公平的竞争环境，即在职称评审，人才培养与考核，技术级别晋升都要一视同仁，平等竞争，只有在平等的竞争环境中，创新人才才能脱颖而出，鼓励创新。

其次，根据每个个体的不同需求，按需激励。企业在制定激励机制时，不仅要考虑到企业自身的类型和特点，还要考虑员工的个体差异，如性别、年龄、学历等，由于这些个体差异会影响个人的具体需求，所以企业应制定按需的激励机制，这样才能产生最好的激励效果。

最后，为员工创造培训机会，即企业应将培训作为一种奖励形式，及时地给员工"充电"，以促使员工能够积极向上地工作。在满足物质利益后，一般人就会追求高层次的自我价值实现，这就需要进行培训，尤其是针对年轻人的培训。员工通过培训，可以提高员工的个人能力，以承担重要的工作。

（2）激励知识共享

将个人知识转变成集体知识，即在企业内部实现知识共享，将能促进知识的创新，最大化知识的价值。我国的传统企业中，员工的思想均比较保守，喜欢"独享"知识，因为拥有知识就相当于拥有权力，而分享知识却等同于解除了自己的权力，这就导致了专业知识掌握在少数人的手里的结果。企业为了技术创新的顺利进行，需要制定相关的激励方法来促使员工的知识交流及共享，如可以通过表彰、物质奖励或是开庆功会的方式对创新有贡献的员工进行奖励，进而形成良好的管理氛围，增强员工对企业的归属感，同时也可以提供继续学习的机会，加大创新的投入，提高员工的素质。

（3）激励知识创新

组织鼓励成员进行知识创新，需要提供知识分享奖励，知识产权的激励是其中比较有效的手段，通过知识产权可以保护创新人员对知识的所有权，进而能够促进企业的知识创新。组织只有在解决下面两个问题后，才能达到创新过程的产权激励目的。

其一，进一步加强创新过程中的对知识产权的保护。提高所属者对技术知识成果的保护意识，技术成果形成后立即主动申请专利。如果有人未经允许使用专利权，那么所属者可以起诉侵权者，并要求赔偿，团结一切可团结的力量保护知识产权。

其二，在组织产权制度中，不仅要明确物质资本具有产权，还要规定技术知识资本也同样拥有产权。知识产权的所属者要么选择以技术成果入股，共同经营，共担风险，要么选择将知识产权转化为货币资本入股，享有股权收益。

（四）建立绩效追踪机制

能否在企业技术创新活动中成功地导入知识管理流程，直接影响着知识管理导入的成功与失败。导入知识管理流程后，要求建立技术创新的绩效追踪机制，形成包括人、技术及流程的评价体系，评估知识管理导入自订与导入后的绩效，以了解导入的效果。评价体系要记录创新过程中发生的各种事项，形成评价信息库，供企业的管理者有效运用这些技术创新信息资源。

平衡知识管理法（BKM，Balanced Knowledge Management）是一种有效评价组织导入知识管理的创新绩效的方法，它可以平衡地合理配置组织创新过程中的知识管理流程。从四个方面来评价：①非文件知识和文件知识。这主要是对创新过程中产生的隐含知识和外显知识进行平衡。②内部和外部专家知识应用。组织内部专家拥有的知识可以进行更深入的创新，而组织外部专家拥有的知识可以扩展创新的范围，为实现创新的长度与宽度的均衡，组织应平衡管理内外部专家的知识。③员工个人的优势和组织竞争优势。组织可以通过鼓励员工不断学习，形成或不断加强员工个人的优势，进而增加组织创新的竞争优势，并在员工优势与组织竞争优势之间取得平衡。④虚拟和实体知识群。虚拟与实体知识群在技术创新中具有不同的作用，虚拟知识群将为技术创新活动注入活力，而实体知识群却可以保持技术创新活动的稳定。因此，企业应平衡管理这两个知识群，确保技术创新活动既有活力又稳定。评价企业的这四个方面，能够得出导入知识管理的创新绩效，了解到知识管理的导入是否合理和正确。

平衡计分卡（BSC，Balanced Score Card）是一种重要的绩效测评方法，它源自美国哈佛大学教授 Robert Kaplan 与诺朗顿研究院的执行长 David Norton 于 1990 年所从事的"未来组织绩效衡量方法"的绩效评价体系。主要是为了找到除传统以财务量度为主以外的绩效评价模式，使组织的策略能够转变为行动。平衡计分卡从财务、客户、企业内部运营、学习与成长四个角度出发，设计出的一种新型绩效管理体系。其目的是达到所评价组织的五项平衡：财务指标与非财务指标之间的平衡；短期目标与长期目标之间的平衡；结果性指标与动因性指标之间的平衡；内部群体与外部群体之间的平衡；领先指标与滞后指标之间的平衡。平衡计分卡的每个角度的绩效衡量指标一般有：财务方面包括营业收入、资本报酬率、经济增加值等指标；客户方面包括新客户数、客户满意度、准时交货率等指标；企业内部运营方面包括产品质量提高度、作业流程改善时间等指标；学习与成长方面包括成员满意度、成员流动率、成员培训次数等指标。在企业技术创新过程中应用知识管理，主要考核的是技术创新的绩效。因此，可以从技术创新维度、客户、技术创新成果和学习与成长四个角度来设计技术创新绩效的平衡计分卡。每个角度的绩效衡量指标有：技术创新维度方面包括创新时间、创新重心的转移时间、信息传输量、知识库访问次数等指标；客户方面包括客户满意度、客户保持率、客户获得率、客户盈利率等指标；技术创新成果方面包括创新产品的数量、技术创新等级、产业化销售额、技术创新产业化比例等指标；学习与成长方面包括成员对知识库的贡献率、知识库更新率、教育训练课程量、成员流动率等指标。

上述四个角度的指标能够测评出组织的创新绩效，但要求导入知识管理时，根据企业的技术创新进度、规模以及成本对上述指标的设定预期值，通过测评值与预期值的比较，得出企业技术创新的绩效，进而不断改进。

# 第三章  企业战略管理创新研究

## 第一节  企业战略及环境分析

从 20 世纪 50 年代中期起，企业战略研究开始成为现代管理学科中的一个有机组成部分。进入 60 年代以后，随着社会经济的发展，社会实践的需要和理论研究的深入，尤其是买方市场的形成和石油危机的产生，战略规律才真正成为一门体现完整的学科。企业逐步在经营中导入战略管理这一基本内容，用以指导企业的经营活动。本章着重介绍企业战略管理创新。

企业战略是指企业在市场经济、竞争激烈的环境中，在总结历史经验、调查现状、预测未来的基础上，为谋求生存和发展而做出的长远性、全局性的"谋划或方案"，具有全局性、长远性、纲领性、抗争性、风险性的特征。企业战略管理是指企业为实现战略目标，制定战略决策、实施战略方案、控制战略绩效的一个动态管理过程。企业战略管理是对企业战略的一种"管理"，即对企业的"谋划或方案"的制定、实施、控制，具有高层次性、整体性、动态性。

### 一、企业战略

#### （一）战略管理创新战略管理决胜未来

自 20 世纪初叶以来，随着科学技术的发展和经济全球化的进展，围绕企业管理工作的中心，企业管理经历了几次管理主题的演变，由 19 世纪末 20 世纪初开始的以生产管理为中心，转变到 20 世纪 30 年代开始的以营销管理为中心，再转变为 20 世纪 50 年代开始的以战略管理为中心。

在以生产管理为主题的时代，由于产品市场供不应求，企业实行的是内部控制式管理方式，把主要精力放在提高内部生产效率上。这时，虽然也出现过某些挑战性的问题，但是当时企业管理者并不认为是对企业的威胁，企业还没有谋划未来的需要。只是到了生产管理后期，由于各个企业竞相采用新技术以提高劳动生产率和降低成本，使整个市场出现生产过剩和供过于求的局面，企业才开始意识到不得不面向外部、转向市场。随着生产过剩和供过于求状况的加剧，企业仅靠内部控制式管理，已无法应付未来的挑战和实现企业发展的愿望。于是，企业产生了筹谋未来发展的要求和行动，采取了推断式的管理方式，如目标管理、预算管理和长远计划等。然而，当时的长远计划是建立在未来可以根据历史推断的假设基础上的，完全依靠历史的推断来确定企业未来的目标和行动，并以此来应付环境的变化。显然，这还不是对企业未来发展的科学谋划，企业管理的主题只是由生产管理转向营销管理。

从 20 世纪 50 年代开始，企业外部形成了一种特别庞大的、复杂的、不熟悉的、变化频繁的、难以预料的环境，使企业经常面临着许多严峻的挑战。此时，企业仅靠推断型的管理，再也不能保证自己的生存和发展了，而必须对新的环境进行深入分析，采用新的管理方式，来谋求企业的生存和发展。在这个时代，企业管理的某种失误所导致的不再仅仅是经营成果上的损失，而是要面对生死存亡的考验。正是在这样的背景下，企业管理转入以战略管理为主题，进入战略管理的时代。战略管理时代的来临，意味着企业管理的一切工作都应纳入战略管理的框架之下。企业只有强化战略管理意识，按战略管理的思维和方法管理企业，才能适应时代发展的要求，才能够管理好企业。不重视战略管理的企业，不仅很难实现企业的持续发展，在环境急剧变迁的条件下，企业随时有可能遭到淘汰。

企业战略的概念最早由美国学者艾戈·安索夫（Igor AnsoLf）提出。安索夫在其 1965 年出版的《企业战略论》一书中，第一次对企业战略做出科学的概念界定。1972 年，他在美国的《企业经营政策》杂志上发表了"战略管理思想"一文，正式提出了"战略管理"的概念，为后来企业战略管理理论和学科的发展奠定了基础。从此以后，企业管理领域开始使用企业战略。之后，安索夫又于 1979 年和 1984 年分别出版了《战略经营论》和《树立战略经营》，形成了比较系统成熟的战略经营思想和理论。现在一般认为，战略管理，就是决定企业的基本的长期目标与目的，选择企业达到这些目标所循的途径，并为实现这些目标和途径而对企业重要资源进行分配，企业战略管理理论在西方市场经济国家的企业，特别是大型企业中已经非常流行。

战略管理创新是企业管理创新的重要内容。我国加入 WTO 以后，国有企业尤其是大中型国有企业将要面对的不仅仅是狭小、相对闭塞的国内市场，更要面对统一、开放、竞争形势瞬息万变的国际市场。现代社会生产力发展和国际政治关系发展导致当今世界政治、经济格局日益多极化，形势日益复杂化。而战略管理创新以其长期性、系统性和全局性体现了动态管理的要求。如果说传统产业下的战略是以系统化的管理和实施为本意，那么信息时代的战略则在此基础上，融入了创新的灵魂——战略就是创新。在创新基础上，谁找到并实施了适应未来的战略，谁将是战略的最大受益者。

（二）战略管理的主要内容

1. 战略管理和经营管理

一般而言，企业经营管理是生产管理的延伸和发展，是指对与外部环境相关的重大问题所进行的策划、协调、控制等管理活动的总称。而战略管理也可以看作是经营管理的延伸和发展。它是指企业高层管理者对企业内外条件进行综合分析，确定企业未来的发展方针、制订战略方案，并实施这一方案的过程。图3-1简要描述了生产管理、经营管理和战略管理的关系。

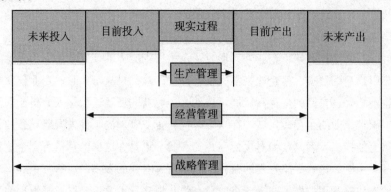

**图3-1　生产管理、经营管理与战略管理关系图**

经营管理是对企业目前投入、产出进行控制、安排的活动，而战略管理则侧重于对未来的投入、产出活动进行谋划。这两者都是要处理企业与外部环境的关系。但是，经营管理着重依据已有的生产要素投入、产出计划，以调整现时环境变化与企业投入、产出计划的关系，使这种计划得以落实；而战略管理则侧重于对没有现成计划、经验可以遵循的未来环境进行分析，以确定企业未来生产要素投入与产出的平衡关系。所以，可以说，经营管理是解决现实的、现存的管理问题，而战略管理是策划、谋划未来的发展方向。

2. 企业战略层次

战略包括组织长远的、全局的目标，以及组织为实现目标在不同阶段上实施的不同的方针和对策。一般战略所关注的问题包括以下几个方面：一是有关组织的整体和全局的问题，核心是研究关系组织发展全局的指导规律；二是战略的着眼点不是当前而是未来，是在正确认识过去和现在的基础上，科学预见、谋划未来的发展趋势；三是问题的层次性，可分为企业层战略、经营层战略和职能战略三个层次。企业层战略是企业高级管理部门为实现企业目标而为整个企业制定的方向和计划，主要是为了合理安排企业所有业务种类的关系，实现企业这个层次的目标，保证企业总体战略利益的实现。经营层战略适用于按产品类型设置的各个分部和事业部，即战略经营单位，目的是提高某一分部在其所处的行业或市场中的竞争优势。职能战略的重点是最大限度地利用其资源去提高管理的效率。职能战略通常包括生产战略、营销战略、财务战略、人力资源战略及研究开发战略等。

3. 战略管理过程

战略管理是确立企业使命，根据企业内部环境和外部经营要素设定企业组织目标，保证目标落实并使企业使命最终得以实现的动态过程。它包括战略分析、战略制定以及战略实施控制等环节。这三个环节既相互联系又有区别，忽视其中任何一个都不能获得有效的战略管理。

（1）战略分析是指对影响企业现在和未来生存和发展的一些关键因素进行分析。战略分析主要包括外部环境分析与内部环境分析。通过外部环境分析，企业可以明确自身面临的机会与威胁，从而决定企业应该选择做什么；通过内部环境分析，企业可以很好地认识自身的优势与劣势，从而决定企业能够做什么。最后通过战略分析确定企业的目标和使命。

（2）战略制定分为三个部分：一是战略方案的产生，即构想可能的战略方案；二是战略方案的评价，利用某些方法对战略方案的适应性、可行性进行评价；三是战略的选择，综合判定各方案的优劣，选择满意的战略方案。

（3）战略实施控制就是将战略方案转化为战略行动，通过编制各种计划将战略方案具体化。这涉及以下几个方面：一是资源配置，这是实施战略的重要手段；二是组织结构设置，这是战略实施的保证；三是战略实施的控制。

## 二、外部环境分析

环境是机会与风险的统一体。企业战略的制定、实施与考核的过程，是对环境分析、利用的过程，是发现和利用机会回避风险的过程。环境分析是战略制定的起点。外部环境分析主要是认识外部环境对企业的机遇与威胁，以及企业在产业中的竞争位势——优势是什么、劣势是什么？

企业的外部环境分析，主要包括宏观环境分析、产业环境分析、竞争环境分析。

### （一）宏观环境分析

宏观环境分析是指那些不直接影响公司短期行为，但对长期决策有影响的一般力量，包括政治和法律力量（P）、经济力量（E）、社会文化力量（S）、技术力量（T），这四项也就是通常所说的 PEST 分析模型的内容。

1. 政治和法律力量

通常影响企业的政治、法律方面的因素有如下几方面：政府政策的稳定性、税率和税法的变化、企业法、雇佣法、反垄断法、广告法、环保法、关税、专利法的改变、政治运动、国防（军费）开支、进出口政策、政府预算和货币改革、各地方政府的特殊法律规定、对外国企业的态度等。

2. 经济力量

共有 27 项经济因素的变化可能给企业带来机会或威胁。核心的经济因素有六大部分：①国家宏观经济政策、国民经济发展趋势、三大产业之间的比重和关系、通货膨胀率、利率的水平和价格政策。②国民适应经济变化的行为，即失业水平、居民的平均收入、消费与储蓄的比例关系、地区和消费群体的差距。③金融政策、货币政策、本国货币在国际金融市场上的价值、银行信贷的方便程度、股票市场的动向。④外经贸政策，即进出口情况、劳动力和资本输出的变化。⑤财政政策，即政府的赤字预算、税收政策和外债的承受能力。

⑥国际经济的影响，即欧共体、北美贸易自由区政策、最不发达国家联盟的经济政策以及亚洲经济的高速发展、石油输出国组织的政策等。

3. 社会文化力量

影响企业战略的社会、文化、环境以及人口方面的变量多达 34 项，但主要的因素可分为四部分：①社会因素：家庭结构的变化、离婚率的高低、单亲家庭的增加、儿童生长和保健的状况、社会责任感。②文化因素：人们的价值观、士气、风俗习惯、文化传统的行为准则、劳动者的教育水平、对工作的态度变化、职业分布的变化。③人口因素：社会老龄化的问题、人口在民族和性别上的比例变化、人口和地区再教育水平和生活方式的差异。④环境因素：对自然环境的保护、废品再利用政策、水及空气污染、生态平衡和土地沙漠化等问题。

4. 技术力量

随着科学技术的高速发展，当今社会计算机广泛应用、国际互联网高速发展、机器人柔性工厂、高效药物、太空通讯、激光技术、卫星通信网络、光导纤维、生物工程和生命工程等革命性的技术变化已经给企业生产过程和技术带来了巨大影响。技术革新可以对企业的产品、服务、市场供应者、供货、竞争者、顾客和市场销售手段产生极大的影响。

（二）产业环境分析

产业就是一群提供类似产品或服务的公司，如金融服务产业或无酒精饮料产业。产业环境的分析主要包括两个方面：一是产业中竞争的性质和该产业中所具有的潜在利润；二是该产业内部企业之间在经营上的差异以及这些差异与它们战略地位的关系，即产业内分析。分析前者的常用工具是波特教授提出的"五种力量模型"，即潜在新进入者、现有竞争厂商之间的竞争、替代品的威胁、购买者的谈判能力和供应商的谈判能力，但我们认为该模型忽略了政府、债权人、厂商以及其他群体对企业经营活动的影响，所以把"其他利益相关者"这一力量加入该模型，把该模型发展为"六种力量模型"。分析后者的常用工具是战略集团分析。

1. 六种力量模型

竞争战略权威迈克·波特认为，公司最关心产业内的竞争程度。产业内有五种竞争力量对企业发展至关重要——潜在的新进入者、现有竞争厂商之间的竞争、替代品的威胁、购买者的谈判能力、供应商的谈判能力。"这些力量的合成最终决定了一个产业的盈利潜力"。每一股弱的力量都是机会，每一股强的力量都是使利润降低的威胁。

（1）竞争厂商之间的竞争角逐。厂商之间的竞争是五种力量中最强大的。为了赢得市场地位和市场份额，竞争厂商通常不惜代价。产业不同，竞争的焦点、核心也不同。在有些产业中，竞争的核心是价格。在有些产业中，价格竞争很弱，竞争的核心在于产品或服务的特色、新产品革新、质量和耐用度、保修、售后服务、品牌形象。

竞争可能是友好的，也可能是你死我活的，这完全取决于产业中公司采取威胁竞争对手盈利水平的行动频率和攻击性。一般而言，产业中的竞争厂商都善于在自己的产品上增加新的特色以提高对客户的吸引力，同时毫不松懈地挖掘其他竞争者的市场弱点。

竞争厂商之间的竞争是一个动态的、不断变化的过程。竞争不但有强弱之分，而且各厂家对价格、质量、性能特色、客户服务、保修、广告、分销网络、新产品革新等因素的相对重视程度也会随时间不同而发生变化。

以下因素可以引起竞争加剧：①当一家或几家竞争厂商看到了一个能更好地满足客户需求的机会或出于改善产品性能的压力之下时，竞争就会变得更加剧烈。②当竞争厂商的数目增加时，当竞争厂商在规模和能力方面相抗衡的程度提高时，竞争会加剧。③当产品的需求增长缓慢时竞争的强度通常会加剧。④当产业环境迫使竞争厂商降价或使用其他竞争策略增加产量时，竞争会加剧。⑤当客户转换品牌的成本较低时，竞争会加剧。⑥当一个或几个竞争厂商不满足于现有市场地位，从而采取有损其竞争对手的行动加强自己的竞争地位时，竞争就会加剧；⑦当退出某项业务比继续经营下去的成本高时，竞争会加剧；⑧当产业之外的公司购并本产业的弱小公司，并采取积极的、以雄厚资金为后盾的行动试图将其新购并的厂商变成主要的市场竞争者时，竞争一定会加剧。

评估竞争的激烈程度，关键是准确判断公司间的竞争会给盈利能力带来多大的压力。如果竞争行动降低了产业的利润水平，那么可以认为竞争是激烈的；如果绝大多数厂商的利润都达到了可以接受的水平，竞争为一般程度；如果产业中的绝大多数公司都可以获得超过平均水平的投资回报，则竞争是比较弱的，具有一定的吸引力。

（2）潜在的进入者。一个市场的新进入者往往会带来新的生产能力和资源，希望在市场上占有一席之地。对于特定的市场来说，新进入者所面临的竞争威胁来自进入市场壁垒和现有厂商对其做出的反应。一旦新进入者很难打开这个市场或市场的经济因素使得潜在进入者处于劣势，进入市场的壁垒就产生了。进入市场的壁垒有以下几种：规模经济、不能获得的关键技术和专业技能、品牌偏好和客户忠诚度、资源要求、与规模经济无关的成本劣势，分销渠道、政府政策、关税及国际贸易方面的限制。进入市场的壁垒的高低取决于潜在进入厂商所拥有的资源和能力。除了进入壁垒，新进入者还面临着现有厂商做出什么样的反应。它们是只做出些消极抵抗，还是会通过诸如降价、加大广告力度、改善产品以及其他措施来捍卫其市场地位？如果产业中原有财力强大的厂商发出明显的信号，要捍卫其市场，或者原有厂商通过分销商和客户群创造某种优势来维护其业务，潜在的进入者须慎重从事。

检验潜在的市场进入者是不是一个强大的竞争力量的最好方式，就是看产业的成长和利润前景是不是有足够的吸引力吸引额外的市场进入者。如果答案是否定的，那么潜在的进入就是一种弱势的竞争力量；相反地，如果答案是肯定的，且存在合格的厂商，他们拥有足够的技能和资源，那么潜在的进入就增加了市场上的竞争压力，现有厂商被迫加强其地位，抵御新进入者。

（3）替代品的竞争压力。某个产业的竞争厂商常常会因为另外一个产业的厂商能够生产很好的替代品而面临竞争。如玻璃瓶生产商会受到塑料瓶和金属罐厂商的竞争。来自替代品的竞争压力的强度取决于三个方面：①是否可以获得价格上有吸引力的替代品？容易获得并且价格上有吸引力的替代品往往会产生竞争压力。如果替代品的价格比产业产品的价格低，那么产业中的竞争厂商就会遭遇降价的竞争压力。②在质量、性能和其他一些重要的属性方面的满意度如何？替代品的易获得性不可避免地刺激客户去比较彼此的质量、性能和价格，这种压力迫使产业中的厂商加强攻势，努力说服购买者相信它们的产品有着卓越的品质和有益的性能。③购买者转向替代品的难度和成本。最常见的转换成本有：可能的额外价格、可能的设备成本、测试替代品质量和可靠性的时间和成本、断绝原有供应关系建立新供应关系的成本、转换时获得技术帮助的成本、员工培训成本等。如果转换成本很高，那么替代品的生产上就必须提供某种重要的成本或性能利益，来诱惑原来产业的客户脱离老关系。

因此，一般来说，替代品的价格越低，替代品的质量和性能越高，购买者的转换成本越低，替代品所带来的竞争压力就越大。

（4）供应商的谈判能力。供应商是一种弱势竞争力量还是一种强势竞争力量取决于其所在的产业的市场条件和所提供产品的重要性。一旦供应商所提供的是一种标准产品，可以通过开放市场由大量具有巨大生产能力的供应商提供，那么与供应商相关的竞争压力就会很小，可以很容易地从一系列有一定生产能力的供应商那里获得所需的一切供应，甚至可能从几家供应商那里分批购买以推动订单竞争。在这种情况下，只有当供应出现紧缺而购买者又急于保证供应时，供应商才会拥有某种市场权利。如果有很好的替代品，而购买者的供应转换既无难度代价又不高，那么供应商的谈判地位就会处于劣势。

如果供应商所获得产业是其大客户的话，那么供应商通常在产品供应的价格及其他项目上有时也会随之减少，在这种情况下，供应商的利益优劣状况往往同其大客户的利益优劣息息相关。因此，供应商往往有着一种强大的动力通过提供合理的价格、卓越的质量以及推进其所提供产品的技术和性能进步来保护和提高客户的竞争力。

如果供应商所提供的产品占其下游产业产品的成本很大比例，从而对该产业的产品生产过程起着至关重要的作用，或对该产业产品的质量有着明显的影响，那么供应商就会拥有很大的市场权利。当少数几家供应商控制供货产品从而拥有定价优势时尤其如此。同样地，当购买者转向替代品的难度越大或者成本越高，供应商的谈判优势就越明显。

一旦供应商拥有足够的谈判权，在定价、所供应的产品的质量和性能或者交货的可靠度上有很大的优势时，这些供应商就会成为一种强大的竞争力量。

（5）购买者的谈判能力。如果购买者能够在价格、质量、服务或其他的销售条款上拥有一定的谈判优势，那么购买者就会成为一种强大的竞争力量。

一般来说，大批量采购使购买者拥有相当大的优势，从而可以获得价格折让和其他一些有利的条款。零售商常常在产品采购时占有谈判优势，因为制造商需要扩大零售覆盖面和争取有利的货架空间。由于零售商可能储存一个或几个品牌的产品，但从来就不会储存市场上所有可以买到的品牌，所以，厂商为了争取那些颇受大众青睐或大批量零售商的生意而展开竞争，这样就会给零售商创造明显的谈判优势。

即使购买者的采购量并不大，或者也不能给卖方厂商带来重要的市场或某种声誉，购买者在下列情形仍然有一定程度的谈判优势：①购买者转向竞争品牌或替代品的成本相对较低：一旦购买者拥有较高的灵活性，可以转换品牌或者可以从几家厂商采购，购买者就拥有很大的谈判空间。如果产品之间没有差别性或差别性很小，转换品牌就相对容易，付出的成本很小或需付出成本。②购买者的数量较小：购买者的数量越小，厂商在失去已有的客户去寻找替代客户就越不容易。为了不丢失客户，厂商更加愿意给予某种折让或优惠。

购买者对厂商的产品、价格和成本所拥有的信息越多，所处的地位就越强。如果购买者向后整合到卖方厂商业务领域的威胁越大，所获得的谈判优势就越大。

（6）利益相关者的影响。除了波特所说的五种力量外，政府机构以及企业的股东、债权人、工会组织等其他利益相关者群体对产业竞争的性质与获利能力也有直接的影响。由此便形成了影响产业环境的"六种力量模型"。这些利益相关者的影响程度因产业而异。其中政府对竞争的影响有以下四方面：①政府可能设立产业进入壁垒。②政府可作为买方或供方。③政府制定法律法规。④政府提高一些政策影响产业相当于替代品的处境。

2．产业内战略集团分析

战略集团是指产业中在某一战略方面，遵循着同样或类似战略的公司群体。同一战略集团内部竞争会比不同战略集团更激烈。产业内战略集团的分析，是按照产业内各企业战略地位的差别，把企业划分成不同的战略集团，并分析各集团间的相互关系和集团内的企业关系，从而进一步认识产业及其竞争状况。

一个产业内的企业，在战略上会有许多共同点，但也会有许多不同点。战略的不同点主要表现在以下几个方面：①纵向一体化的程度不同。有的企业自己生产原材料和零部件，有的则完全从外部采购；有的企业有自己的销售渠道和网点，有的则全靠批发商和零售商。②专业化程度不同。有的企业只经营某一种产品和服务项目，有的则生产多品种多规格的产品和服务，有的甚至是跨产业经营。③研究开发重点不同。有的企业注重争取开发新产品的领导地位，不断投放新产品，有的企业把研发重点放在生产技术上，力争在质量和成本上取得优势。④营销的重点不同。有的企业重视维持高价产品，有的企业则采取低价策略展开竞争；有的企业特别重视对最终用户的推销活动，有的企业主要以为销售者提供服务来巩固和扩大流通渠道。

在上述一个或几个方面的战略的不同，必然引起企业在产业中的地位的不同。相同战略、相同地位企业的结合，就形成了战略集团。要了解战略集团的性质、特点、需要分析某个战略集团的地位，一般采用战略集团分析图，分析战略集团步骤如下：分别用两个战略变量作为横轴和竖轴，在一个二维图上画出某个产业的竞争者的相对市场位置，就可以把该产业的战略集团图示出来。选择两个比较显著的特征，例如，纵向一体化程度和品种齐全程度，把该产业的公司相互区分开。运用这两个特征作为变量，在图上定位各公司。

把那些相邻的公司圈起来，作为一个战略集团，圆圈的大小与该战略集团占产业总销售额的份额成正比。

如此便可绘出战略集团分析图（见图3-2），其中A集团：丰富的产品品种、高度纵向一体化、成本低、中等质量；B集团：狭小的产品品种、低纵向一体化、高成本、高质量、高技术水平；C集团：品种齐全程度和纵向一体化程度都是中等，中等价格、质量低、服务质量高；D集团：狭小的产品品种、成本低、价格低、服务水平低。

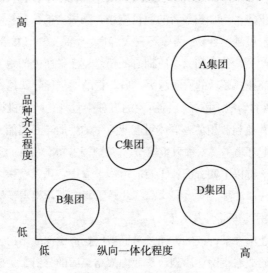

**图3-2 企业战略集团分析图**

战略集团作为一种分析工具，既不同于产业整体分析方法，也不同于单个企业的个别分析法，而是介于两者之间。运用战略集团分析，可以使企业很好地了解战略集团的竞争状况以及某一个集团与其他集团的差异点所在；可以帮助企业预测市场变化以及发现新的战略机会；揭示不同战略集团之间演变的难点与障碍所在。

战略集团间的抗衡程度是由许多因素决定的。一般来说，各战略集团的市场占有率相同，而经营战略很不相同，集团间的抗衡就会激烈；或各战略集团的目标是同一类顾客，其战略差异越大，抗衡也就会越激烈；一个产业内战略集团越多，相互的对抗也就越激烈。如果一个产业中虽然有不少战略集团，但其中少数战略集团处于领导地位，并且市场占有率很高，这个产业战略集团间的对抗就不会激烈。

在战略集团内部同样存在着竞争，这主要是由于各企业的优势不同造成的。在一个战略集团内，各企业会有生产规模和能力上的差别，如果一个战略集团的经济效益主要取决于产量规模，那么，规模大的企业就会处于优势地位。另外，同一战略集团内的企业，虽然常常采用相同的战略，但各企业的战略实施能力是不同的，即在管理能力、生产技术和研究开发能力、销售能力等方面是有差别的，能力强者就会占优势。

（三）竞争环境分析

竞争环境分析是战略外部环境分析中的微观分析，主要是对竞争对手进行分析。正所谓"知己知彼，百战不殆"，分析竞争对手是制定企业战略的关键一环。

根据波特对竞争对手的分析模型，对竞争对手的分析有四种诊断要素：竞争对手的未来目标（长远目标）、现行战略、自我假设、潜在能力。

判断竞争对手行为常用的工具是市场信号，它是指竞争对手任何直接或间接的表明其战略意图、动机、目标、内部资源配置、组织及人事变动、技术及产品开发、销售举措及市场领域变化的活动信息。事前预告、事后宣告、竞争对手对产业的公开讨论、竞争对手对自己行动的讨论和解释、比较竞争对手采用的竞争方式、交叉回避等几种比较重要的市场信号。

市场信号可能反映了竞争对手的真实意图、动机和目标，也有可能是虚张声势、声东击西，因此辨别信号的真伪是非常重要的。可以考察信号与行动是否一致、利用竞争对手的历史资料来判别市场信号真伪。为此，研究竞争者不仅需要长期艰苦细致的工作和适当的资料来源渠道，而且需要建立保障信息效率的组织机构——竞争者信息系统。大多数公司都依赖外部组织提供环境数据，有些公司采用工业间谍或其他情报收集手段，直接获取竞争对手的信息。

## 三、企业内部环境分析

一般来讲，企业内部环境是由企业内部的技术、能力、资源、组织结构、企业文化和企业管理状况等要素组成的统一体。作为企业总体环境的一部分，这些要素制约着企业战略的形成与实施。因此，企业在制定战略之前，必须了解企业内部环境以及由此而形成的企业的优势和劣势，以便有效地控制企业战略发展方向和战略经营活动。企业内部环境分析主要包括资源分析和竞争优势分析两个方面的内容。

（一）资源分析

经营资源可以理解为能够给企业带来竞争优势或劣势的任何要素，是企业从事生产活动或提供服务所需人、财、物、技术与组织管理等方面的能力和条件。它既包括那些看得见、摸得着的有形资源，如企业雇员、厂房、设备、资金等，也包括那些看不见、摸不着的无形资源，如专利权、品牌、企业文化等。经营资源是企业竞争优势的根本源泉，企业制定计划进行战略管理，实际上就是要在竞争市场上为企业寻求一个能够充分利用自身资源的合适地位。

对企业经营资源进行分析的一个常用工具是迈克尔·波特教授提出的价值链分析。

1. 企业价值链分析

企业价值链是一系列价值创造活动的集合。它从来自供应商的原材料开始，经过产品和服务的生产与营销等增值活动，直至分销售商把最终产品送到最终用户手中。价值链分析的核心是要在价值创造活动的整个链条上来考察公司。

价值链分析的重点在于价值活动分析。价值活动可以分为两大类：基本活动和辅助活动。基本活动是涉及产品的物质创造及其销售、转移给买方和售后服务的各种活动，主要包括进货后勤、生产作业、发货后勤、市场营销、服务；辅助活动是辅助基本活动并通过提供外购投入、技术、人力资源以及各种公司范围的职能以相互支持，主要包括采购、研究开发、人力资源管理、企业基础实施。从图中可以看出，价值链的各项活动之间是紧密联系的，恰恰是这种联系才形成了企业竞争优势，而各项活动对企业竞争优势的形成所起的作用不同，企业内部条件分析就是要抓住企业价值链中的关键环节仔细进行分析，找到企业竞争的优势及劣势。

竞争优势来源于企业在设计、生产、营销、交货等过程及辅助过程中许多独立的活动。企业的产品最终成为买方价值链的一部分。如果企业所得的价值超过创造产品所花费的成本就有利润。如果企业的成本低于对手，就有竞争优势。企业通过价值链分析缔造核心能力在大多数行业内，很少有哪一个企业能够单独完成全部的价值活动，这就需要进行专业分工，需要进行外包。外包是企业从外部供应商购买活动的战略选择。企业常常需要向外部的专业供应商购买部分价值创造活动，因为外部供应商可以高效地完成这些职能。公司每一类产品都有自己不同的价值链。因为大多数公司都提供几类不同的产品和服务，所以企业内部分析就要涉及一系列不同的价值链。竞争者价值链之间的差异是竞争优势的重要来源。

企业价值链分析步骤如下：①从生产产品或服务的所有活动中分析出每种产品的价值链。并找出哪些活动是优势，哪些活动是劣势。②分析各产品价值链的内部"关联"。关联就是一个价值活动（譬如营销）执行方式与另一个价值活动（譬如质量控制）成本之间的关系。③分析不同产品或事业部价值链之间的融合潜力。

2. 整个行业的价值链体系

当今企业的价值链是镶嵌在更大范围的行业价值系统中的，整个行业价值系统包括提供投入品的供应商、分销渠道和购买者。因此一个公司的成本竞争力不仅取决于该公司的内部活动，而且还取决于供应商和前向渠道联盟的价值链中的成本。也就是说价值链内在的联系是公司价值活动的重点，但要实现预期的价值目标必须考虑公司外部的价值链、供应商价值链、企业价值链、分销渠道价值链。

产业价值链一般都可以分为上游和下游两段。上游供应商的价值链有着重要的意义，那是因为供应商在创造和供应公司所购买的用于自己的价值链之中的生产投入时既要开展一定的活动还要承担成本，这些生产投入的成本和质量影响公司自己的成本或差异化能力。公司为降低供应的成本或提高供应商的有效性而采取的一切行动都将增加其自己的竞争力——这是公司要同供应商紧密合作或结成伙伴关系的强大理由。下游渠道的价值链之所以重要，是因为：①下游公司的成本和利润是最终用户所支付的价格的一部分。②前向渠道联盟所开展的活动会影响最终用户的满意度。这也说明公司必须同前向渠道联盟进行紧密合作，改造或者重新设计它们的价值链，以提高它们的共同竞争力。

在分析一个产品的完整价值链时，即使一个企业在整个产业价值链上经营，它通常也在自己的主要活动上有最大专长。公司的重心就是对公司最重要的那部分价值链，也正是在这部分价值链上，公司拥有最大专长和能力，即核心能力。

（二）竞争优势分析

关于企业战略内部决定的理论存在两个学派——资源学派和能力学派。

1. 资源学派

企业的资源学派认为，各企业之间的资源具有很大的差异性，而且不能完全自由流动，当一个企业拥有一种竞争对手所不具有的特殊资源时，这种特殊资源就可能会为企业带来潜在的比较优势。因此企业战略管理的主要任务是如何最大限度培育独特的战略资源，以及优化配置这种资源的独特能力。核心能力的形成需要企业不断积累制定战略所需的各种资源。只有核心能力达到一定水准后，企业才能通过各种整合形成自己独特、不可模仿的战略资源。

美国著名资源学派企业战略家格兰特（Grant）提出一套以资源为基础的五步战略分析方法：①识别企业资源，把它们划为优势和劣势两类。②把公司优势组合成特殊能力，这些核心能力即公司能够做得极好的事情（优于竞争对手的核心能力）。③从潜在持续竞争优势和公司运用这些资源、能力获取利润的能力等各方面评价这些资源和能力的获利潜力。④选择开发与外部机会有关的企业资源和能力的最佳战略。⑤识别资源差距，并且改进劣势投资。

2. 能力学派

能力学派则认为核心能力是指居于核心地位并能产生竞争优势的要素作用力，具体地说是组织的集体学习能力和集体知识。企业战略的核心不在产品、市场结构，而是行动反应能力。企业要想获得保持竞争优势，必须在核心能力、核心技术、核心产品和最终品牌上取胜。

由上可知，资源学派认为独特的资源是企业战略内部的决定要素，而能力学派则认为是核心能力。虽然两学派在企业战略内部决定要素持不同的观点，但是他们都是围绕构造企业竞争优势而展开的。企业资源或能力要成为产生竞争优势的核心资源或能力必须满足四个条件：①这种资源和能力必须是稀缺的。②这种资源和能力应当成为顾客可感知的价值，如果这种资源和能力并不为顾客所感知，那么它们也不会成为竞争优势。③这种资源或能力在不同公司之间的可转移性差，如果一个企业的竞争对手很容易获得模仿其战略所需要的资源和能力，那么该企业的竞争优势就难以持久。④上述这种资源和能力较多地体现在企业的人才资本上，企业具有优秀的人才，才能不断地创造新的优势。

企业要在较长时期内维持其竞争优势则企业竞争优势必须有可持续性。尽管各公司核心资源或能力的表现形式有所差异，但衡量和评价核心资源或能力能否形成可持续竞争优势的标准是相同的——耐久性和可模仿性。耐久性是指公司的资源与能力（核心能力）折旧或过时的速度；可模仿性是指公司的资源与能力（核心能力）被其他公司复制的速度。有三个要素决定着资源或能力的可模仿性，即透明性、可转移性和可复现性，透明性指其他公司理解那些支持企业战略成功的资源与能力之间的关系的速度；可转移性指竞争者集结必要的资源与能力支持竞争性挑战的能力；可复现性指竞争者运用复制的资源与能力模仿其他企业成功的能力。

相对来讲，企业优秀人才、企业文化、企业信誉及知名度、企业组织机构及其他特有资源等是能够比较长时期内维持其竞争优势的。而优秀人才的使用、企业组织机构及企业文化等又都与企业的具体情况紧密联系，这就是企业要根据自己的实际情况出发来创造适合于自己企业的竞争优势。

格兰特等人的研究进一步认为，任何企业不可能在所有资源类型中都拥有绝对优势，即使同一资源在不同企业中也表现出极强的异质性，这就构成了企业资源互补融合的物质基础。特别是某些异质性资源已经固化在企业组织内部，不可完全流动交易，如独特的生产工艺，R&D能力、营销渠道、市场经验、知名品牌等无形资源，不便通过市场交易直接获取。要获取对方的这些独特的资源必须通过与之建立起合作关系，以实现双方的共享和互补。例如，美国格兰素公司推出新药善胃得时，它在美国市场上缺乏行销能力，通过与罗氏药厂建立合作关系，格兰素很快就拥有了一支1100人的销售大军。

# 第二节　企业战略创新研究

## 一、战略管理工具创新

多数公司同时经营多项业务，其中有"昨日黄花"，也有"明日之星"。为了使公司的发展能够与千变万化的市场机会之间取得切实可行的适应，就必须合理地在各项业务之间分配资源，在此过程中不能仅凭印象，认为哪项业务有前途，就将资源投向哪里，而是应该由潜在利润分析各项业务在企业中所处的地位来决定。组合分析是很多多业务公司制定公司战略时最受欢迎的工具之一。在组合分析中高层管理人员把所有产品线和事业部视为一系列投资，期望获得利润回报。BCG矩阵、GE业务筛选模型和产品／市场演变矩阵（PME矩阵）是应用最为广泛的三种业务分析方法。

### （一）波士顿矩阵

波士顿咨询集团（BCG）是世界著名的一流管理咨询公司，他们在1970年创立并推广了"市场增长率——相对市场份额矩阵"的投资组合分析方法（见图3-3）。

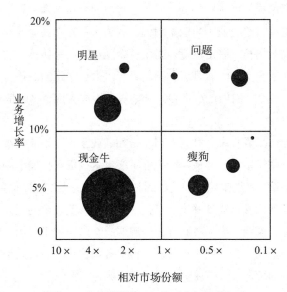

图3-3　市场增长率——相对市场份额矩阵

图中纵坐标上的市场成长率表示该业务的销售量或销售额的年增长率，用数字0%～20%表示，市场成长率超过10%就是高速增长。横坐标的相对市场份额表示该业务相对于最大竞争对手的市场份额，用于衡量企业在相关市场上的实力。用数字0.1（该企业销售量是最大竞争对手销售量的10%；10（该企业销售量是最大竞争对手销售量的10倍）表示，并以相对市场份额1.0为分界线。需要注意的是，这些数字范围可能在运用中根据实际情况的不同进行修改。

图中圆圈代表公司的业务单位，它们的位置表示这个业务的市场成长和相对市场份额的高低，面积的大小表示各业务的销售额大小。

市场成长率——相对市场份额矩阵分为四个方格分别代表一个公司的业务的四种类型：明星、问题、现金牛和瘦狗。

1. 问题业务

问题业务是指高市场成长率、低相对市场份额的业务。这往往是一个公司的新业务，为发展问题业务，公司必须建立工厂，增加设备和人员，以便跟上迅速发展的市场，并超过竞争对手，这些意味着大量的资金投入。"问题"非常贴切地描述了公司对待这类业务的态度，因为这时公司必须慎重回答"是否继续投资，发展该业务？"这个问题。只有那些符合企业发展长远目标、企业具有资源优势、能够增强企业核心竞争能力的业务才能得到肯定的回答。图中所示的公司有三项问题业务，不可能全部投资发展，只能选择其中的一项或两项，集中投资发展。

2. 明星业务

明星业务是指高市场成长率、高相对市场份额的业务，这是由问题业务继续投资发展起来的，可以视为高速成长市场中的领导者，它将成为公司未来的现金牛业务。但这并不意味着明星业务一定可以给企业带来滚滚财源，因为市场还在高速成长，企业必须继续投资，以保持与市场同步增长，并击退竞争对手。企业没有明星业务，就失去了希望，但群星闪烁也可能会耀花了企业高层管理者的眼睛，导致做出错误的决策。这时必须具备识别行星和恒星的能力，将企业有限的资源投入在能够发展成为现金牛的恒星上。

3. 现金牛业务

现金牛业务指低市场成长率、高相对市场份额的业务，这是成熟市场中的领导者，它是企业现金的来源。由于市场已经成熟，企业不必大量投资来扩展市场规模，同时作为市场中的领导者，该业务具有规模经济和高边际利润的优势，因而可以给企业带来大量财源。企业往往用现金牛业务来支付账款并支持其他三种需要大量现金的业务。图中所示的公司只有一个现金牛业务，说明它的财务状况是很脆弱的。因为如果市场环境一旦变化将导致这项业务的市场份额下降，公司就不得不从其他业务单位中抽回现金来维持现金牛的领导地位，否则这个强壮的现金牛可能就会变弱，甚至成为瘦狗。

4. 瘦狗业务

瘦狗业务是指低市场成长率、低相对市场份额的业务。一般情况下，这类业务常常是微利甚至是亏损的。瘦狗业务存在的原因更多是感情上的因素，虽然一直微利经营，但像人对养了多年的狗一样恋恋不舍而不忍放弃。其实，瘦狗业务通常要占用很多资源，如资金、管理部门的时间等，很多时候是得不偿失的。图中的公司有两项瘦狗业务，可以说，这是沉重的负担。

通过波士顿矩阵，我们可以分析一个公司的投资业务组合是否合理。如果一个公司没有现金牛业务，说明它当前的发展中缺乏现金来源；如果没有明星业务，说明在未来的发展中缺乏希望。一个公司的业务投资组合必须是合理的，否则必须加以调整。如巨人集团在将保健品业务发展成明星后，就迫不及待地开发房地产业务，可以说，在当时的市场环境下，保健品和房地产都是明星业务，但由于企业没有能够提供源源不断的现金支持现金牛业务，导致企业不得不从本身还需要大量投入的保健品中不断抽血来支援大厦的建设，导致最后两败俱伤，企业全面陷入困境。

在明确了各项业务单位在公司中的不同地位后，就需要进一步明确其战略目标。通常有四种战略目标分别适用于不同的业务。①发展。继续大量投资，目的是扩大战略业务单位的市场份额。主要针对有发展前途的问题业务和明星中的恒星业务。②维持。投资维持现状，目标是保持业务单位现有的市场份额。主要针对强大稳定的现金牛业务。③收获。实质上是一种榨取，目标是在短期内尽可能地得到最大限度的现金收入。主要针对处境不佳的现金牛业务及没有发展前途的问题业务和瘦狗业务。④放弃。目标在于出售和清理某些业务，将资源转移到更有利的领域。这种目标适用于无利可图的瘦狗业务和问题业务。

应用波士顿矩阵法可以带来许多收益，它提高了管理人员的分析和战略决策能力，帮助他们以前瞻性的眼光看问题，更深刻地理解公司各项业务活动的联系，加强了业务单位和企业管理人员之间的沟通，及时调整公司的业务投资组合，收获或放弃萎缩业务，加强在更有发展前景的业务中的投资。

同时，也应该看到这种方法的局限性：①由于评分等级过于宽泛，可能会造成两项或多项不同的业务位于一个象限中；②由于评分等级带有折中性，使很多业务位于矩阵的中间区域，难以确定使用何种战略；③这种方法也难以同时顾及两项或多项业务的平衡。因此，在使用这种方法时要尽量占有更多资料，审慎分析，避免因方法的缺陷造成决策的失误。

（二）通用电气公司矩阵

通用电气公司（GE）针对波士顿矩阵所存在的问题，于20世纪70年代开发了吸引力/实力矩阵。该矩阵也提供了产业吸引力和业务实力之间的类似比较，只是波士顿矩阵用市场增长率来衡量吸引力，用相对市场份额来衡量实力，而GE矩阵使用数量更多的因素来衡量这两个变量。也正是由于该矩阵使用多个因素，所以可以通过增减某些因素或改变它们的重点所在，很容易使矩阵适应经理的具体意向或某产业特殊性的要求。

GE矩阵可以根据事业单位在市场上的实力和所在地市场的吸引力对该事业单位进行评估，也可以表述一个公司的事业单位组合，判断其强项和弱点，当需要对产业吸引力和业务实力作广义而灵活的定义时，可以以GE矩阵为基础进行战略规划。GE矩阵分析需要找出内部和外部因素，然后对各因素加权，得出衡量内部因素和市场吸引力外部因素的标准。当然，在开始搜集资料前仔细选择那些有意义的战略事业单位是十分重要的。具体分析步骤如下。

①定义各因素。选择要评估业务实力和市场吸引力所需的重要因素，在GE内部，分别称之为内部因素和外部因素。确定这些因素的方法可以采取头脑风暴法、名义小组法等，关键是不能遗漏重要因素，也不能将微不足道的因素纳入分析中。

②估测内部因素和外部因素的影响。从外部因素开始，纵览这张表，并根据每一因素的吸引力大小对其评分，若一因素对所有竞争对手的影响相似，则对其影响做总体评估，若一因素对不同竞争者有不同影响，可比较它对自己业务的影响和重要竞争者的影响。在这里可以采取五级评分标准（1=毫无吸引力、2=没有吸引力、3=中性影响、4=有吸引力、5=极有吸引力）。然后也使用5级标准对内部因素进行类似的评定（1=极度竞争劣势、2=竞争劣势、3=同竞争对手持平、4=竞争优势、5=极度竞争优势），在这一部分应该选择一个总体上最强的竞争对手做对比的对象。

③对外部因素和内部因素的重要性进行估测，得出衡量实力和吸引力的简易标准。这里有定性定量两种方法可以选择。a.定性方法。审阅并讨论内外部因素，以在第二步中打的分数为基础，按强、中、弱三个等级来评定该战略事业单位的实力和产业吸引力如何。b.定量方法。将内外部因素分列，分别对其进行加权，使所有因素的加权系数总和为1，然后用其在第二步中的得分乘以其权重系数，再分别相加，就得到所评估的战略事业单位在实力和吸引力方面的得分（介于1～5之间），代表产业吸引力低或业务实力弱，而5

代表产业吸引力高或业务实力强）。

④将该战略事业单位标在 GE 矩阵上。矩阵坐标横轴为产业吸引力，纵轴为业务实力。每条轴上用两条线将数轴划为三部分，这样坐标就成为网格图。两坐标轴刻度可以为高中低或 1 ~ 5。根据经理的战略利益关注，对其他战略事业单位或竞争对手也可做同样的分析。另外，在图上标出一组业务组合中位于不同市场或产业的战略事业单位时，可以用圆圈来表示各企业单位，其中直径与相应单位的销售总额成比例，而阴影面积代表其市场份额。这样 GE 矩阵就可以提供更多的信息。

⑤对矩阵进行诠释。通过对战略事业单位在矩阵上的位置分析，公司就可以选择相应的战略举措。

GE 矩阵还可以用于预测战略事业单位业务组合的产业吸引力和业务实力，只要在因素评估中考虑了未来某个时间每一因素的重要程度及其影响大小，就可以建立预测矩阵。由此我们可以看出，GE 矩阵比较全面地对战略事业单位的业务组合进行规划分析，而且可以针对企业实际情况进行改进，因此具有广泛的应用价值。

（三）产品 / 市场演变矩阵（PME 矩阵）

美国学者 C.W.Hofer 针对通用矩阵进行了改进，设计出一个具有 15 个方格的矩阵，用以评价企业的经营状况。图 3-4 便是产品 / 市场演变矩阵图。在下面的矩阵图中，圆圈表示行业规模或产品 / 细分市场。圆圈内扇形阴影部分表示企业各项经营业务的市场占有率。

从下图中也可以看出企业各项经营业务在矩阵中所处的不同地位。A 项业务类似明星业务，占有很高的市场占有率，但需要企业投入大量的资源予以支持，且加强其竞争地位。B 项经营业务与 A 项业务有着同样的前景，但是该业务在具有很强的竞争地位的条件下却没有取得较大的市场占有率。企业只有找出真正的原因，制订出完善的修正计划以后，才能进一步分配资源给 B 项业务，F 项业务和 E 项业务都是现金牛业务，可以为企业提供资金。G 项业务正变成瘦狗业务。企业应该考虑所要采取的措施，甚至为最终撤出该经营领域做好准备。

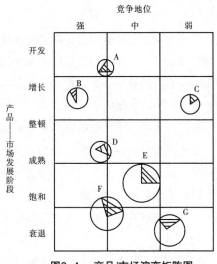

图3-4　产品/市场演变矩阵图

## 二、企业竞争战略创新

竞争战略，是在公司战略确定业务组合后，主要解决其中的每一项具体业务应当选择什么样的竞争方略，建立什么样的竞争优势和怎样建立竞争优势，怎样建立与之相应的核心竞争能力，怎样卓有成效地与竞争对手展开竞争活动。选择正确的竞争战略将使企业最有效地分配、组织和利用有限的资源，最快地建立起核心竞争能力和竞争优势，始终把握竞争的主动权，有力地支持发展目标的实现。

### （一）迈克·波特的三种基本竞争战略

迈克·波特的企业竞争理论在国内学界和企业界影响深远。波特竞争战略的基础是产业分析，他认为行业的竞争情况由五种基本的竞争力量决定：进入威胁、替代威胁、买方的议价能力、供应方的议价能力和产业内对手的竞争强度。要对抗这些竞争力量，企业就要建立自己的竞争优势。迈克·波特提出两种在某个产业超出竞争对手的"通用"竞争战略：低成本和差异化。任何类型和规模的企业、甚至非营利组织都可以采用这两种战略。低成本战略是公司或者事业部比竞争对手更有效率设计、生产和营销同类产品的能力，差异化战略是在产品质量、特殊性能或售后服务方面为购买者提供独特的或超级价值的能力。

另外，波特认为公司在产业中的竞争优势还与其竞争范围有关，即公司或事业部目标市场的宽度。在采用任何一种竞争战略之前，公司或事业部必须选择要生产的产品种类范围、要采用的分销渠道、要服务的消费者类型、产品销售的地理区域以及参与竞争的相关产业的部署。公司或事业部可以选择定位较宽（瞄准大规模市场）或定位较窄（瞄准市场空隙）。

这样，根据企业获取竞争优势的类型和战略目标的范围不同，企业可以采用三种基本竞争战略：成本领先战略、差别化战略、集中化战略。

1. 成本领先战略

成本领先战略是指企业通过在内部加强成本控制，在研究开发、生产、销售、服务和广告等领域内把成本降到最低限度，成为行业中的成本领先者的战略。企业凭借其成本优势，可以在激烈的市场竞争中获得有利的竞争优势。要通过低成本战略获得竞争优势，价值链上的累积成本就必须低于竞争对手的累积成本。

低成本公司，其设定行业最低价格同时仍然能够获得利润的能力是其市场地位的保护性壁垒。不管在什么时候，只要价格竞争形成了主要的市场力量，效率越低的厂商所遭受的伤害就越大。相对于竞争对手来说，处于低成本的厂商拥有一种竞争优势，在对向价格敏感的顾客出售产品或者服务时能够赚取较大的利润。

企业采用成本领先战略可以使企业有效地面对行业中的五种竞争力量，以其低成本的优势，获得高于行业平均水平的利润。

（1）形成进入障碍。企业的生产经营成本低，便为行业的潜在进入者设置了较高的进入障碍。那些在生产技术尚不成熟，经营上缺乏规模经济的企业都很难进入此行业。

（2）增强企业讨价还价的能力。企业的成本低，可以使自己应付投入费用的增长，提高企业与供应者讨价还价的能力，降低投入因素变化所产生的影响。同时，企业成本低，可以提高自己对购买者的讨价还价能力，对抗强有力的购买者。

（3）降低替代品的威胁。企业的成本低，在与竞争者竞争中仍旧可以凭借其低成本的产品和服务吸引大量的顾客，降低或缓解替代品的威胁，使自己处于有利的竞争地位。

（4）保持领先的竞争地位。当企业与行业内的竞争对手进行价格战时，由于企业的成本低，可以在竞争对手毫无利润的水平上保持盈利，从而扩大市场份额，保持绝对竞争优势的地位。

企业在考虑实施低成本战略时，一般从两个方面考虑：一是考虑实施战略所需要的资源和技能，如持续投资和增加资本的能力、科研与开发能力、市场营销的手段、内部管理水平；二是组织落实的必要条件，如严格的成本控制、详尽的控制报告、合理的组织结构和责任制以及完善的激励管理机制。在实践中，成本领先战略要想取得好的效果，还要考虑企业所在的市场是不是完全竞争的市场，该行业的产品是不是标准化的产品，大多数购买者是否以同样的方式使用产品，产品是否具有较高的价格弹性，价格竞争是不是市场竞争的主要手段等，如果企业的环境和内部条件不具备这些因素，企业便难以实施成本领先战略。要获得成本优势，公司价值链上的累积成本必须低于竞争对手累积成本。达到这个目的有两个途径：一是比竞争对手更有效地开展内部价值链活动，更好地管理推动价值链活动成本的各个因素，即控制成本驱动因素；二是改造公司的价值链，省略或跨越一些高成本的价值链活动。

但是选择成本领先战略也是有风险的，如果竞争对手的竞争能力过强，采用成本领先的战略就有可能处于不利的地位。具体地讲，有以下三方面。

（1）竞争对手开发出更低成本的生产方法。例如，竞争对手利用新的技术，或更低的人工成本，形成新的低成本优势，使得企业原有的优势成为劣势。

（2）竞争对手采用模仿的办法。当企业的产品或服务具有竞争优势，竞争对手往往会采取模仿的办法，形成与企业相似的产品和成本，给企业造成困境。

（3）顾客需求的改变。如果企业过分地追求低成本，降低了产品和服务质量，会影响顾客的需求，结果会适得其反，企业非但没有获得竞争优势，反而会处于劣势。

2. 差别化战略

差别化战略是提供与众不同的产品和服务，满足顾客特殊的需求，形成竞争优势的战略。企业形成这种战略主要是依靠产品和服务的特色，而不是产品和服务的成本。但是差别化战略并不是说企业可以忽略成本，只是强调这时的战略目标不是成本问题。企业可以从许多角度寻求差别化：一种独特的口味、一系列的特色、可靠的服务、备用零件、物超所值、工程设计和性能、名望和特性、产品可靠性、高质量的制造、技术领导地位、全系列的服务、完整系列的产品、居于同类产品线之高端的形象和声誉等。

差别化的核心是取得某种独特性，这种独特性对于购买者有价值，则可以持续下去，容易被复制的差别化不能产生持久的竞争优势，因此最具有吸引力的差别化方式是使那些竞争对手模仿起来难度很大或代价高昂的方式。实际上，资源丰富的公司都能够及时地仿制几乎任何一种产品特色与属性，这就是为什么持久的差别化同独特的内部能力、核心能力和卓越能力紧密相连。如果一家公司拥有竞争对手不易模仿的核心能力和卓越能力，如果它的专有技能能够用来开展价值链中存在差别化的潜在活动，那么它就有了强大的持久的差别化的基础。一般来说，如果差别化的基础是新产品革新、技术的卓越性、产品质量的可靠性以及系统的客户服务，那么，差别化所带来的竞争优势就能够持续更长的时间，变得更强大。

企业采用这种战略，可以很好地防御行业中的五种竞争力量，获得超过行业平均水平的利润。具体的讲，主要表现在以下几个方面。

（1）形成进入障碍。由于产品的特色，顾客对产品或服务具有很高的忠实程度，从而该产品和服务具有强有力的进入障碍。潜在的进入者要与该企业竞争，则需要克服这种产品的独特性。

（2）降低顾客敏感程度。由于差别化，顾客对该产品或服务具有某种程度的忠实性，当这种产品的价格发生变化时，顾客对价格的敏感程度不高。生产该产品的企业便可以运用产品差别化的战略，在行业的竞争中形成一个隔离带，避免竞争者的伤害。

（3）增强讨价还价的能力。产品差别化战略可以为企业带来较高的边际收益，降低企业的总成本，增强企业对供应者的讨价还价的能力，同时，由于购买者别无其他选择，对价格的敏感程度又降低，企业可以运用这一战略削弱购买者讨价还价的能力。

（4）防止替代品的威胁。企业的产品或服务具有特色，能够赢得顾客的信任，便可以在与替代品的较量中比同类企业处于更有利的地位。

差别化是一个十分有效的竞争战略，但是并不能保证差别化一定能够创造有意义的竞争优势。如果公司所强调的特色或者能力在购买者看来并没有多大的价值，那么公司的差别化就只能在市场上获得厌倦的反应。另外，如果竞争对手能够很快地复制所有或者绝大部分公司所提供的有吸引力的产品属性，那么公司为差别化所做出的努力也注定会失败。快速的模仿意味着一个公司实际上没有获得真正的差别化，因为每次公司采取新的行动使公司的产品同竞争对手的产品区别开来的时候，竞争对手的品牌都能够发生类似的变化。因此，通过差别化建立竞争优势，公司必须找出独特的成就源泉，从而使竞争对手克服起来很困难。最后，企业还应该认识到，并不是所有的顾客都愿意支付产品差别化后形成的较高的价格，而且如果购买者满足子基本的产品，认为"附加"的属性并不值得支付更高的价格，在这种情况下，低成本生产商战略就可以击败差别化战略。

### 3. 集中化战略

集中化战略，又称聚焦战略，是指把经营战略的重点放在一个特定的目标市场上，为特定的地区或特定的购买者集团提供特殊的产品或服务。集中化战略与其他两个基本的竞争战略不同。成本领先战略与差别化战略面向全行业，在整个行业的范围内进行活动，适宜于大型的企业，而集中化战略则是针对特定的细分市场，适用于中小型的企业。

企业一旦选择了目标市场，便可以通过产品差别化或成本领先的方法，形成差异化集中或低成本集中两种变化形式。也就是说，采用集中化战略的企业，基本上就是特殊的差别化或特殊的成本领先企业。由于这类企业的规模较小，采用集中化战略的企业往往不能同时进行差别化和成本领先的方法。如果采用集中化战略的企业要想实现成本领先，则可以在专用品或复杂产品上建立自己的成本优势，这类产品难以进行标准化生产，也就不容易形成生产上的规模经济效益，因此也难以具有经验曲线的优势。如果采用集中化战略的企业要实现差别化，则可以运用所有差别化的方法去达到预期的目的。与差别化战略不同的是，采用集中化战略的企业是在特定的目标市场中与实行差别化战略的企业进行竞争，而不在其他细分市场上与其竞争对手竞争。在这方面，重点集中的企业由于其市场面狭小，可以更好地了解市场和顾客，提供更好的产品与服务。

企业实施集中化战略的关键是选好战略目标，一般的原则是，企业要尽可能地选择那些竞争对手最薄弱的目标和最不易受替代产品冲击的目标。在选择目标之前，企业必须确认满足下列前提条件时，不管是以低成本为基础的集中战略还是以差别化为基础的集中战略都会变得有吸引力：①购买群体在需求上存在的差异。②在企业的目标市场上，没有其他竞争对手试图采用集中化战略。③企业的目标市场在市场容量、成长速度、获利能力、竞争强度方面具有相对的吸引力。④本企业资源实力有限，不能追求更大的目标市场。

应当指出的是，企业实施集中化战略，尽管能在其目标市场上保持一定的竞争优势，获得较高的市场份额，但是企业在实施集中化战略的时候，可能会面临以下风险：①在以较宽的市场为目标的竞争者采用同样的集中化战略，或者竞争对手从企业的目标市场中找到了可以再细分的市场，并以此为目标进行集中化战略，从而使原来采用集中化战略的企业失去优势。②由于技术进步、替代品的出现，价值观念的更新、消费者偏好变化等多方面的原因，目标市场与总体市场之间在产品或服务的需求差别变小，企业原来赖以形成集中化战略的基础也就失掉了。③在较宽的范围经营的竞争对手与采取集中战略的企业之间在成本上的差异日益扩大，抵销了企业为目标市场服务的成本优势，或抵销了通过集中化战略而取得的产品差别化，导致集中化战略的失败。

### （二）对波特竞争战略的发展

随着技术的变革和各行业竞争情况的变化，主要是企业经营环境不确定性的增加，波特竞争战略表现出一定的不足。在逻辑上，当我们在一个更加宽阔的视野内考察时，可以发现，波特理论的中心是"产品"——顾客是因为低价格，或是某种独特之处，才选择这种产品的。在实践上，如果仔细观察当今成功企业的战略，就能够发现有些是波特理论所不能解释的。

最典型的例子就是微软公司。微软是当今最伟大的公司之一。但是，它的成功是源于"最佳产品"吗？微软的产品占据了个人电脑操作系统90%以上的市场份额；是因为它便宜吗？显然不是，一个 Windows 98 的拷贝就能高价卖出；是因为它独具特色吗？也不是，实际上，从 MS-DOS 到 Windows，微软的大多数产品都不是最好的。至今还有不少人宣称，苹果（Apple）公司的产品是最有个性的。尽管如此，微软还是牢牢地占据了行业领导者的地位。它的竞争优势既不是因为低成本，也不是产品差异化，而是源于整个系统的支持，我们可以称为"系统锁定"。

另外还有一类公司，它们在每个具体产品的市场份额都不是最大的，成本不是最低的，产品也不是最有特色的。但是，这些产品可以很好地集成在一起，给目标顾客提供最完备的解决方案。结果这些企业同样取得了成功。这种战略选择的重点在于顾客，可以叫作"顾客解决方案"战略。

因为波特的理论分析是基于已经比较成熟的行业进行的。所以，在技术、产品、客户、企业竞争关系变化越来越快的经济环境中，像上面所说的例子会越来越多。因此，很多人对波特的理论进行了补充，其中麻省理工学院的阿诺德·哈克斯和他的团队调查了上百家公司，提出了战略选择的三角模型，代表企业战略选择的三个方向——最佳产品战略、和客户解决方案定位、系统锁定战略。

1. 最佳产品战略

最佳产品战略的思路还是基于传统的低成本和产品差别化的策略。企业通过简化生产过程，扩大销售量来获得成本领先地位，或者是通过技术创新、品牌或特殊服务来强化产品的某一方面的特性，以此来增加客户价值。

在追求最佳产品战略定位的过程中，新进入的企业往往具有后发优势，因为它们可以对行业的模式重新定义；而老企业现有的运作系统、流程往往增加了革新的成本。许多后起的企业，像努克、西南航空、戴尔等，往往可以更清晰地定义细分市场。它们不但渗透进入一个成熟的行业，还取得了成本上的领导地位。所有这些企业都有一个模式——相对于现有企业，它们提供的产品和服务的范围更狭窄，它们去掉产品的部分特点，在价值链上去掉一些环节，外包一些环节，在余下的环节实施低成本或产品差别的策略。客户解决方案战略的出发点是，通过一系列产品和服务的组合，最大限度地满足客户的需求。这种战略的重点是锁定目标顾客，提供最完善的服务，实施手段是学习和定制化。其中学习具有双重效应：企业通过学习可以更好地提高顾客的满意度，客户不断地学习增加了转换成本，提高了忠诚度，实施这种战略往往意味着和供应商、竞争对手和客户的合作和联盟，大家一起来为客户提供最好的方案。

2．系统锁定战略

系统锁定战略的视角突破了产品和客户的范围，考虑了整个系统创造价值的所有要素。尤其要强调的是，这些要素中除了竞争对手、供应商、客户、替代品之外，还要包括生产补充品的企业。典型的例子有：手机厂家和电信运营商、计算机硬件和软件、Hi-Fi 音响设备和 CD 唱片等。实施系统锁定战略的要义在于，如何联合补充品厂商一道锁定客户，并把竞争对手挡在门外，最终达到控制行业标准的最高境界。

处于系统锁定战略定位的公司建立了行业的标准，它们是生产厂商大规模投资的受益者。微软和英特尔是最典型的例子。80% ~ 90% 的 PC 软件商都是基于微软的操作系统（比如 Windows 98）和英特尔的芯片（比如奔腾），它们之间的联盟被称为 Win-Tel。作为一个客户，如果想使用大部分应用软件，就得购买微软的产品。作为一家应用软件厂商，如果想让 90% 的顾客能够使用本公司的软件，就得把软件设计得与微软的操作系统匹配。

微软和英特尔的成功不是因为最好的产品质量和产品的差别化，也不是因为提供客户解决方案，而是因为它们的系统锁定的地位。很早以前，苹果电脑就以良好的操作系统而著称，摩托罗拉生产的芯片速度也相当快。然而，微软和英特尔还是牢牢地控制了整个行业。

在非高科技行业，黄页（The Yellow Pages）是最常用的地址名录，它也在美国建立了行业的标准。这项业务的模式很简单，但却有 50% 的毛利润。1984 年，黄页市场开始向众多竞争对手开放，当时有专家预测，行业内企业的利润率要降低，大黄页的市场份额会急剧下降。然而，一段时间之后，大黄页依旧占据了这个市场的 85% 的市场份额，利润率也没有下降。这是怎么回事呢？原因就是黄页处在了系统锁定的战略位置——最好的企业都在大黄页上做广告，顾客也只买有价值的地址名录，当新的公司进入这个市场时，它难以吸引大客户的广告，因为这些客户撤掉在大黄页上的广告的代价实在太大了，所以消费者并没有去购买新的地址名录。大黄页的盈利循环没有中断，它们的产品依旧处于领导地位。

另外一个正在形成标准的行业是金融服务业。美国运通（American Express）是早期的签账卡（charge card）市场领导者。它的战略就是服务高端客户，尤其是那些经常出国的人。它们有句非常著名的口号，"没有运通卡不要出门"（Don't leave home without it！）。它们在全球各地都有办公室，这使得运通公司处于客户解决方案的战略位置。

相反，Visa 和万事达的做法却不一样。它们设计了一个开放的平台，整个运营系统的所有要素——银行、商家和客户都参与到这个平台。它们创造了一个完善的营运循环——消费者喜欢被大多数商家接受的信用卡，商家喜欢大多数消费者使用的信用卡。这个策略产生了很强的系统锁定的效应，Visa 和万事达创造并拥有了行业的标准。现在，Visa 和万事达占据了流通卡的 80% 的市场。

3. 客户解决方案定位

客户解决方案定位反映了战略定位的重心从产品向客户转移，它强调给客户带来的价值，以及客户的学习效应。

全球 500 强企业之一的电子数据系统公司（Electronic Data Systems，EDS）是实行客户解决方案战略的很好的例子。它的定位就是，为客户提供最好的服务，满足客户所有的信息管理方面的需求，它们为每一位顾客提供价位合理的量身定做的解决方案。作为客户解决方案的供应商，EDS 的绩效评价指标是：在多大程度上提升了客户的能力，帮助客户节省了多少经费？为了实现这些目标，EDS 把它的服务扩展到那些原来是由客户自己来完成的活动，通过对 IT 技术的专注和运作经验的积累，它们能不断地降低成本、提高服务质量。

在金融服务市场，美林银行首先引入了客户管理账户，这个账户是根据用户的情况定制的，客户可以选择不同的账单支付方式，不同的经纪人、共同基金、IRA 账户、信用卡和查询账户等。这项业务的推出使得美林银行迅速地走向成功。

对于上述三种策略，并不能简单地下结论，这三种战略哪个好，哪个不好。每种策略的执行者都是既有赢家，又有失败者，尤其是系统锁定战略，最后的成功者可能就只有一个。所以说，战略的选择最终还是要视具体环境而定。

### （三）不同产业的竞争战略

许多产业都随时间演变，经历着从成长到成熟直至衰落的演变历程。产业竞争力量也会随着产业演变而变化。因此处于不同的产业阶段的企业应该采用不同的竞争战略。

1. 新兴产业的竞争战略

新兴行业是随着技术创新，消费者新需求的出现以及促进新产品和潜在经营机会产生的经济和社会的变化而产生的行业。简单地讲，新兴行业是由先驱性企业创造出来的行业。新兴行业具有以下特点。

（1）技术与战略的不确定性。在新兴行业中，企业的生产技术还不成熟，还有待于继续创新与完善。同时，企业的生产经营也还没有形成一套完整的方法和规程，哪种产品结构最佳，哪种生产技术最有效率等都还没有明确的结论。此外，不同的新兴行业在市场环境的结构上也存在着不同的差别。

企业技术的不确定性，导致了战略的不确定性。在新兴行业中，各企业在技术和战略上都处于一种探索阶段，表现为新兴行业技术的多变性，从而战略的选择也是多种多样的，各企业的产品的市场定位、营销、服务方式都表现出这一点。

从具体的经营活动来看,新兴行业生产规模小,但生产成本高。随着生产规模的扩大,经验的不断积累,生产组织趋于合理及规模经济的形成,成本才会下降。同时,企业缺乏制订战略所必需的信息,不了解竞争对手的数目、分布状况、优势和劣势状态,购买者的需求规模和偏好,以及市场成长的速度和将要实现的规模等。在相当长的一段时间内,新兴行业的参与者只能在探索中寻求适当的战略与成功机会。

(2)行业发展的风险性。在新兴行业中,许多顾客都是第一次购买者。在这种情况下,市场营销活动的中心应该是诱导初始的购买行为,避免顾客在产品技术和功能等方面与竞争对手发生混淆。同时,还有许多顾客对新兴行业持观望等待的态度,认为第二代或第三代技术将迅速取代现有的产品,他们等待产品的成熟与技术和设计方面的标准化。因此,新兴行业的发展具有一定的风险性。

在新兴行业中,企业的战略选择必须与技术的不确定性和行业发展的风险性相适应。由于在该行业中,不存在公认的竞争对策原则。尚未形成稳定的竞争结构,竞争对手难以确定等因素,都使行业发展的新兴阶段成为战略自由度最大、战略影响程度最高的阶段。企业利用这一点,在行业初期的多变环境中做出正确的战略选择,就会在一定程度上决定企业今后在行业中的经营状况和地位。为此,企业在战略选择上应该考虑以下问题。

(1)促进行业结构的形成。在新兴行业的战略问题上,压倒其他战略的选择是,首先考虑企业是否有能力促进行业结构趋于稳定而且成形。这种战略选择使企业能够在产品决策、营销方法以及价格策略上建立一套有利于自身发展的竞争规则,从而有利于企业建立长远的行业地位。

(2)改变供应商和销售渠道。随着行业规模的成长,新兴行业重点企业必须在战略上准备应对供应商和销售渠道可能出现的方向性转移。例如,供应商可能越来越趋向于满足行业的特殊要求,而销售渠道可能对一体化感兴趣等。这些方向性的转移,会在很大程度上使企业改变战略。

(3)正确对待行业发展的外差因素。所谓外差因素,是指企业效率与社会效率之间的不一致。在新兴行业中,关键问题是企业必须在行业所倡导的事物与企业追求自身利益之间寻找平衡。行业的整体形象、信誉、与其他行业的关系、行业吸引力、行业与政府及金融界的关系等都和企业的生产经营状况等密切相关。行业内企业的发展,离不开与其他同类企业的协调和整个行业的发展。企业为了行业的整体利益以及企业自身的长远利益,又必须放弃企业暂时的自身利益。

(4)适应转变的流动性障碍。在新兴行业结构中,流动性障碍表现为获得适当的技术水平、销售渠道、低成本和高质量的原材料以及与风险相当的机会方面的障碍。这些流动性障碍会随着产业规模的成长和技术的成熟而迅速发生结构性的变化。这种变化对企业的最明显的影响是,企业必须寻求新的方法来维持其行业地位,而不能只固守行业过去的优势。

（5）适当的进入时机。企业何时进入新兴行业是个风险问题。一般来说，具有以下特征时，企业进入新兴行业较为适宜：①在企业的形象和声誉对行业产品的购买者至关重要时，企业最先进入可以提高企业的形象和声誉。②经验曲线在该经营领域中作用重大，先进入的企业所创造的经验是后进入的企业不易模仿的。③企业先进入可以优先将产品卖给第一批购买者，以赢得顾客的忠诚。④对于原材料和供应商的优先承诺，可使企业获得成本优势。但是，最先进入行业的企业在下列情况下也会面临巨大的风险。例如，初期的竞争和市场细分可能会与行业发展成熟后的情况不同，企业在技术结构与产品结构等方面如果投资过大，在转变时就要付出高额的调整费用；技术变更也会使先进企业的投资过时，而后来的企业则拥有最新的技术和产品。当然，企业进入的新兴行业必须是最有吸引力的行业，即行业的最终投资结构将有利于企业获得超出平均收益水平的利润，同时企业能获得长期巩固的行业地位。

2. 快速发展产业的竞争战略

快速发展产业的特征是：技术变革很快，产品生命周期很短，一些重要的新竞争对手进入了该行业，竞争对手经常采取新的竞争行动（其中包括为建立一个更加强大的地位而进行的兼并和购并），购买者的需求和期望变化很快。

快速发展的市场环境存在重大的战略挑战。由于每天都有这种或那种重要的竞争发展态势方面的消息，所以仅仅对所发生的时间进行检测、评价和做出反应就成了一项艰巨的任务。在快速变化的市场中取得成功往往取决于在公司的战略中建立下列一些因素。

（1）积极投资于研究与开发，使公司处于技术的前沿。拥有技术诀窍并将这些在技术诀窍上取得的进步转化成创造性的新产品（并且紧跟所有竞争对手所开创的进步和特色）的技能和能力是高技术市场的先决条件。将公司的研究与开发集中于一些关键的领域是非常有用的，因为这样做不仅可以避免公司资源的过度分散，也可以加深公司的专有技能，完善掌握技术，完全实现经验曲线效应，在某一项特定的技术或产品上占据统治地位。

（2）开发组织能力，对于重大的新事件做出快速的反应。快速反应具有很大的重要性，因为对将要发生的变化几乎不可能进行预测。而且，竞争厂商必须敏捷而快速地调动公司的资源对竞争对手的行动或者新的技术发展态势或变化的顾客需求或攻击反应慢的竞争对手做出反应。资源灵活性一般是一个关键的成功因素，因为它是一种调节现有能力的能力，是一种创造新能力的能力，它是一种能够在任何竞争对手能够成功地开拓出来的技术途径和产品特色方面与竞争对手匹敌的能力。如果一家公司没有这样的组织能力，如速度、灵活性以及能够发现满足顾客的新途径，那么，它就会很快失去其竞争力。

（3）依赖于同外部的供应商和那些生产关联产品的公司建立战略联盟，让他们开展整个价值链体系中他们有着专业化专门技能和能力的活动，在很多高速的行业中，技术的扩展很宽，往往会产生很多新的路径和产品种类，没有哪一家公司拥有足够的资源和能力来追求所有的路径和产品。专业化（以便促使必要的技术深度）和聚焦战略（以便保存组织的灵活性，充分利用公司的技能）是必要的。公司加强其竞争地位的方式不仅可以通过加强自己的资源，也可以同制造最先进的零配件的供应商建立伙伴关系以及同关联产品的主要生产商进行合作。

如果快速变化的市场环境使很多技术领域和产品种类成为必需，竞争厂商也就没有别的选择了，只能实施某种聚焦战略，集中精力，成为某一特定领域的领导者。现代技术诀窍和"首先出现在市场上"的能力是非常有价值的竞争资产。而且，竞争的速度要求公司做出快速的反应，拥有灵活的可调整的资源——组织敏捷性是组织的一项巨大的资产。同供应商进行合作的能力也是如此，公司必须有效地将供应商和公司自己的资源有效地综合匹配起来。一方面，公司必须建立丰富的内部资源，以免公司受其供应商的摆布；另一方面，公司又要通过外部的资源和技能来维持一定的组织灵活性。公司必须在这两方面维持一定的平衡。

3. 分散产业中的竞争战略

分散产业是指由大量中小型企业组成的行业，快餐业、洗衣业、照相业等不属于这类行业。分散行业中，企业的市场占有率没有明显的优势，企业也不存在规模经济，没有一个企业能够对行业的运行发生影响。

一个行业成为分散产业的原因很多，既有历史的原因，也有经济的原因。

（1）进入障碍低。行业的进入障碍低，企业就比较容易进入这种行业。结果，大量的中小企业成为该行业中的竞争主导力量。

（2）缺乏规模经济。有的行业生产过程比较简单，难以实行有效的机械化和规范化。这类企业，尽管生产规模会不断扩大，其成本并不会下降，或者下降幅度很小。同时，企业的储存成本高，而且销售额的变化无规律可循，使企业难以发挥规模经济的作用。因此，在一定程度上，专业化程度较低的企业要比专业化程度高的资本密集型大企业更具有竞争性。

（3）产品的差别化程度高。产品的差别化程度高，可以有效地限制规模，使效率不同的企业得以发展。

（4）讨价还价的能力不足。在分散的行业里，供应方与购买方的结构决定了行业中的企业在与相邻的企业或单位进行交易时不具备讨价还价的能力。同时，供应方与购买方也有意识地鼓励新企业进入该行业，使行业保持分散状态，并使企业维持小规模。

（5）运输成本高。高额的运输费用，往往限制企业的有效生产规模，以及生产布局，使行业不能形成整体规模效应。

（6）市场需求的多元化。在某些行业中，由于地域的差异，顾客的需求是分散的，而且形式多样。结果导致行业分散化。

（7）行业初期阶段。在行业发展的初期阶段，所有的企业都处于发展状态，没有能力扩大生产或进行兼并。因此，这时的行业处于一种分散状态。

针对行业的分散状态，理论界和实业界都在探讨整合行业的战略与方法，试图改变分散的行业结构，运用基本竞争战略获得竞争优势。企业常用的战略有三种形式：

（1）连锁经营。企业运用这种方法主要是为了获得成本领先的战略优势。连锁经营改变了以往零售店的分散布局状态，建立联络网络，形成规模经济，拥有大量的购买力。同时，连锁经营可以建立区域性的配货中心，克服高运输成本的现象，减少库存成本，快速反映商店和顾客的需求，以及分享共同的管理经验。这些都可以大幅度降低企业的成本，形成竞争优势。

（2）特许经营。在分散产业里，企业要形成差别化，可以多采取特许经营的方式，获得竞争优势。在特许经营中，一个地方性的企业由一个人同时拥有和管理，这个人既是所有者又是经营者，有很强的事业心管理该企业，保持产品和服务质量，满足顾客的需求，形成差别化。企业通过特许经营还可以减轻迅速增加的财务开支，并获得大规模广告、分销与管理的经济效益，使企业迅速成长。

（3）横向合并。为了求得发展，企业在经营层次上合并一些产业中的中小企业，以形成大企业。例如，将一些地方性的企业合并成全国性的企业，使之形成规模经济效益或形成全国市场，从而，企业可以采用成本领先战略，或差别化战略。

分散产业可以为企业的选择带来战略机会，也可以给企业带来失误。在战略的使用过程中，企业应该注意以下几点：

（1）避免全面出击。在分散产业中，企业要面对所有的顾客，生产经营各种产品和提供各种服务是很难获得成功的，反而会削弱企业的竞争力。

（2）避免随机性。企业在战略实施过程中，不要总是调整以往的资源配置。在短期内，频繁地调整可能会产生效果，但在长期的发展中，战略执行过于随机，会破坏自身的资源，削弱自身的竞争力。

（3）避免过于集权化。在分散的行业中，企业竞争的关键是在生产经营上对需求的变化做出反应。因此，在组织结构上，企业应当做出适当的选择，集权性组织结构对市场反应较差，经营单位的管理人员主动性小，难以适应分散的行业竞争。

（4）避免对新产品做出过度的反应。在分散产业中，新产品会不断出现，企业如果不考虑自身的实力，做出过度的反应，结果会削弱自身的竞争力。

4. 成熟产业中的竞争战略

正如产品存在寿命周期的规律那样，行业也存在一个由迅速成长时期转变为增长缓慢的成熟时期的过程。行业成熟所引起的竞争环境的变化，要求企业战略做出迅速反应；同时，也深刻地影响着企业的组织结构，要求及时加以调整，以适应战略的转变。成熟行业具有以下特点。

（1）低速增长导致竞争加剧。由于行业不能保持过去的增长速度，市场需求有限，企业一方面保持自身原有的市场份额，同时将注意力转向争夺其他企业的市场份额，在向成熟转变的过程中，行业内部形成两方面的竞争：一是众多企业对缓慢增长的新需求的竞争；二是企业相互之间对现有市场份额的竞争。企业将根据自身的实力，对市场份额进行重新分配。

（2）注重成本和服务上的竞争。由于行业增长缓慢，技术更加成熟，购买者对企业产品的选择越来越取决于企业所提供的产品的价格与服务组合。此外，在成本竞争的压力下，企业要增加投资，购买更加先进的设备。

（3）裁减过剩的生产能力。行业低速增长，企业的生产能力缓慢增加，有可能产生过剩的生产能力，企业需要在行业成熟期中裁减一定的设备和人力。

（4）研究开发、生产、营销发生变化。在成熟行业中，企业面对所出现的更为激烈的市场竞争、更为成熟的技术、更为复杂的购买者，必然要在供、产、销等方面进行调整，将原来适应高速增长的经营方式转变为与缓慢增长相协调的经营方式。

（5）行业竞争趋向于国际化。技术成熟、产品标准化以及寻求低成本战略等需求使企业竞相投资于具有经营资源优势的国家和地区，从事全球性的生产经营活动。同时，在成熟行业中，企业所面临的国内需求增长缓慢而且趋于饱和。在竞争压力下，企业转向经济发展不平衡、行业演变尚未进入成熟期的国家。在这种情况下，竞争的国际化便不可避免。

（6）企业间的兼并和收购增多。在成熟的行业中，一些企业利用自身的优势，兼并与收购，产生行业集团。同时，这种行业也迫使一些企业退出该经营领域。伴随着行业的发展不断成熟，即使是最强有力的竞争企业也常常因战略与环境不相适应而遭到淘汰。所有这些变化都迫使企业重新审视其经营战略，进行战略转移或调整。

在行业的成熟期，企业一般可供选择的战略有以下几种形式：

（1）缩减产品系列。在以价格为主要竞争手段、以市场份额为目标的成熟行业里，原有的产品结构必须调整，企业要缩减利润低的产品，将生产和经营能力集中到利润高或者有竞争优势的产品上。

（2）创新。随着行业的发展成熟，企业要注重以生产为中心的技术创新；通过创新，企业推出低成本的产品设计、更为经济的生产方法和营销方式，力争在买方价格意识日益增强的市场中具有独特的竞争优势。

（3）降低成本。价格竞争激烈是成熟行业的基本特征。通过从供应商处获得更优惠的供应价格、使用更低廉的零部件、采用更经济的产品设计、提高生产和销售的效率以及削减管理费用等方法，企业可以获得低成本优势，从而在竞争中获得价格优势。

（4）提高现有顾客的购买量。在成熟行业中，企业很难通过争取竞争对手的顾客的方式，扩大自身的销售量。在这种情况下，企业应采取更好的促销手段，提高自己现有顾客的购买数量。同时，企业也应该开拓新的细分市场，以扩大顾客的购买规模。

（5）发展国际化经营。在国内行业已经成熟时，企业也应该谋求国际化经营。其原因是：①同一行业在各国的发展是不平衡的，在一国处于成熟期的行业，可能在其他国家处于迅速成长期。②企业进行国际化经营，可以充分利用各国的经营资源，使自己的生产经营更为经济。③企业进行国际化经营，可以避免饱和市场上的竞争。不过，企业应该认识到，随着国际化经营，行业内的国内竞争也会形成国际化的竞争。行业内的企业开始争夺海外市场，同时开展与该市场所在国企业的竞争。

总之，企业应该根据行业具体情况和企业自身的优劣势，选择上述其中一种或几种战略形式。同时，企业也要注意战略运用的难点。企业不要为短期利益而牺牲长期利益，不要为了一时的销售额增长而做出过分的投资，要对削减价格做出积极的反映，要在需求出现停滞趋势时削弱生产能力。

5. 衰退产业的竞争战略

行业发展到停滞和衰退阶段的时候，市场总体需求低于经济增长，增长停滞或者开始缩小，利润可能会开始下滑。

一般来说，那些在停滞或衰退行业中取得成功的公司所采取的战略主题有下面三个：

（1）确认、创造和充分利用和挖掘行业中成长的细分市场。停滞或衰退的市场和其他的市场一样，也包括众多的细分市场或小的市场点。竞争会出现这种情况，虽然整个行业处于停滞或衰退的状态，但是其中的一个或多个细分市场却会快速地增长。敏锐的竞争厂商往往能够首先集中于有吸引力的成长细分市场上，从而能够逃避销售和利润的停滞，同时还可能在目标市场上获得竞争优势。

（2）强调以质量改善和产品革新为基础的差别化。不管是改善的质量还是革新都可以通过创造新的重要成长细分市场或者诱惑购买者购买更高价格的东西来使需求恢复活力。成功的产品革新除了满足与竞争对手在价格方面的竞争外又开辟了一条新的道路。这种差别化可能会形成一种额外的优势，因为竞争对手模仿起来很困难或者代价很高。

（3）不懈努力，降低成本。如果不指望增加销售量来增加收益，那么公司可以不断提高生产率和降低成本，从而提高利润和投资回报率。可能的成本降低行动包括：①对那些外部公司能够更低价的开展的活动和功能采取外部寻源的策略。②完全对内部的流程进行重新设计。③利用那些没有被充分利用的生产能力。④增加更多的销售渠道，保证低成本生产所需要的单位产量。⑤关闭低销量和高成本的分销点。⑥抛弃价值链中盈利很少的活动。

以上这三个战略主题并不相互矛盾。推出新的革新性的产品型号可能会创造一个快速增长的细分市场。同样地，不懈的追求提高经营和运作效率可以降低成本，从而唤回那些对价格很敏感的顾客。所有这三个战略主题都是一般战略的剥离（或改造形式），为适应艰难的行业环境而进行了调整。

最具有吸引力的衰退行业是这样一些行业，在这些行业中销量的减少很慢，内在需求很大，仍然存在一些能够盈利的细分市场或小市场。在停滞或衰落的市场上公司所犯的常见错误有：①陷于无利可图的消耗战之中。②从业务之中太多太快地抽走现金流，从而使得企业业绩下降。③对行业的未来过于乐观，由于期望行业的形势将会改变，所以过度投资进行某些改善。

# 第三节　企业战略管理创新案例研究

在企业实际运营过程中经常会遇到下面的三种情形：行业发展趋势很好，企业自身具有一定的优势；行业发展趋势很好，企业却不具有优势；企业具有品牌优势，实力雄厚，想更快更好地发展壮大。针对上述不同情况企业该怎样应对，如何制定出正确的战略，使企业不断地获取竞争优势呢？

很显然，战略为企业发展指明了方向和目标，而为何不选择别的方向和其他的目标，是基于对外部环境和企业自身能力的分析，以充分利用自己的优势抓住市场所提供的机会，有效地规避可能的风险，使企业健康、持续、高效地发展。为了具体地论述企业如何制定出正确的战略和有效地实施战略管理，下面将结合成功企业的实践进行分析。

## 一、蒙牛的快速成长及教训——新兴成长行业的优势企业应该如何做

当行业发展趋势很好，企业具有某种竞争优势时，应努力抓住大好的发展时机。

### （一）行业发展前景良好

曾经号称是我国成长最快的企业——蒙牛的故事，很值得我们认真地分析。随着我国经济持续高速增长，人们消费水平、消费习惯的变化，对牛奶需求量呈大幅增加的发展趋势，加上由于牛奶包装及灭菌新技术（使牛奶在常温下可保质半年，消除了牛奶对冷链系统的要求，使成本大幅下降）的出现所带来销售方式的巨大变化，乳制品行业面临即将从区域市场扩展为全国性大市场的极好发展机遇。

### （二）企业奋力成为行业优势企业

1. 公司成立。1999 年 1 月，起名：蒙牛，欲建"百年老店"。

2. 先建市场、后建工厂（虚拟企业概念）。此时，企业除了有几名对行业技术和管理有经验的人以外，其他几乎"一无所有"，如果按先建牧场、再建工厂、再拓市场的通常做法，要花费很多年的时间。于是，企业决定把在制造行业非常流行的"贴牌生产"模式引入，以尽可能地缩短产品上市的时间，抢在其他企业之前成为拥有全国性市场的企业。液态奶由哈尔滨一家公司贴牌生产，冰淇淋由包头一家公司贴牌生产。贴牌生产关键在于质量的控制，由蒙牛出人才、标准、管理、技术、品牌，并加以严格控制，使产品质量达到了合格水平。蒙牛运作了国内 8 个困难企业，盘活了 7.8 亿元资产，实现了双赢：一方资产激活，另一方创了品牌，不到半年，品牌打响了。

3. 扩大生产能力、确保产品高质量。1999 年 6 月 10 日，开始建造中国唯一"全球样板工厂"，在国内首创运奶车桑拿浴车间，拥有中国规模最大的国际示范牧场。

4. 营销。战略：先难后易，先深圳、北京、上海、香港地区，再向其他城市辐射。绝招：免费品尝，买赠。

深圳：先做居民小区，再做小门小店，后做商场、超市。促销员身着蒙古袍，三至五人一组，多到几百人，遍布深圳主要社区，写了充满"挑衅"味道的广告语："提起深圳，你会想到高楼大厦，高科技；提到内蒙古，你自然会想到蓝天、白云、绵羊，还有那从遥远年代飘过来的牛奶的醇香。几千里路来到这里：不尝是你的错，尝了不买是我们的错……"好牛奶自然会说话，这一尝，果然尝出了质量、尝出了魅力，蒙牛牛奶由地摊，由小店再到商场超市，一路绿灯！

蒙牛大冰砖在北京旗开得胜。1999 年 10 月，北京仍然炎热，北京王府井一天大冰砖就销出 30 多箱（卖点：一是冰砖给人感觉很凉；二是冰砖给人感觉很大，很实惠）。1999 年 11 月 18 日，蒙牛大冰砖首次冲击北京市场，切入点：首指王府井，促销方式：买二赠一（中国冰激凌历史上首次买赠）。买赠表现出惊人爆发力。1999 年 11 月 18 日初推，一天卖 1000 箱，至 12 月 18 日，上升为一天卖 1 万多箱。

战上海。2000 年，蒙牛产品开始进军上海。上海是个牛奶高地，人均牛奶消耗量为全国平均量的 4 倍，居全国之首。在上海，光明乳业苦心经营多年。之前，外地厂商屡战无果。为了缩小与上海巴氏奶的价格，蒙牛在产品细分上，最终选择了价格相对低廉的枕奶（45 天保质期，也能让消费者觉得更新鲜）。为了打开上海市场，蒙牛还找了两个利益伙伴，和利乐、上海烟糖公司一起，去打开这个艰难的市场，采取的方式是免费试用。先借助网上销售平台"易购365"，蒙牛首先采取产品试用模式，将牛奶样品免费送给经过精心细致分析挑选出的 5000 户家庭品尝，随后进行一定程度的跟踪及回访。接着又委托"易购365"向目标消费者发送奶票，奶票的价值正好是一个家庭一个月的牛奶用量。当免费试用的牛奶费用花到 800 万元时，上海市场像是个"无底洞"，两个伙伴怕了，共给了 140 万元后跑了。只剩下了蒙牛一家继续往前冲，当买赠费花到 1000 万元时，上海市场一下子就打开了。从销售渠道看，蒙牛开发上海市场的过程，实际上分两步：第一步，以"易购365"等网上销售为引擎，以免费品尝为手段，牵引产品起飞；第二步，以网上销售已经赢得的有利地位——品牌知名度与消费群为条件，与大型商场超市谈判，迅速、低成本地将产品销售扩大到传统销售渠道。

蒙牛在香港地区聘用了很多导购员——集中力量，主攻一点。在香港地区成为第一品牌，市场占有率为 25%。

5. 树品牌、善于借势。

1999 年 4 月 1 日，在呼和浩特，人们一觉醒来，突然发现所有主街道都戴上了红帽子——道路两旁冒出一个个的红色路牌广告（300 多块），上面高书金黄大字：蒙牛乳业，创内蒙古乳业第二品牌。蒙牛第一个电视广告："蒙牛乳业，再创内蒙古名牌。"共生共赢战略的实施：2000 年 9 月，蒙牛在和林生产基地竖起一块巨大的广告牌，上面高书："为内蒙古喝彩。"下注："千里草原腾起伊利集团、兴发集团、蒙牛乳业、塞外明珠耀照宁城集团、仕奇集团、河套峥嵘蒙古王、高原独秀鄂尔多斯、西部骄子兆君羊绒……我们为内蒙古喝彩，让内蒙古腾飞"。2001年6月，蒙牛又率先提出建"中国乳都"的倡议，启动了以地区品牌带动企业品牌的大品牌大营销战略。从历史上看，草原是牛的故乡，奶的摇篮，千百年来，人们一提起内蒙古，首先想到的就是"天苍苍，野茫茫，风吹草低见牛羊"——草原文化是古人留给内蒙古的最大一笔无形资产。

蒙牛在"非典"时期第一个向国家卫生部捐款100万元的企业。

航天员专用奶告知行动。经从市场到工厂，从工厂到牧场的层层选拔，并通过物理的、化学的、生物的多次检验，最后蒙牛牛奶从众多品牌中脱颖而出，2003年4月被确定为"中国航天员专用牛奶"。

赞助湖南电视台超级女声节目，使公司更加家喻户晓。在央视舞台上精心做广告。蒙牛产品于1999年4月问世，这一年总共募集资金1千多万元，其中30多万元用来打了广告，用来做"无形资产"（见表3-1）。

**表3-1　蒙牛早期的成长数据**

| 年份 | 年销售收入（亿元） | 国内行业排名 |
| --- | --- | --- |
| 1999 | 0.37 | 119 |
| 2000 | 2.47 | 11 |
| 2001 | 7.24 | 5 |
| 2002 | 16.68 | 4 |
| 2003 | 40.71 | 3 |
| 2004 | 72.14 | 2 |
| 2005 | 108（伊利121.75亿元） | 2 |
| 2006 | 162（伊利163亿元） | 2 |

（三）成功原因分析

1. 口感好是当时质量好的标志。

蒙牛这段时期的成功是由于准确地预测到乳制品行业即将迎来飞速发展的大好机会，分析了公司的条件和能力，确立了长远战略目标，用以凝聚员工，激励斗志，有效地进行资源配置。密切关注了新技术的运用所带来的巨大机遇，掌握了乳制品生产的核心技术，产品质量和口感更好。

2. 贴牌生产为其赢得先机。

在自身没有牧场和工厂的情况下，运用最新的管理理念和管理方法，先由别的企业为自己"贴牌生产"，通过先建市场，创品牌，赢得了先机，占据了主动地位。（如果等牧场和工厂建起来后去建市场，一是资金远远不够，二是会失去先机。如果先建牧场和工厂，后开发市场，而等这些生产能力建好了，市场却早已被人家占领了）。为了企业的长远发展，企业应迅速建立自己的生产能力，以确保产品质量和规模，做到行业领先。

3. 广告和公共事件营销是其强项。

因品牌知名度对大众消费品生产者有重要作用，蒙牛通过大量做广告，使产品及品牌深入千家万户。蒙牛善于借势、巧于借势，也是其快速成长的原因。为顺应消费方式和习惯的变化，满足消费者对天然、无污染乳制品的追求，充分利用了内蒙古的文化遗产，传递绿色和环保概念，采用了正确的营销策略和手段，迅速打开和占领了市场，如果没有实施先难后易战略，从高端市场辐射其他市场，就不会有这么快的发展。

4. 共赢战略展现其大度。

正确地实施共生共赢战略，处理好了与伊利的竞争伙伴关系，如果蒙牛和伊利存在恶性竞争的话，最后很有可能这两家公司都会失败，现在这两家乳业巨头共同占据了我国乳业的半壁江山。同时，处理好和供应商、销售商的关系，为用户创造更多的价值，形成共赢的局面。公司通过对环境和自身能力的分析，通过技术创新、管理创新等途径，有效地利用了财务、营销、生产、研发等手段，成功实施差异化战略，通过创立名牌，成为行业的领先企业，取得了辉煌的业绩，成为成长冠军。

（四）应当吸取的教训——质量第一、诚信为本

非常遗憾的是在 2008 年的"三聚氰胺"事件中，蒙牛公司也陷入其中，而且随后还出现了虚假广告等问题，让客户对蒙牛公司等我国乳制品知名企业彻底地失去了信心。从蒙牛公司所出现的问题来看，公司过分看重广告和营销的作用，对产品质量和信誉的重视程度不够，没有从长远发展的角度把产品质量和公司声誉放在第一位，这是企业发展战略的失误，使公司陷入了非常被动的境地。成为新兴快速成长行业的优势企业后，能够获得在该行业长期生存和发展的可能，是众多企业梦寐以求的，企业应尽可能地大胆发展。但是，应以诚信和质量为基础，稳健地发展，而不能太急于求成，导致拔苗助长，结果可能会导致企业万劫不复。

# 二、新兴铸管公司如何突围？成长行业里的众多劣势企业应该怎么办——如果尽全力仍不能扭转劣势，则必须另辟蹊径

（一）行业中的众多劣势企业，在该行业里是难以长期生存的

虽然行业的发展趋势良好，但行业中有实力强大的优势企业作为竞争对手，优势企业存在品牌、质量、技术和管理等方面具有优势，能不断地吸引更多的消费者购买产品，在市场中形成强者恒强的局面，然后，会逐渐形成为数不多的几家优势企业占据该行业绝大多数的市场份额情形，行业排在较后的企业会被淘汰掉。

（二）行业中的劣势企业应另辟蹊径

即使经过最大的努力后，企业在该行业内也形不成竞争优势，该怎么办呢？

通常大多数企业都会遇到这样的问题，因为行业的领先企业数量毕竟很少，另寻出路是最好的办法。

（三）新兴铸管公司寻找与原行业相关的新兴行业，并努力成为该新兴行业的优势企业

1. 战略决策的背景与形成。

新兴铸管公司前身地处"三线"，位于大山深处，是规模不足10万吨的小钢铁厂，当1998年完成30万吨钢技术改造之际，正值国内钢铁市场第一次升温，倾力发展钢铁，成为当时绝大多数冶金企业毫不犹豫的选择。新兴铸管公司却在冷静地思考一些更深层次的问题，逐步认识到：企业规模小、实力弱、产品单一、附加值低，在行业竞争中无优势，缺乏继续发展钢铁的条件与能力，只能另辟蹊径，夹缝求生。不走钢铁外延扩展之路，寻求"大厂不愿干，小厂又干不了"的新产品。

从1988—1991年，花了3年时间对国内外市场进行调研，发现了与本行业相关进口产品"球墨铸铁管"，是1960年左右兴起的，传统灰铁管的更新换代产品，具有耐腐蚀和高延展性，技术含量和附加值较高，在发达国家被广泛用于输水、输气工程，国内重点工程也开始出现以球墨铸铁管取代灰铁管的趋势，而且基本依赖进口，进口价8000～10000万元/吨，为钢材的2～3倍，年进口量在8000万～1亿美元。另一产品为磨球，年出口量在80万～100万吨，出口价在4000～5000元/吨。这两个产品公司很重视。

确立发展球墨铸铁管的产品方向。市场虽刚起步，技术含量、附加值高、潜在市场广阔，须有相当规模才有效益，资源能共享、充分利用，能降低成本和风险，产品定位于城市公用工程、服务对象为自来水和燃气供应公司，铸铁管生产流程短，对能源依赖性小（仅为钢的30%～40%），建设周期短，投入产出高。

风险研究：第一，开发市场有风险，如市场开发不利，投产之日可能就是停产之时；第二，技术难度较大；第三，有一定资金风险，需贷一部分款。经三年调研，信心越来越足，决心越来越大。

1991年正式向国家计委申报铸铁管立项，向全体职工宣布进行产品结构调整战略决策。

2. 战略决策的目标。

3～5年内以最快的速度掌握铸铁管核心技术，形成自主创新开发体系，主要经济指标全部达到了国际先进水平。1995—2000年要跻身世界铸铁管三强。

3. 战略决策的实施与管理。

排除干扰，坚定不移。当时正值市场上第二次"钢铁热"，钢涨价，钢铁企业从中获得暴利，做好了职工思想工作。一年后，钢铁市场急剧下滑，产品调整战略才真正被大家所接受。

自我积累与多渠道筹措资金相结合，保持铸铁管发展速度。自我积累 12 亿元，利用外资 2.5 亿元，兼并盘活存量资产 5 亿元，上市募集 11 亿元，有效地规避了大量举债发展的风险，生产规模迅速扩大。1995 年，铸铁管产量为 4.65 万吨，1999 年达 22 万吨（提高了 5 倍），实现了规模经营。

不断掌握核心技术，支持铸铁管持续开发。结构调整之初，发达国家只卖产品，不卖整体技术和设备。采用"分兵战术"，从德、意、美分别引进部分关键设备，与自主开发相结合，创新为主，用了一年多的时间终于打破了西方的技术垄断，走在国内其他同行的前头。

4. 通过"惊险一跳"实现产品与市场接轨

先国外、后国内，以出口促内销。1993 年，第一期工程开始投产，国内当时对铸铁管还没有真正的认识。尽管做了大量工作，并在各地建立了销售网络，但没有接到一个正式国内合同。形势严峻，公司果断抓住一个出口的机遇，冒着可能承担上千万赔偿费用的风险，签订了第一个订单——向叙利亚出口 7000 吨铸铁管合同，背水一战，开足马力，保质保量按时完成合同，最后共计完成了 21000 吨出口任务，第一年即盈利近千万元。

先要市场，后要利润，抢市场制高点。1995 年国内铸铁管开始启动，相继又有几家新企业投入生产，竞争开始升温，价格也开始下滑。这时是保利润还是争夺市场份额？从长远看，市场份额比眼前利润重要得多，先要市场，后要利润的方针，采用这一战略，使公司铸铁管产品在发展初期亏了 3000 多万元。但销售量却成倍上升。两年内超过了 10 万吨，每一吨产品的成本在两年内下降了 990 元，到 1997 年彻底扭转亏损，盈利 3100 万元，生产经营从此步入正常的盈利期，1999 年盈利 9600 万元，2000 年销售超过 25 万吨，实现利润 1.2 亿元。

先抓市场开拓，后抓产品开发，以市场带动开发。依靠遍布全国的营销网络，迅速反馈用户意见，以市场需求和预测带动产品开发，以订单确定生产计划，以用户满意为生产标准。

2001 年公司综合技术能力和生产规模已上升为世界第二位，彻底打破了少数国家对球墨铸铁管技术和市场的垄断，结束了中国离心球墨铸铁管依赖进口的历史，是国家 520 家重点企业之一。

（四）成功原因分析

1. 退出不具竞争能力的钢铁行业的战略决策正确。

虽然钢铁行业发展前景好，但公司实力太弱，即使倾力发展钢铁也不能改变劣势，而只有优势企业才能在行业中生存更长的时间、获取更多的利润。因而公司正确认识到继续加大在钢铁行业的投入不但没有意义，而且投入越多风险越大（很多失败的企业就是没有认识到这一点）。因此，应考虑从钢铁行业退出，进入新的潜力行业并努力做成该行业的领先企业，才能获得很大的竞争优势（战略分析）。

2. 进入球墨铸铁管领域可行。

公司选定进入球墨铸铁管领域（战略转移），一是因为新行业与钢铁行业相关，可利用现有的资源和能力；二是该产品在国外已被广泛运用，国内空白，我国市场前景广阔。而且大企业认为这个市场吸引力不够大，不愿干，小企业又因为技术含量高，投资规模大而干不了。

3. 在新进入行业尽力成为优势企业。

新兴行业的竞争不激烈，且更容易成为该细分市场的优势企业（战略目标可实现）。经过分析，公司认为在球墨铸铁管行业，经努力能够具有优势，故可采用大胆发展战略，于是公司通过各种渠道筹措资金达 28.5 亿元（财务策略），降低了财务成本和风险，采用集中战略迅速形成了大规模生产能力。（对于中小型企业，选择有广阔发展前景的行业，在所进入的细分市场成为优势企业，是一条切实可行之路）。在市场启动时，先通过低价格占据市场（营销策略），才能充分发挥自己的巨大生产能力，利用规模效应来产生价格竞争优势。坚持以市场为导向，用技术创新（技术策略），满足消费者的需求，创造出差异性，通过实施名牌战略，在用户心目中树立好的形象，建立起用户信赖和忠诚，有利于企业长期发展。进行了正确的战略分析，有效地实施了战略转移，运用各种职能策略保证了战略目标的实现，在新进入行业成为优势企业，使企业迅速发展壮大，是正确的战略使其走向成功。

# 三、海尔的多元化－知名企业如何成功实施多元化经营——相关多元化还是非相关多元化

## （一）长期而言，多元化经营其实很难

企业在某行业已是领先企业，具有品牌优势，实力雄厚，资源、能力过剩时，想更快更好地发展壮大，不少企业选择进入不同的行业（多元化），但多元化后的企业容易陷入困境。

## （二）海尔多元化的特点

1. 海尔是驰名的家电企业，基础扎实，管理模式先进。

海尔创立于 1984 年，原是一家 20 多人的集体企业，负债 147 万元。1985—1991 年，别的企业上产量，而海尔扑下身子抓质量，7 年间只做一个冰箱产品，实施差异化（名牌）战略，磨出了一套海尔管理之剑——"OEC 管理法"，奠定了坚实的管理基础。

2. 海尔多元化主要是相关多元化。

1992—1998 年，别的企业经营纷纷出现困难时，海尔却走低成本扩张之路，围绕家电领域实施多元化战略，吃家电领域的"休克"鱼，靠自己的品牌和文化，以无形资产盘活有形资产，成功实现规模扩张。

3. 国际化战略。

1998—2005 年，实施国际化战略："先难后易"，先美、德等发达国家再其他国家、"先产品出口，后投资建厂"，当产品出口到这个国家的数量远大于在该国建厂的盈亏平衡点后，才在该国投资建厂。

由于战略正确，管理到位，海尔快速发展，1984—2004 年海尔平均年增长速度达到 68%，2005 年海尔全球营业额达 1039 亿元。

（三）成功原因分析

1. 树立质量第一的观念。

海尔发展初期就实施名牌战略，重视产品和服务的质量，在家电业快速发展期间，不盲目上规模，而是苦练内功，把质量放在第一位，使管理上水平。这正符合在行业快速发展期，企业除要努力扩大产量外，也应抓好质量，建立起品牌优势，才能在行业增长速度趋缓进入饱和期后，当产品供大于求时吸引用户来购买你的产品，从而使企业获得更长期、更好的发展这一规律。

2. 打好坚实的管理基础。

海尔的制度和文化不仅是写在纸上，而是牢记在员工的心里，更是落实在行为当中，成了员工行为的规范和指导。

3. 实施低成本的相关多元化，便于管理。

经济快速增长时的多元化战略往往是导致其失败的陷阱。而对海尔来说，相关多元化却是一条快速扩张的成功捷径，秘密何在呢？

海尔的多元化是相关多元化，能够保证已经获得的成功管理经验应用在新进入的行业，靠的是自己的名牌优势，以文化先行，用极低的成本甚至是零成本去兼并有发展潜力（只是由于经营不当暂时出现困难）的企业，其出色的管理很快便有了效果，这是成功的关键。另一条多元化成功之路是非相关多元化，通过选择有潜力的行业，进入其中由小做到大，成为行业的领先企业，通用电气公司就是这么做的。实施多元化战略应注意新进入的行业不能稀释现有的名牌，在相关的多元化领域要努力做到行业领先，为名牌增加新的内涵，提高其品牌优势，多元化才能成功。要成为世界名牌，就需要有世界的视野，有稳健的跨国经营战略，利用全球的资源，占领国际市场，

"先难后易""先产品出口，后投资建厂"被证明是正确可行的。公司是名牌战略、多元化战略、跨国战略成功的典范，非常值得学习和借鉴。多数企业采用多元化战略时，都发生了战略的错误，例如对欲进入行业的发展前景、市场的大小、竞争程度、盈利水平、对手的行动、自身的能力，可能的风险的分析不够或不客观，导致在进入不同领域后管理跟不上，使企业在新的行业不具竞争优势，甚至因产品或服务不好而影响到企业已创下的名牌声誉，使名牌的含金量被稀释了；加上并购企业所用资金是银行贷款，成本很高，财务风险很大，当外部环境发生变化时，企业可能就会承受不了，从而走向失败。

# 第四章　企业文化创新研究

在管理理论的"丛林时代"，孔茨（Harold Konz）的组织文化思想，让我们初次感受到文化的魅力；20世纪80年代，《日本企业管理艺术》《企业文化》《寻求优势——美国最成功企业的经验》等著作的相继问世，引发了企业管理思想的又一场革命，企业文化成为现代企业管理的成功之道，文化管理成为大势所趋。中外企业管理实践和理论研究的成果表明：企业文化在企业活动中发挥着重要作用，是企业的灵魂，是企业创新与活力的内在源泉和动力。把企业文化与企业管理结合起来进行研究和探讨，避免文化与管理脱节，对于提高我国企业文化建设水平、促进管理的优化与提升、增强企业国际竞争能力有着深远意义。

我国创新文化的研究起步较晚，1998年中国科学院院长路甬祥首次提出了创新文化的概念，国务院2006年编制的《国家中长期科学和技术发展规划纲要（2006—2020）》首次将"创新文化与科学普及研究"作为一个独立专题。目前学术界关于企业创新文化存在的主要问题是学术界在创新文化的定义上尚未达成共识，现有的创新型文化研究重定性研究轻定量研究，现有的创新型文化研究缺乏集成而显得过于孤立。

研究企业创新文化的根本目的是提升企业竞争力，增强企业生存发展能力。随着竞争环境的不断变化，企业虽然认识到企业文化是创新的重要影响因素，但对于如何管理企业内的创新文化却无从下手，甚至不是很清楚究竟什么是创新文化、创新文化的内涵。在这样的情况下，很多企业虽然清楚文化既能成为共享或重新使用知识和创新的推动者，也能成为其障碍，但对于哪些企业内的文化有助于创新哪些阻碍创新没有一个清晰的概念。因此笔者希望通过深入的理论研究与探讨，梳理和总结中国企业创新文化，找到创新能力建设的科学规律和有效途径，树立科学和理性的创新思维、创新理念、创新素养和创新习惯，建立以文化为指导的企业创新体系。

## 第一节　企业文化的相关理论

21世纪是一个文化制胜的新时代。只有到了这个时代，人们才能更多地领略到文化的存在、文化的力量，可以说从物质到精神，从存在到意识，从生存到发展……，人与社会的方方面面，都无一例外地打上了一定文化的烙印，受制于一定文化的影响，也得益于先进文化力量的推动。文化能从深深渗透于人与社会发展的诸个层面走到时代发展的前台，主要是因为文化建设日益与人类的生存和发展息息相关，文化与当代经济和政治相互交融以及文化在综合国力竞争中的地位和作用日益突出，这也决定了文化的力量已成为熔铸民族精神、企业精神、人的精神的一种重要力量。

从文化力量的视角看，企业文化现象从20世纪70年代引起企业界的关注，到80年代末引入我国，成为企业界和理论界研讨的对象，再到21世纪企业文化建设成为企业家关注的焦点，无不印证了在决定企业成败的种种因素中，唯有优异的企业文化才是成功企业之所以成功的最为核心的关键因素。

在21世纪伊始，美国福氏咨询公司在对《财富》500强评选总结中，已明确指出："公司出类拔萃的关键在于文化。"我国著名经济学家于光远在"中外管理恳谈会"上也明确指出：国家的繁荣在于经济，经济的发展在于企业，企业的兴衰取决于企业家，那么企业家的活力来自他创造的企业文化，而文化的核心是价值观。沿时代脚步走进中国企业文化，我们不妨把上述企业文化理念背景下的2002年，称为"中国企业文化建设元年"。2002年9月，第16届国际企业文化年会在瑞典首都斯德哥尔摩举行，来自全球58个国家的116名代表出席了会议。会议主题是：探讨社会价值导向对该国企业文化的影响。2002年12月，首届中国企业文化年会在北京召开，来自全国各地企业界、经济理论界、高等院校、新闻媒体等400人出席了会议。会议主题是：竞争力与企业文化建设。透视同年国际、国内两次企业文化年会，不难发现今天的企业文化建设已成为决定企业兴衰和国家经济增长不可缺少的重要因素。正是受制于当代文化与经济、政治相互交融的社会价值导向的影响，21世纪企业成长的质量越来越靠文化的因素来支撑，企业管理的水平越来越需要文化的管理来提高，企业实力的增强越来越靠文化的力量来打造。

## 一、文化的概念

文化可能是最难说清楚的概念之一。似乎世界上的一切都可以称为文化，或者说与文化相关。深奥的如禅文化，淡雅的如茶文化，浓烈的如酒文化，……如此等等，不一而足。各个民族、各个时期的学者也都给文化下了定义，或者谈到了文化。西汉刘向的《说苑·指武》中有"圣人之治天下也。先文德后武力。凡武之兴，为不服也，文化不致，然后加诛"。南齐王融的《曲水诗序》中有"设神理以景俗，敷文化以柔远"。这两处"文化"的内涵都是指"文治教化"，是古之圣人用来治理天下的大道。我们当下所倡导的"以德治国"与此相近。近代给文化下明确定义的，首推英国的人类学家泰勒（E.B.Taylor）。他在1871年出版的《原始文化》中指出："文化是一个复杂的整体。它包括知识、信仰、艺术、伦理道德、法律、风俗和作为一个社会成员的人通过学习而获得的任何其他能力和习惯。"由于泰勒的定义中缺少物质文化内容，其后美国的一些学者将上述定义修正为："文化是复杂体，包括实物、知识、信仰、艺术、法律、道德、风俗以及其成员从社会上学得的能力与习惯。"这样一来，文化成了一个无所不包的概念。

1952 年，美国文化人类学家克罗伯和科拉克洪（Alfred Kroeber&Clyde Kluckhohn）在分析、考察了 100 多种文化的定义后，对文化下了一个综合定义："文化存在于各种内隐和外显的模式之中，借助符号的运用得以学习和传播，并构成人类群体的特殊成就，这些成就包括他们制造物品的各种具体式样，文化的基本要素是传统（通过历史衍生和经由选择得到的）思想观念和价值观，其中尤以价值观最为重要。"这一定义为现代许多西方学者所接受。美国当代人类学家威廉·哈维兰（William A.Haviland）在《当代人类学》中给出了这样一个定义："文化是一系列规范或准则，当社会成员按照它们行动时。所产生的行为应限于社会成员认为合适和可接受的变动范围。"他同时指出：当代的文化学思潮更"倾向于清楚区分实际行为的一面与存在于行为背后的抽象价值观、信仰和世界观的另一面"。强调"文化不是可见的行为，而是人们用以解释经验和导致行为并为行为所反映的价值观和信仰"。

在《中国大百科全书》里，对文化进行了广义和狭义的划分。广义的文化指人类创造的一切物质产品和精神产品的总和，狭义的文化专指语言、文学、艺术及一切意识形态在内的精神产品。罗列这么多定义，是为了总结出一些规律性的东西。考察上述不同时期关于文化的定义。我们可以发现：文化的定义总是在狭义与广义之间徘徊，并且总体上以狭义的定义为主；同时，其由古至今的变化轨迹是狭义—广义—狭义，呈现出一种回归的迹象；此外，还有一种趋势，就是将文化的本质内容与其载体区分开来。关于最后一点，中国人民大学教授沙莲香也有类似的说法："文化体现在所有的产品中。却不是产品本身，它只是作为人们的行为方式和思考方式存在于产品中。"本书在提到"文化"时，一般是指狭义的文化，并且倾向于将文化的本质内涵与其载体区分开来。

## 二、企业文化的定义

企业文化又称公司文化，要比文化的历史晚得多。这个词的出现开始于 20 世纪 80 年代初。一种新的思想和理论在形成过程中，往往会发生百花齐放、众说纷纭的现象，企业文化也不例外。国内外学者对企业文化有着许多不同的认识和表述，对企业文化的解释也是仁者见仁，智者见智。特雷斯·迪尔《企业文化——现代企业精神支柱》一书中指出："企业文化应该有别于企业制度，企业文化有自己的一套要素，即价值观、英雄人物、典礼仪式、文化网络。这四个要素的地位和作用分别是：价值观是企业文化的核心；英雄人物是企业文化的具体体现者；典礼及仪式是传输和强化企业文化的重要形式；文化网络是传播企业文化的通道。"美国学者约翰·科特和詹姆斯·赫斯克特在《企业文化与经营业绩》一书中指出："所谓企业文化通常是指一个企业中各个部门，至少是企业高层管理者们所共同拥有的那些企业价值观念和经营实践。同理，所谓部门文化就是指企业中一切分布各个职能部门或地处不同地理环境的部门所拥有的那种共同的文化现象。"在我国，清华大学教授、著名经济学家魏杰在其所著的《企业文化塑造》一书中给企业文化所下的定义是这样的：所谓企业文化，就是企业信奉并付诸实践的价值理念。也就是说，企业信奉和倡导，并在实践中真正实行的价值理念，就是企业文化。

若要回答企业文化的定义，其出发点和所遵循的原则是"服务与企业文化实践，提高可操作性"。在这一原则之下，对企业文化的界定，要考虑有利于三个问题的回答：企业文化是什么？企业文化为什么？企业文化怎么做？这三个问题也是企业文化建设中要解决的三个根本性问题。

### 三、企业文化的作用

关于企业文化的作用，可以分解为三个更小一些的问题来探讨。一是企业文化对企业的发展有没有作用，二是有什么作用，三是如何发挥作用。第一个问题，似乎是不用回答的。因为企业文化的兴起，本身就是缘于美国管理界对 20 世纪 70 年代日本企业超越美国企业的原因的探讨。探讨的结果，美国人认为是两国民族文化的不同，导致了企业文化的差异，而日本以集体主义、员工参与、注重情感、终身雇佣为特色的企业文化，在效率改进和成本控制方面，似乎比美国企业更为有效，因而在制造业上超过了美国。例如，美国学者卡尔·佩格尔斯（Carl Pegels）在《日本与西方管理比较》一书中就提到。"日本的强大的竞争优势是由于建立在他们文化基础上的管理方法"。叫许多研究人员和企业界人士，对于企业文化的作用，也发表了自己的观点。这些观点，有的是基于实证研究，有的是基于实践经验，因此，它们应该可以说明企业文化的作用。

企业文化是企业的灵魂，是企业发展的精神内核，失去了它企业就如同"行尸走肉"，缺乏生气和活力。我们可以用水来形容企业文化，它不仅形似，更是神似，形似水是指它的非强制性，但是长期而言，却具有水滴石穿的功效。神似水是指它如水，无处不在，用的时候不觉得珍贵，可一旦失去就无法生存。"水能载舟，亦能覆舟"就很好地形容了企业文化的作用。

企业文化的重要作用和伟大意义不用多说，优秀的企业文化无论是对内还是对外的作用都是不容忽视的。对于企业内部的发展而言，好的文化能够起到很好的凝聚作用，使企业内部上下一心，凝聚成一股强大的力量，更好地为企业的发展服务。而对于外部而言，好的文化具有很好的宣传作用，更能够吸引顾客或者是投资者，从而为企业的发展带来生机和动力，也能为企业的发展创造一个良好的外部环境。优秀的文化能够把握现代消费者的文化心理，满足他们的精神需求，从而拉近企业与消费者之间的距离。

随着人们物质生活水平的极大提高，社会已开始由经济型社会向文化型社会过渡，文化渗透到人们生活的各个方面，各种文化现象层出不穷，人们也越来越注重精神等文化需求，丰富与满足人们的精神需求成为当今发展的一个主题。社会发展的这种趋势必然影响到企业的经营理念，消费者越来越看重企业的文化，"产品不再是单纯的产品"，文化的建设在产品中的作用越来越明显。习惯逛商场的人都有这样的经历，有时并非自己急切需要的产品，但是由于服务员热情的态度以及优雅的购物环境等，我们往往会产生冲动购买的行为。无论是员工的态度还是装修风格等，都是企业文化的一种象征，可以说，这种文化在征服顾客的过程中发挥着不可忽视的作用，尤其是当代产品之间的差异性越来越小，靠技术即质量取胜越来越困难或者说是缺乏效益的时候，文化就是企业竞争的一个出路。当今的顾客越来越注重产品使用价值以外的东西，包括消费环境、服务态度、企业的社会形象、文化宣传等，因此，在一定程度上，"卖产品＝卖文化"，例如，顾客在选择海尔的产品时，海尔文化起到了很大的作用。

从上面的分析中，我们看到文化已经成为企业竞争力的一部分，即在企业的竞争中文化发挥着不容忽视的作用。文化的发展受多种因素的影响，其中最主要的两个因素是企业所在地的区域文化以及企业的历史，因此每个企业都有自己独特的文化，企业在构建自身文化时应该考虑自身的情况，建设具有自己特色的企业文化，以差异化的文化特质来征服消费者。文化本身没有好坏之分，只有适合与不适合的区别。适合自己的文化就是好的文化，相反则不能为企业的发展做出贡献，甚至还会形成一定的阻碍。因此，在企业文化创新中过分的拿来主义往往导致邯郸学步的结局。

# 第二节　企业文化创新的内涵研究

作为企业重要的无形资产和宝贵的精神财富，企业文化赋予了企业以灵魂和内涵，有助于推动企业良好的形象塑造和健康的发展。企业文化体现在企业生产、经营和管理的方方面面。企业管理对于营造良好的企业经营秩序和促进企业高效有序发展不可或缺。而创新是事物发展的不竭动力，对于企业而言，文化和管理创新对于促进在市场经济高速发展环境下的企业综合竞争力的提升都十分重要，缺一不可。一个优秀的企业往往既有完善的企业文化建设和先进的企业管理制度，而且具有较强的持续创新的能力，使得企业自身在激烈的市场环境中不断占领越来越多的市场份额。因此，笔者认为，有必要对企业文化创新进行深入的分析与探讨，以期促进企业管理的创新，营造良好的企业管理氛围，促进企业文化价值和管理水平的提升。

## 一、知识时代企业文化的创新

知识经济时代最根本的变化，是与资本革命相联系的经济形态的改变。由于资本革命使资金让位于知识，知识作为重要资源和资本的象征，摒弃了以往不合时宜的陈旧观念，引起了人类社会发展史上又一次深刻的观念变革。与知识经济时代相适应，今天的企业文化建设必须在创新过程中谋求发展。

## 二、知识经济时代企业文化创新的意义

知识经济时代人类赖以生存的物质基础并未发生根本改变，但物质生产的方式以及生产要素与组合则发生了根本性的变化，这些变化就是企业在创造财富的过程中融入了更多的知识和文化的因素，使知识的价值和文化的力量在引导企业成长和发展中的作用日益重

要，同时也决定了创新企业文化成为这个时代的必然要求。

1. 创新企业文化，关键是重塑知识经济时代的核心价值观。企业价值观决定着一个企业的发展方向和战略选择，左右着企业员工共同的发展愿景和行为规范。由于知识经济时代企业的价值追求超越了工业经济时代单一利润指标的狭隘认识，有着超越利润之上的新的价值追求，这就决定了企业必须根据知识经济对企业的发展要求重塑企业价值观，使其融入开拓创新、诚信敬业、尊重人才、服务社会等先进的理念，使企业文化在制度中得到发展和完善。

2. 重塑企业核心价值观，关键是坚持以人为本，目的是提升人的价值。从人本理念出发重塑企业的核心价值观，要求企业必须重新定义知识的价值、劳动的价值、人才的价值、创新的价值等理念，从文化层面上重新构建以人为中心的价值体系。这个价值体系既要能够体现知识经济时代以创新为核心内容的时代特征，又要能够体现重视人的创造、谋求人的价值提升的企业文化建设的根本宗旨，使之成为企业推动发展的基本信念和价值追求。

3. 坚持以人为本，目的是用文化力量提升人的价值。从建设创新型国家到建设创新型企业，与知识经济时代的创新发展要求相契合，需要用创新文化的新思路去提升人的价值，把人的价值提升与企业的价值观、愿景和目标有机地结合起来，在这种社会中"如果一个企业的愿景是引人瞩目的，员工会认为他们的工作是有价值的，并且是快乐的"。在一个鼓励创新的企业文化氛围中，企业的价值观和愿景就会引导员工如何去工作，并在快乐的工作中培育出知识经济时代的企业精神和独特的企业优势。

## 三、文化创新

文化对于企业而言的重要性我们已经了解，但是要注意的是文化具有时代性，一定时期适应的文化现在不一定还适应企业的发展，即判断企业文化的标准是"合适性"，当环境改变了之后，不再适合的文化只会对企业的发展形成阻碍作用。因此，根据变化了的实际，文化也需要做出相应的调整，企业需要对自身原有的文化进行创新，使其适应新时代的要求，适应企业现在和长远发展的要求。

当今的知识经济时代已经对文化提出了新的要求，文化不仅仅是企业的一个构成要素和支撑，而已经发展成为企业竞争力的组成部分，成为当今市场竞争的一个重要组成部分，并且在市场竞争中的作用越来越不容忽视。我们可以预见：以后的市场竞争将更多的是企业文化的竞争。因此，企业需要构建自己的文化竞争力。文化竞争力的一个重要体现就是个性，"独树一帜"才能拥有文化竞争力，才能在文化竞争力拥有优势。因而，文化创新是必然的选择，这是企业提升自身竞争力的要求。

同时，在企业的创新体系中，文化创新也占据着重要的位置，它在企业的所有创新中起着基础性作用，没有先进的文化奠基，其他创新的发展将受到很大的制约。因此，在进行创新之前，我们需要看看这时的企业文化是否具有推动作用，至少不应该阻碍其他创新活动。

总之，文化发展的实质就在于文化创新。文化创新，是指企业顺应外部环境变化并结合自身成长的需要，对文化进行更新和再塑造的动态过程，它为文化自身发展提供了动力，同时也是满足企业文化及社会实践发展的要求。

进行企业文化创新是新时代对于企业的要求，对于企业的发展具有重要的作用和意义。

（一）企业文化创新是适应时代的需要

当今时代，文化与经济的联系越来越紧密，文化对于经济发展的影响也愈加明显，当今市场上，消费者看重和购买的越来越不是产品本身，而是产品中所体现出的文化。因此，从企业文化入手，对文化进行创新是大势所趋。同时，我们看到当今的文化越来越丰富，如何在文化中找到自己的竞争力对于每个企业而言是一种挑战，进行文化的创新使自己能够独树一帜是应对这种挑战的有效方式。在知识经济时代，企业间的竞争更多的是创新能力的竞争，而创新能力的竞争归根结底又是企业文化的竞争。因此，进行文化创新才能够适应时代的要求。

（二）创新是提升企业竞争力的有效途径，是新世纪企业竞争的核心

在当今时代，企业之间的较量已经从硬件转化为软件，竞争的核心将由 20 世纪 60 年代的技术竞争、70 年代的管理竞争、80 年代的营销竞争、90 年代的品牌竞争转向 21 世纪的企业文化竞争。

当今的世界是"不创新即死亡"的时代，企业的创新意识、创新精神以及相应的机制都关系到企业在市场中的地位乃至生死存亡，因而，企业必须有支持创新的文化，这种文化氛围对于企业的创新是相当重要的，文化的力量能够深入每个员工的内心最深处，持续地支持和鼓励员工进行创新。

（三）企业创新在企业创新体系中作用巨大

企业通过进行文化创新，构造良好的创新文化氛围，对于创新体系中的其他创新的成功意义重大。如就管理创新而言，前提是要打破束缚管理创新的价值观、企业理念等为代表的企业文化模式，这就需要进行相应的文化创新。管理上的创新需要企业进行深刻的变革，这对企业深层次方面提出了要求，管理理念等都是根源于企业文化的，可以说，文化的创新是管理创新的基础和前提。

## 四、文化创新内容

将企业文化按照层次来划分，由外到内依次为物质文化、行为文化、制度文化和精神文化四个层次，因此，企业文化创新的内容也包括这四个方面。

（一）物质文化创新

企业的物质文化是员工创造的产品和各种物质构成的器物文化，它以物质为形态，是企业文化在物质上的表现，处于企业文化的表层。企业物质文化包括两大类：员工创造的

产品（包括服务）和企业的内部环境。产品中的设计、样式等都是物质文化的代表，企业的基础设施、生产环境等也是企业物质文化的反映。物质文化的创新是指对产品以及企业的内部环境进行适当的调整与改变使其能够适应发展的要求，同时物质文化的创新是最明显的，员工以及消费者能够从中感受到企业的文化及其变迁。

（二）行为文化创新

企业文化中的行为文化是员工在生产、经营、管理、研究、交际以及娱乐等活动中产生的活动文化。企业的行为文化按照主体的不同可以分为企业家行为文化、模范人物行为文化和一般员工行为文化。

1. 企业家的行为创新是行为文化创新的先导

企业家在文化创新中的作用是明显的，他们的行为是企业的最高指标，是员工们的行为指示灯，也是消费者认识企业文化的重要途径。外界的迅速变迁需要企业家们具有创新精神，从而不断地引领企业进行创新。

2. 模范人物的行为文化创新对于行为文化的创新具有很强的推动作用

企业内部的模范人物的行为是员工们争相模仿的榜样，行为文化的创新能够通过他们的行为很快传达给员工并取得很好的效果。因此，在进行行为文化创新时，企业首先需要获得模范人物的支持和认可，为此，企业可以通过设立模范人物来推崇某种行为。

3. 员工的行为文化创新是行为文化创新的最终实施者，决定着行为文化创新的效果

企业中的任何制度与措施、活动等最终都需要员工的执行来体现，同时，员工的文化创新也是企业创新的不竭源泉。因此，企业可以通过培训提升员工的素质，培养和提升他们的创新精神和能力，从而在企业中形成良好的创新氛围。

（三）制度文化创新

企业的制度文化是指企业为了实现自身的目标而对企业和员工的言行进行规范的文化表现，它通过企业的各种规范、规章以及组织结构等体现出来。企业可以通过相应的制度变革来进行制度文化的创新。其中，要注重企业精神的培育，这是制度文化的精神支撑，同时要加强宣传与推广，为制度文化变革提供文化氛围支持。

（四）精神文化创新

企业的精神文化是企业在长期的经营过程当中形成并且共同遵守的共同信条、群体意识和价值观念，它包括企业的价值观、企业精神、经营哲学、企业伦理道德、企业使命以及企业的愿景等内容，精神文化在企业的文化层次中居于核心地位，是文化的内核，其中，占主导的又是价值观，因此，企业精神文化创新主要是指价值观的创新。价值观影响着企业的行为，企业应该摒弃不合时宜的价值观念，与时俱进，使得企业的精神文化走在时代的前沿。

## 五、文化创新中应注意的问题

### （一）企业文化创新要建立企业的共同愿景和核心价值理念

企业的愿景是企业的理想与追求，是企业发展的动力与方向。愿景的作用是巨大的，推动着人们不断地围绕它而努力，但在现实企业中，愿景往往只是企业自身或者说是企业家的，员工更多的是为了自身的各种需求而努力，企业和员工之间没有一个共同的目标。因此，企业需要建立上下共享的愿景，使每个人都朝着一个愿景方向努力，将各种力量团结在一起，形成强大的合力。

价值理念指导着个人的活动，存在于他们的潜意识当中，对于他们的态度与行为都有很大的影响。核心价值理念是企业的灵魂，是企业文化中最本质的东西。因此，在企业的文化创新中需要将这种核心的价值理念转变为所有员工的理念，让这种理念为员工所认同和接受，这样，对于企业的各种制度安排、战略选择以及经济管理活动，员工们才能真正地认同并给予支持。

### （二）保持谨慎性，稳中求变

文化是企业中变迁最慢的一个因素，尤其是精神层面的文化，企业不能急功近利，不能操之过急，更不能为了创新而创新。有些企业看到竞争对手进行了创新就"害怕落伍"，于是在自己的企业中也进行"轰轰烈烈"的文化创新。没有结合自身需要的创新，可想而知其结果是不理想的。文化的形成是一个长期的过程，并且是建立在深厚的基础上的，进行创新有时难免会伤筋动骨，产生深远的影响。而且，经常性的文化创新只会使企业员工思维混乱，文化还没有发挥其应有的作用就已经时过境迁，这会导致企业没有文化底蕴的支撑。因此，对于文化的创新应有一颗谨慎之心，看到创新的必要性再进行，有时还需要循序渐进，这样才不会遭受过多的阻碍，引起企业自身无法承受的动荡。

### （三）正确处理创新与继承的关系

在文化的创新过程中，对企业原有的文化会进行相应的修正和改变，有时甚至是彻底的推翻。那么企业进行文化创新的临界点在哪里，是修改四分还是八分都要变化？这没有一个特定的准则，需要视不同的情况而定，要结合企业自身的状况以及外部环境的变迁。只需改四分的改了八分就会造成"矫枉过正"的后果，同样，需要八分大改的只进行了四分的小修小改也不能达到预期的效果。这需要掌握文化创新与继承的艺术，创新什么与多少以及继承什么与多少都是企业应该在考虑内外部之后再决定的。

### （四）正确处理外来与本土的关系，保持自身特色

学习和借鉴受到了企业的推崇，这是无可非议的，好的经验和教训能够使企业少走很多弯路并节约大量成本。同时，企业应该注重自身的实际，而不能盲目地学习借鉴，外来的再好，若不能很好地契合自己的话也只会使自己不伦不类，成为现代版的"邯郸学步"。

企业文化更是如此，其建设是一个长期的过程，应该懂得用现代化的视角来审视自身的传统文化，经过认真地分析，将别人优秀的、成功的文化要素与自身传统文化结合起来，达到有效的融合，实现为我所用。针对我国的"外国热"，企业们要保持清醒的头脑，舶来品不一定就是好的，尤其当舶来品是企业文化时。每个国家、地区和民族都有其自身的传统文化，不可能在一朝一夕发生改变，在别国证明成功的也许在本国就是相互冲突的，不能够为企业员工以及消费者所接受。因而，文化创新中，企业需要考虑中华民族的传统文化，在有效借鉴吸收的基础上，要有中国特色并考虑自身的实际。

（五）文化创新要与企业的实践相结合

企业的文化体现在企业的各方面中，在企业的各种实践中，文化是无处不在的。同时，文化的形成和变迁都基于本企业自身的实践，文化创新因此不能凭空想象，文化怎样变、何时变都要有一定的基础为支撑，这种基础就是企业实践的要求。因此，在进行企业文化的创新时，要将其与实践相结合，考虑内外部的实际，这样的文化创新才有支撑和前途。

# 第三节　企业文化创新建设途径

企业文化如此重要，如何创立适合自己的独特文化，是值得深入探讨的问题。

## 一、企业文化建设三部曲

近年来有许多企业按"文化诊断、提炼与设计、强化与培训"三部曲，成功地进行了企业文化建设。

（一）文化诊断

成功的企业精神或口号，应该使员工产生积极的、具体的联想，具有激励作用。以海尔为例，一说"质量零缺陷"，员工就会想到"砸冰箱事件"；一说海尔作风"快速反应，马上行动"，员工就会想到"大地瓜洗衣机从获得信息算起，三天设计出图纸，15天产品上市"；一说"真诚到永远"，就想到"营销员因送货车故障，自己背着洗衣机走了3个小时给客户送货"的事；一说"客户永远是对的"，就会想到，海尔把按照德国模式设计的电冰箱说明书按照中国消费者的水平进行修改的事件……这些感人的事件和具体的形象，使海尔的文化理念没有停留在墙上、纸上，而是进驻到每一位员工的心里。这是海尔文化管理成功的核心。诊断企业文化是否被员工接受和认同，企业文化是否在对员工发挥作用，这对我们是一个很好的启发。

（二）提炼与设计

在企业创业与发展历程中，最重要、最难忘、最感动的事情，以及对企业贡献最大、最富有时代精神的人和从故事中体现出的精神，并用适当的词语来表达自己的感受，从中提炼出使用率最高的代表故事精神的词。这些词经过加工，就是企业精神或企业理念。

企业文化建设还要从未来出发进行设计。对行业、对竞争对手进行分析，对自己的发展目标进行定位，找到现状与目标的差距。回答要想缩短差距、实现目标，企业必须具备什么精神，应该用什么理念指导自己？从而设计出面向未来的文化理念。

把从历史中提炼的文化理念和从未来出发设计的理念结合，进行加工整理，就形成企业的核心理念。

海尔的企业精神是"敬业报国，追求卓越"，在生产管理系统表现为"零缺陷，精细化""有缺陷的产品就是废品"；在营销系统表现为"先卖信誉，后卖产品"；在产品开发系统表现为"客户的难题就是开发的课题"；在服务系统表现为"零距离、零抱怨、零投诉"；在市场开发系统表现为"创造需求，引导消费""自己做个蛋糕自己吃"……每一个理念都有相应的典型事件与之对应。所以，海尔的企业文化建设就与生产经营活动密切联系起来了，避免了一般企业文化建设的单纯形式化。

## （三）强化与培训

对全体员工进行企业文化培训，树立和培养典型人物，充分利用其示范效应，使理念形象化，从而使更多的人理解并认同理念，以企业文化理念与价值观为导向，强化制度文化建设。通过制度的约束和强制，使员工产生符合企业理念与价值观的行为，在执行制度的过程中，企业理念与价值观不断得到内化，最终变成员工自己的理念与价值观。

## 二、行动指南

在推进企业文化建设的实际工作中，必须结合企业的经营环境和发展规划，予以组织落实、制度保障、执行到位。

1. 通过建立企业文化建设运行机制，将文化和战略、人力资源相结合，从战略高度把握企业文化的方向和建设路径，从人力资源角度落实企业文化建设的激励和约束机制。

2. 通过积极倡导和推进，努力实现企业文化从高层到员工、从精神到物质、从表面到内容、从虚到实的转变。

3. 通过完善组织体系，量力而行，加强资源投入，各部门分工协作、目标一致，从培训、宣传工作入手，鼓励和引导全体员工参与企业文化建设。管理部门通过制度文化建设，提高执行力；工会组织通过发挥桥梁纽带作用，增强凝聚力；青年组织通过营造活泼向上的氛围，激发创造力。

## 三、企业文化创新建设的关键——制度文化建设

为了成为"百年老店"，众多企业纷纷搞企业文化建设，但常常是轰轰烈烈一时，能长久坚持下来的不多，真正做得好的为数更少。企业文化建设做得好的企业，一个重要原因就是做到了以制度文化建设平台作为企业文化建设的支撑基础。

所谓制度文化，是围绕企业核心价值观，要求全体员工共同遵守的、按一定规则办事的行为方式以及与之相适应的组织机构和规章制度的综合。制度文化体现了企业管理的刚性原则，是支撑企业发展相对稳定的制度安排，它既有相对独立性，又是连接精神文化与物质文化的中间环节，缺少制度文化，企业难以形成良好的运作机制，加强企业制度文化建设与否，关系到企业文化能否有生命力，能否持续长久。

（一）制度文化建设平台是企业文化建设的支撑基础

如果说企业精神是软约束，那么企业制度常常发挥着一种硬约束的作用。由此可见，制度文化的作用，主要是通过行为偏差修正来实现的。对于成功实践企业哲学和经营理念、遵从制度规范的员工及其行为，要及时得到表扬和鼓励，而对于那些违背企业核心价值观的员工及其行为，则应受到相应的惩戒。

我们要通过制度文化建设，把企业文化贯穿在制度中，以此克服员工的"随意性"。如果我们的企业制度和标准没有真正体现企业文化的内涵，那么，再好的企业价值观、企业精神、企业经营理念，也只能是一堆口号，不可能落实到位。

企业文化还要落实在行动上。要使企业文化成为具有执行力的文化，所制定的制度和采取的措施要充分反映员工的愿望与需求，要把企业文化建设融入企业的经营管理、改革发展之中。

（二）制度文化建设的重点

制度文化建设要重点关注以下四个方面：一是要坚持科学性、实践性和群众性。没有科学性，就容易走形式，步入误区；没有实践性，不从实际出发，没有可操作性，就不能长期坚持，难以真正贯彻下去；没有群众性，不符合员工心理需求，就难以得到员工的认同。二是要以人为本，体现人文关怀，既要给人以约束力，更要给人以动力，为员工自我升华、自主管理打好基础。三是要有利于加快企业制度建设。四是要有利于建立学习型组织，使学习和创新持久化、制度化，为形成高品质的、有竞争力的强势企业文化奠定基础。

（三）企业制度文化建设要与时俱进

在全球经济一体化带来的巨大变化中，企业要面对众多不确定的机遇和风险，这是企业文化能否适应越来越快的市场变化关键所在。海尔从 1998 年以来，对中层以上管理干部实行红、黄牌制度，每个月都评出绩效最好的挂红牌（表扬），最差的挂黄牌（批评），并同年终分配挂钩；在班组，每天都评选最好和最差的员工，在日考核栏上公布，最好的员工在其照片下面画笑脸（红色），最差的画哭脸（黄色）。这一做法的成功之处在于：一是经常化、公开化、制度化的表扬与批评，使员工每天都有新的目标、新的进步，不断追求更新更高的摒弃、提升和超越；二是制度面前，人人平等，通过外在制度的约束，帮助员工养成一种习惯、一种自觉、一种内在需要，不用扬鞭自奋蹄，以良好的主人翁精神为企业发展发挥聪明才智。管理者要成为企业制度的模范倡导者和实践者。这既是企业核心价值观发展规律所要求的，也是企业制度文化建设的关键所在。要形成制度面前，人人平等的良好氛围，形成人人自觉遵守企业制度的良好习惯，使企业制度的激励约束作用落到实处，真正成为维系企业文化核心价值观的重要因素。一个有效的企业制度文化系统能够支持企业文化理念的发展，运用于实践指导，并能够将企业文化的推进和实施渗透到企业管理实践的各个节点。只有这样，企业文化建设才能落到实处，企业文化才可达到最高层的境界。有了优秀的企业文化，企业才能抓住环境变化所提供的发展机遇，规避可能遇到的风险，使企业健康、持续、更好地发展。

# 第四节　企业文化创新建设案例研究

## 一、自强不息之清华同方

清华同方股份有限公司是由清华控股有限公司控股的高科技公司。于 1997 年 6 月成立并在上海证券交易所上市，现有总股本 5.754 亿股。在"技术＋资本"和"发展＋合作"的战略方针下，清华同方以自主核心技术为基础，充分结合资本运作能力，形成信息产业、能源与环境、民用核技术、精细化工与生物制药四大产业支柱。

清华同方是清华大学企业集团控股的高科技企业。秉承"自强不息、厚德载物"的清华文化精髓和勤奋、务实的作风，把企业文化和陵园文化结合起来，造就了清华同方的新型现代企业文化："承担、探索、超越""忠诚、责任和价值等同"。其中，"承担、探索、超越"就是同方对"自强不息"思想的最新诠释。多年来，同方始终保持销售收入 100% 的增长和利润 60% 左右的增长。净资产和总资产都增长了近加倍，这是全体同方人共同努力的结果。也从一个方面证明了这一文化理念的关键作用。所谓"承担"，同方强调的是"承担责任，认准目标，认真负责做好每一件事情"。所谓"探索"，同方强调的是"创新"的精神和针对企业发展及共同目标的不断变革。所谓"超越"，同方强调的是"不断超越自我，永远改正错误，打破成功的束缚"。近五年来，同方的管理文化在探索科技成果产业化之路的过程中，在充分释放人才潜能的过程中，起到了关键作用，比如"大型集装箱检查系统"的产业化。基于直线加速器的大型集装箱检查系统，是清华大学工程物理系承担的国家七五、八五重点项目。在李岚清同志的直接关心和指示下，同方承担起了这个项目的产业化工作。以原技术项目主要负责人为基础，成立"清华同方核技术公司"。完全依照项目的前景和产业化需求投入资金，同时以市场的标准考核产业化进程，以企业的运行机制建立管理体系。在不到五年的时间里，大型集装箱检查系统从一个科研成果迅速转化为多系列高品质的自主技术产品，应用于国内 13 个海关口岸，并在 2001 年出口澳大利亚，打开了国际市场。民用核技术公司也从一个仅有 6 人的小团队，发展成为 300 多人。拥有一流技术、一流基地、一流管理的高科技公司，年销售收入达数亿元。2001 年年底，为使这个公司有更为广阔的发展空间，也为公司的员工能从公司的发展中获得更大的利益，清华同方对其进行了分拆。独立注册为"清华同方威视技术股份公司"。到2002年，"同方威视"大型集装箱检测项目已经拿到了42台的出口合同。同方威视的业务遍布了除北美洲的世界各大洲，而且被美禽的国土安全部评为世界第对大安全防护产品。2002年，威视产品在全球的市场占有率达到90%。另外。为更好地实施技术创新与技术孵化、产业化，同方摸索出一套独具特色的创新孵化体系，通过非常生动的产业实例和每年一个新台阶的优秀业绩，来树立员工的"大事业"思想和不断创新、不断攀登的意识。使员工们在工作中，真正意识到自己所进行的不仅仅是单纯的技术研发、成果转化或是市场推广活动，而是对企业、产业乃至国家都有重要意义的工作。这个意识树立起来了，人才的潜力就能充分发挥出来，共同价值观才能不断地在员工中得到巩固与发展。正是清华的"自强不息、厚德载物"精神，影响了同方的创业者，影响了同方的文化理念。清华的精神就是要做第一，要精益求精，同方作为清华的产业，为自己的未来发展树立了同样的目标。在经历了站稳脚跟的1997年、夯实基础的1998年、高速发展的1999年后，清华同方在2000年明确提出企业的发展目标：创建世界一流高科技企业、更具体的标准，就是"进入世界500强"，这个标准包含：拥有世界一流的自主核心技术，拥有世界一流的企业管理体系，拥有世界一流的坚实产业资本等要素。现在，同方内部每一位员工都有着要做"中国第一、世界一流"的梦想。有了这样的一个目标和同方多年来凝练而成的企业文化基础，同方在各方面的工作，如人力资源工作、财务管理工作、企业管理工作、企划工作，都向着中国第一、世界一流的目标前进。

清华同方经过多年的发展壮大，如今已经成为一个有一定规模的高科技企业，已经清晰地形成了自己的支柱产业。要管理好这样一个日益壮大的集团型企业，需要一种凝聚力很强的企业文化作为基础，而同方文化在同方的经营和管理过程中。以事实证明了其强大的凝聚力和感染力。同方前五年取得了令人瞩目的成绩，随之而来的第二个5年乃至更远的目标已深深烙在了同方上下每一名员工的心中，"世界一流"的目标可以说就是同方文化经过6年多的发展和其内涵的不断充实的必然结果。而在今后的发展中，同方文化仍然是公司发展的坚实后盾，是同方培养创新成果和新的竞争力的基础，在资金、技术的背后的文化是同方未来发展的潜移默化的动力所在。

## 二、善于学习的南京电信

南京电信在实践中总结并形成了7种学习方式，充分体现了他们良好的学习意识和学习风气。

（1）争做试点，促进内部经验的积累。某些牵一发而动全身的举措，如管理、网络业务等，区局、县局都会充分发挥试占基地作用，在小范围内考察相关制度的影响，从而为全面推广打下坚实的基础。

（2)向竞争对手学习。与当地联通、移动、网通等运营商保持良好的关系，多加强交流，同时密切关注它们在市场上的新举措，提高反应速度。

（3）向兄弟单位学习。一直遵循"走出去，请进来"的原则，从两个方面去做：一方面派出业务骨干走出去，向其他省市的电信公司同行取经；另一方面向来访的电信公司认真学习，并请相关的专家学者到公司做专题报告。

（4）向业外企业学习。对于其他行业的成功经验也经常关注，如招商银行的窗口服务、青岛海尔的上门服务等，汲取其他行业的成功秘诀，提高企业的服务水平。

（5）干中学，学中干。一些员工从实践中来到实践中去的学习方式，如公司114台定期的"客服案例分析"，1000号客户服务中心班前5分钟的"一日一议""最佳服务用语设计""案例教育"等，通过这些学习过程，对理论学习和经验进行总结，将员工经历转化为共享的知识，达到"信息共享"和"传播智慧"的效果。

（6）向用户学习。公司不仅要求员工向用户提供满意的服务，而且要求员工注意听取用户的意见和建议，以此来更好地加强与用户的沟通和交流，同时为业务和服务的创新提供思路。

（7）跨专业相互学习：跨专业的学习可以增强对彼此专业的学习和认识，有利于分工协作。

## 三、企业文化主推百年开滦转型发展

开滦集团具有历史悠久、底蕴深厚的优秀文化基因，而在创新中又形成了以战略驱动、开放融入、经济文化一体化为特征的现代企业文化，这些为集团公司战略转型提供了有力的文化支撑。

近年来，开滦集团以"特别能战斗"精神为核心，大力加强企业文化建设，助推企业实现科学发展、转型发展。在跨越3个世纪的奋斗历程中，开滦人不仅为国家建设和民族振兴奉献了巨大的物质财富，同时也塑造了让整个工人阶级引以为自豪的特别能战斗的精神，面对席卷全球的金融危机，开滦集团确立了"抓机遇、增总量、调结构、降成本、惠民生、防风险"的18字方针，引领广大员工统一思想、坚定信心、攻坚克难，实现了逆势而上、快速发展。而面对资源型企业转型这个世界难题，开滦集团也坚持用思路创新推动产业结构调整和发展方式的转变，形成了"六大转向"的发展模式，构建起"一基五线"现代产业发展新格局。此外，集团还积极推进自主创新，构建了"产、学、研"一体化的自主创新体系。

经历百年的开滦集团必有积淀下来的优秀文化基因，包括开放的胸怀、报国的责任、兼容的品质、创新的激情、争先的气魄和特别能战斗的伟大精神。开滦集团觉得：市场经济时代的企业必须通过竞争求得生存与发展，开滦做大图强的必由之路就是调整转型路，新时期企业文化的价值取向就是服务并推动、支撑企业的战略转型。为了实现这一价值取向，需做四个方面的工作：构筑共同愿景，发挥目标愿景的感召力；重塑企业价值观，发挥价值理念的导向力；打造开滦金字招牌，强化百年品牌的传播力；整合企业行为文化，提高企业文化的执行力。

　　企业文化的创新与实践为开滦集团公司战略转型提供了有力的文化支撑。价值理念的宣灌、传播、深植、固化等使得集团上下已形成了用新文化新理念推动新战略的浓厚氛围，广大干部员工的思想观念、思维模式、价值追求、行事作风和推进措施等方面都呈现出了前所未有的新变化。百年开滦成功地驶入了转型发展、持续发展、科学发展、跨越发展的快车道，呈现出勃勃生机和崭新活力。

　　开滦的文化创新就是中国特色的企业文化创新的例子，开滦人在跨越三个世纪的发展中，一直秉承着爱国思想，肩负着自身的社会责任。在继承优秀传统文化的基础上，开滦文化中也体现了包容性、多元性，坚持创新，与世界接轨，与时代接轨。开滦文化以"特别能战斗"精神为核心，一直大力加强企业的文化建设和创新，为企业的发展提供不竭的动力和源泉，推动企业的转型发展、科学发展和可持续发展。

# 第五章　企业的思维创新模式研究

企业需要重视思维创新，因为思维是一切行动的先导，不同的思维往往体现了企业不同的发展路径和前途。本章特别强调领导者一定要注重自己的思维创新，因为领导者很大程度上会作用于企业的发展，相对于一般员工而言，其所起的作用会更大，在企业中的作用的范围也更广。

# 第一节　思维创新

## 一、思维创新应运而生

### （一）知识经济催生新思维

随着知识的不断积累和生产力的不断发展，人类社会已经走过了工业社会的年代，并且向着知识经济时代迈进，时代在转变，人的思维方式也应该改变，并且这种改变也正在实际中发生着。

在知识经济时代，企业之间竞争的重点是人才、知识、信息和技术，如果不在思维上进行创新，则抓不住竞争的重点，思考问题的方式也会跟不上时代的步伐，结果是造成企业和环境之间的不适应，这样的企业失去生存的基础是迟早的事情，除非进行思维以及其他方面的创新，否则就会被新的时代所淘汰。在知识经济时代，对企业的各种创新要求非常高，但企业首先要解决的是思维上的创新，因为思维决定着人如何看待事情和解决问题。思维没有跟上时代，行动必定会落后于现实环境，即使有时能够出现匹配的情况，这种匹配也是一种暂时的现象。因此，在知识经济时代，企业创新要以思维和观念的创新为先导，以符合时代的先进思维和理念来引导企业的技术创新、产品创新、制度创新以及管理创新等。

### （二）买方市场的出现需要思维创新

从改革开放中期开始，中国由典型的卖方市场转变为买方市场，使得生产多少就能卖多少的年代一去不复返，生产商不仅要考虑生产，还要关注消费者需求的变化。随着时代的进步，消费者的需求越来越多样化，需求的个性化特征也越来越突出。这就需要企业的管理者改变以往的思维方式，以适应时代的思维方式来经营管理企业，根据消费者的需求来组织生产，因为需求是最好的顾客。在中国，买方市场有两大特征：并不是所有的商品都供大于求；一些行业会出现生产能力闲置的现象。

市场由卖方转向买方之后，不仅需要对有关市场、生产、管理等的思维方式进行变革和创新，而且指导创新的思维也需要进行变革和创新，根据最新的需求状况进行思维的创新，具体包括以下几个方面：

1. 进行思维创新要把握未来市场的热点和增长点

在改革开放激荡了30年之后，社会供求矛盾由供不应求转变为供过于求，在这样的社会环境当中，企业唯有把握未来的消费热点和增长点，并以此作为创新的起点，才能够寻找到新的市场，并且在激烈的市场竞争中获得超额利润。捕捉新的市场机遇也可以使企业避免在相对饱和或者成熟的市场中拼得死去活来。

2. 在企业的融资渠道上，确立多元化的思维方式

中国的资本市场在不断地完善和成熟，资金来源的多元化促进了融资模式的多元化，因此，随着资本市场的进一步发展，企业需要转变以往的融资思维方式，考量多种融资模式并且寻求最优的融资组合。

3. 在国际化条件下，要确定全球化经营的思维方式

国际化是当今社会的一个不可逆转的趋势，政治、经济、文化等的国际化要求企业的生产经营也需要走向国际化，因而，企业需要以国际化的思维方式来指导国际化的生产经营。目前，企业走向国际化的方式有很多种，如委托销售或者加工、合资企业、在国外设立分支机构等。企业在国际化的生产经营当中，要运用立体思维方式重新审视国际市场，在国际市场中寻找新的商机。

## 二、思维决定一切

思维指导着行动，一个企业的思维指导并作用于企业的战略、制度和行动。因此，对于一个企业而言，有什么样的思维就有什么样的战略、制度和行动，继而就会影响到企业的生存与发展。试想，一个企业如果所思所想都是错的或者是落后的，那么在该思维指导下的行动往往会为失败埋下伏笔。思维是第一步，开始都没有做好，那结果就更会偏离了。正如我们站在交叉路口，选择正确就会越来越接近目的地，而选错了，只会使得我们越来越偏离目的地。我们不能说有了正确的思维，企业就一定能够成功，但是思维的正确性是成功的必要条件，没有正确的思维作为指导，失败是必然的。我们看到，那些成功的企业总是有正确的思维在指导着其前行。

思维创新在企业中起着无可替代的作用，对一个企业来讲，思维创新是企业潜在竞争力的核心内容，是企业竞争的法宝，其对企业的推动是全方位的，从人、制度、技术、资源、文化等各个方面，对企业的生存与发展起着推动作用。没有思想的领先就没有发展的领先，没有观念的超越，企业很难实现跨越式发展。当今的社会是竞争的社会，企业在竞

争时要靠特色、靠创新，这样才能赢得自己的位置。很多企业之所以能够保持活力和在市场上的竞争力，其中的一个法宝就是保持在思维上的创新性，能够先竞争者一步采取各种措施，创造并保持自己的竞争优势，思维创新同时是企业创新体系的源泉，是其他创新的前提和基础，可以说，没有思维创新就没有其他的创新，即企业在进行其他创新如技术创新、营销创新、文化创新时，首先需要在思维上有所改变、有所创新，其他创新归根结底是思维创新的结果。

从以上内容我们看到了思维创新对于企业竞争和发展的重要性，在当今竞争异常激烈的经济环境下，为了寻求适合自己发展的道路，获得生产经营的主动权以及更大的市场空间和更多的利润，企业必须进行思维创新来适应这个新形势，充分发挥思维的能动性和创造性，创造性地开展各项工作，找到解决企业问题和促进企业发展的新思路和新方法，通过思维创新实现企业更好更远的发展，而不能陷于习惯性、常规性的思维方式泥潭中。可以说，我们所处的时代是思维创新的时代，进行思维创新是时代的呼唤。

### 三、思维创新的特征

#### （一）思维创新的系统性

系统是由一系列相互关联的要素组成的，但是系统不是要素的简单相加，而是各要素按照一定的形式组合成的整体，并且具有特定的功能。系统要达到的是"1+1>2"的效果，要素离开整体就会失去作为整体的一部分的一些功能，就好比离开身体的手一样，手作为人身体这一系统的一个必要组成部分，一旦离开人的身体，就不能发挥手的基本功能。当然，系统也离不开要素，一个企业系统如果没有人、财、物等要素的支持就不能正常运行。

思维创新的系统性就是要求我们避免从门缝里看事物，以偏概全、一叶障目、只见树木不见森林的做法都是违背系统性原理的。在认识某一对象或看待某一问题的时候，首先要将它看为一个整体，在整体的框架下研究对象的组成部分，然后将各组成部分回归到整体当中进行分析。因此，我们在对企业进行变革或者创新的时候，应该以整体最优为目标，而不应该牺牲整体的优化来追求局部的最优，这是一种典型的捡芝麻丢西瓜的行为。

#### （二）思维创新的立体性

运用立体性思维就是要从不同的方面来看待事物，不同的方面包括不同的思维指向、不同的逻辑规则、不同的思维角度、不同的评价标准、不同的思维结果等。利用立体性思维来思考某个事物可以把握该事物的不同方面，从而增强了解特定对象的全面性。如在认识某个人的时候，不仅可以从优点和缺点来认识，还可以通过了解这个人的历史和现状来认识他，也可以从这个人周围的人和物来了解他……特别是对于复杂的事物，更需要从多个方面来认识，从而使认识更加全面，因为全面的认识有利于决策的制定、执行以及评价和改进。

利用立体性思维方式来认识某一个或者某些事物时，要注意认识对象的层次性和要素之间的横向联系，同时要把握时间和空间的统一，从不同层次、不同联系、不同的时间和空间来掌握对象的信息。如在认识某个竞争对手的时候，应该放到整个供应链中去认识，认识它的各个组成部分的层次关系、各个部门之间的联系、组织的架构、人员的配备、生产工具的情况，同时还要了解该竞争对手的历史、现状和未来的发展战略等，尽可能多地从不同的方面来增强对它的认识。

立体性思维是一种开放性的思维方式，没有固定的模式，只要求尽可能多地从不同的方面去认识对象，它也是一种流畅、灵活的思维方式，每个人都可以规划自己认识对象的时间、方法、层次等。

### （三）思维创新的跳跃性

通俗地说，跳跃性就是一会儿想到这个，一会儿又想到了那个。跳跃是一种非逻辑的变迁，想法由一个事物变迁到完全不相关或者相关性较差的另外的事物上，它跨越了常规的推理程序，是一种非连续性的思维方式。

在人们想问题的时候，往往会受到潜意识的支配，在意识和潜意识的交互作用过程当中，人们的思维会出现跳跃，如在聊国民经济的时候有可能会突然想到竞争对手。跳跃性是思维创新的核心特征，跳跃性思维是创新能力的一个重要的标志。思维跳跃与思维创新一般处于非自觉意识之中，往往处于未被意识到的潜在状态之中。但是，一旦时机成熟，各种各样的新思路、新方法、新见解、新举措便会随之产生，很多重大的思维创新常常就始于这一"跃"，也许是睡觉时的"灵光"一现就"跃"过去了，很多企业家的重大决策也是这一"跃"的结果。因此可以说跳跃性是促进思维创新的高级机制。

# 第二节　思维创新的激发研究

## 一、思维创新需要勇气和想象力

现在我们知道，原子并不是不可分的。哥白尼的"日心说"当然也是错误的，但相对于"地心说"来讲是个很大的进步，是相对正确的。其反宗教神学的现实意义更是难以估量，史称"哥白尼革命"，这已经不仅仅是自然科学的胜利。前面讲过创新的相对性问题。现在又讲"相对正确"，这是创新的相对性另一个方面的含义。乔尔丹诺·布鲁诺由于执着地信奉和宣传哥白尼学说，被囚禁了八年之后在罗马被天主教会烧死，成为献身科学假说的世界第一人。科学需要执着精神，而执着精神需要有一种宗教式的情感。其实，布鲁诺本人也以超人的预见能力极大地丰富和发展了哥白尼学说。在那个年代他就提出了"宇宙无限"的思想，认为宇宙是"统一的、物质的、无限的和永恒的"，以至他的卓越思想使得与他同时代的人都感到茫然和惊愕，甚至连开普勒在阅读布鲁诺的著作时也感到一阵阵眩晕，无法接受。布鲁诺曾对教会当局说过这样一句话："你们宣读判决时的恐惧心理，比我走向火堆还要大得多。"可见，勇气不仅能够创新理论，还能使人坚持真理，能够产生足以战胜一切物质力量的精神力量。

勇气可以产生三种力量：物质力量、精神力量、科学思维的力量。李广射"虎"，箭头深深嵌入石头。有一位外国老太太，当丈夫被狮子咬住的时候，她随手捡起一根木棍冲上来与狮子搏斗，硬是将狮子打跑，棍子都打折了，这就是勇气的物质力量。我有个邻居，是一位老人，修自行车的，没什么文化，脑子里没多少知识，当然也就没什么思维框框，患了癌症，却非常乐观，很有一种劳动人民的朴素的气质和大无畏的气魄，不把癌症当回事儿，配合化疗，整天乐呵呵的，一直到现在都还快乐地活着，这就是勇气的精神力量。北京有个抗癌协会，是民间组织——国际上也有很多类似的组织，这些人对现代医学已经绝望，决定以人自身的智慧及潜能向癌症挑战。他们风雨无阻地组织登山、安排拉练，结果这伙人都比躺在医院里的癌症患者能活．且活得精彩。我们看到，勇气所产生的精神力量是惊人的。

其实，精神活动本身就是种物质活动。因为精神活动的介质就是物质——大脑。大脑就是物质的。大脑的活动就是物质的活动。所以，我认为，从某种意义上说，精神即物质。精神是物质的最高表现形态。伍子胥过昭关，一夜白了头，就是精神活动的物质体现。古人说"笑一笑，十年少""怒伤肝"，讲的都是这个道理。据说人在盛怒时呼出的气体是有毒的，提炼出来是粉红色的物质注射到小白鼠身上会杀死小白鼠。

我们再看看勇气所产生的科学思维的力量有多么惊人。据说有个美国人立志要"用80美元周游世界"，为此他制订了一整套实施计划，如设法领取一份可以上船当海员的文件、去警署申领无犯罪记录的证明、取得美国青年会的会籍、考取一个国际驾驶执照、找来一套世界地图、与一家大公司签订一份为其提供所经国家和地区的土壤样品的合同、同家航空公司签订一份为其拍摄宣传照片的免费搭机协议等等。这就是勇气带来的科学思维的力量。一般来讲勇气带来的那种科学思维的力量常人往往预见不到，也不擅使用。

思维创新更多的不是需要知识，而是需要想象力。当代天文学界一位最富有传奇色彩的人物就是霍金，他提出的黑洞能发射辐射（现在叫"霍金辐射"）的预言现在已经是一个公认的天才假说，现在人们对霍金的想象力仍寄于极大期望。他的《时间简史》就是超越了一切现有知识的想象力的杰作，这本书被称为"外文版本的《道德经》"在霍金之前的物理学家兼哲学家玻尔创立了互补哲学并解释了"波粒二重性"。据说当他读了老子的《道德经》之后，大受震撼，因此在丹麦皇家颁发给他荣誉证书时说我不是理论的创立者我只是个得"道者"。而且要求把太极图作为荣誉证书的背景图。

有学者说，创新首先需要知识结构的更新。我要说创新首先需要思维方式的转变。因为我在前面说过：知识，还有经验，是属于思考力的范畴，而不属于思维方式的范畴。所以笛卡儿说"最有价值的知识是关于方法的知识"。培根说"一切知识不过是记忆"。光靠记忆人类怎么能继续生存和发展？我相信，缺乏想象力的人，别说做事，做梦都不会精彩。还有德国的魏格纳1912年提出的大陆漂移假说，在当时被认为是荒谬的，因为在这以前，人们一直认为七大洲、四大洋是固定不变的。为了进一步寻找大陆漂移的证据，魏格纳只身前往北极地区的格陵兰岛探险考察，在他 50 岁生日的那一天，不幸遇难。但他的大陆漂移假说，现在已被大多数人所接受。据说欧洲和非洲至今还在不断接近当中。应该说，正是这一伟大的科学假说，以及由此而发展起来的板块学说，才使人类重新认识了地球。我们不难看出魏格纳不仅有想象力，还有勇气，更善于观察。

历史上，能够提出非凡假设的人，往往不是最初即是学这个专业的人士。可以这样解释这个现象：思维创新更多的不是需要知识（因为知识等同于局限），而是需要想象力。爱因斯坦说"想象力比知识更重要"。我们能想象出"白雪公主与七个少林和尚"这样的创意吗？据说迪士尼影业公司要改编这部电影。有时在名称上做文章尤其重要，而这需要想象力。前几年有本书挺火，书名起得很好，叫《人体使用手册》，内容当然无外乎是讲健康，讲保健，讲如何调动人体自身智慧与机能，与古人所说的"大医治未病"是一个道理，讲的是自然医学。可是，书名如果叫什么"保健"之类，就不会那么吸引人。有人戏说，《水浒传》按照今天的商业炒作模式，可以翻译成《一百零五个男人和三个女人的故事》。黑格尔说："真正的创造，就是艺术想象的活动。"这是创新的艺术性的特征。哥白尼最初是学法律的，获得过教会法规博士学位，出版过数学、经济学专著。1517 年，哥白尼总结了货币量化理论，成为当今经济学的重要基础之一。1519 年，哥白尼在格雷欣之前总结出了劣币驱逐良币理论的前身。这一理论的普适性很强，可以引用到社会学领域低俗文化会在市场中驱逐高雅文化。哥白尼当过牧师，还是一位不错的医生。当然他也是一位爱国主义者，当条顿骑士团疯狂侵略波兰时，他挺身出征，保卫自己的祖国。布鲁诺早年则是在修道院学习经院哲学，在法国图卢兹的一所大学任过哲学教师，后来钻研记忆术、鲁尔艺术和巫术（魔幻术、炼金术、占星术）。魏格纳则首先是个气象学家，早年甚至只是个普通的军人。至于霍金，他曾先后毕业于牛津大学和剑桥大学，并获剑桥大学哲学博士学位。也许从哥白尼、布鲁诺、魏格纳、雀金的经历来说，他们的想象力与他们自身的英雄气质不无关系。

另外还可以列举几位重量级人物的知识背景来说明专业与成就之间的关系这个问题。美国第十三任联邦储备委员会主席格林斯潘早年是纽约一家夜总会的萨克斯乐手，经济学家萨缪尔森于 1936 年他 21 岁的时候获得哈佛大学文学硕士学位——他那位大名鼎鼎的、曾经挽救了整个资本主义世界的老师凯恩斯则是位花花公子、情场高手加诗人（当然擅写情诗）。原世界银行行长沃尔芬森早年是位法学学士，后获工商管理硕士，同时是个大提琴手，还参加过奥运会击剑比赛。还有尼采，原是学语言学的，上大学的时候就被老师评价为是"德国一流的语言学家"。尼采的书其实只是笔记，而且是他妹妹在他去世后整理出版的，前面讲的"述而不作"的大人物还要加上尼采一个。所以，专业给予人的，不是知识，而是种素养、气质和深度，而这正是思维的底蕴。

## 二、思维创新的基本方法

人的思维方式有很多种，在创新的过程当中，各种思维方式相互交替地发生作用，以下所讨论的思维方式是被广泛运用且非常重要的，包括发散思维方法、联想思维方法、逻辑思维方法、系统思维方法等。

### （一）发散思维方法

发散思维也称多向思维、辐射思维或扩散思维，是指人们在想问题的过程当中，不拘泥于固有的思考形式、方法和规则，无拘无束地将思路从某一点向四面八方发散开去，从而获得某一问题的多方面的信息以及解决问题的众多方案、办法及建议的思维过程。发散思维并不等于胡思乱想，它一般都有一个主题，这个主题可能是一个有待处理的问题，围绕这个问题而展开思考，从不同的方面来思考问题的成因、性质、影响、涉及的人员或者部门、可能造成的后果以及应该采取的应对措施等。而胡思乱想完全没有思考的重点，整个过程可能就是天马行空，想一些毫无关系的主题，如一会儿想着下班后吃什么，一会儿又幻想着加入有 1000 万元自己会做什么等。

顾名思义，发散思维最重要和最核心的特点就是发散性，头脑风暴法就是利用发散思维的这一优点来寻找解决某一问题的最佳答案。在人们想问题的时候，发散思维能够帮助人们围绕着某个中心立体式地去认识事物并且寻求解决问题的最佳办法。

按照发散方向的不同，发散思维又可以分为逆向思维和侧向思维。

1. 逆向思维

逆向思维，也称反向思维，就是按照正常思维习惯的相反方向来思考问题，如同叛逆的孩子不按常规行事一样，逆向思维是对传统、惯例、常规和常理的挑战。利用逆向思维思考问题的通常做法是：首先对别人的观点或者说法全盘否定，然后进行佐证，若找不到反例，则对这一观点予以接受，对值得商榷的观点则进行辩证。逆向思维对于克服思维定式是非常有帮助的。当利用逆向思维对问题进行思考的时候，往往可以跳出对经验和习惯路径的依赖。

在创新的过程当中，利用逆向思维容易从问题或者观点的反面来获取新的信息，或者找到某个解决方案的漏洞，在这个过程当中，创新的成果就很有可能产生。

2. 侧向思维

侧向思维，也称横向思维，是一种从问题的侧面来思考问题的方法，所采用的策略是改变思维的逻辑顺序，日常生活当中的"拿来主义"和"借鉴学习"就是利用侧向思维方法的例子。侧向思维通常通过三种方式来实现：首先，从侧向移入，即跳出问题对象本身范围的限制，如专业、部门、行业、地域等的限制，把思考问题的空间扩大化，或者从更多的方面来思考问题；其次，侧向转换，即从了解周围的其他事物来达到对目标事物的了解，可以通过认识对象的转换，也可以通过认识手段的转换，侧向转换的关键是如何正确地实现两个转换——目标事物转换为周围的事物以及再从周围的事物转换为目标事物；最后，从侧向移出，即将某个事物（如观点、创意、技术、产品、制度等）从当前的使用领域转移到其他对象上去，如将军用技术转移到民用领域。

发散思维在企业创新中的作用是扩大对认识对象的认识范围，帮助创新主体形成对某事物的立体式认识，打破时空的限制，帮助管理者从多个角度获取解决问题的方法。有时在发散思维的帮助下，一些别出心裁的方案如同"出清水的芙蓉"一样让入耳目一新。

（二）联想思维方法

每一个正常的人都具有联想的思维能力，联想是人的一种本能，它是指由一个事物想到另一个事物的心理过程。联想并不是乱想，所联想到的事物之间是存在一定的关联性的，思维沿着事物之间的关系而进行跳跃，如由销售下滑联想到产品的生产、设计、消费者偏好的改变、竞争对手的变化等，因此，联想是指思维在受到某个事物刺激的情况下跳跃到与之相关联事物上的一个过程。

联想思维具有以下特点：首先是连续性，顾名思义，联想就是由"联"到"想"，人的思维可以由事物 A 联想到事物 B，B 到 C，C 到 D ······ 一直延续下去，在这样的一个联想链中，首尾两事物可能是风马牛不相及的，如由一张照片联想到某个人，由这个人联想到照相时的场景，再由场景联想到某个城市。其次是联想具有形象性。所谓形象性是指所联想的内容表现为存在于人脑中的画面，如某个场景、某个人物等。最后是联想具有概括性，即人们在联想的过程当中不会在细节上停留太久，除非刻意去想该事物的整体面貌，例如联想到某个人的时候首先出现在脑中的是这个人的整体轮廓，然后才联想到这个人某些细节上的特征，如手上有个伤痕等。

世界上的事物都是相互联系的，这是我们能够进行联想的前提条件。在多次的联想过程当中，对于一些日常性的事情，人们往往会形成某种比较固定的思维模式（有时甚至是思维定式），如每天早上起床之后先洗脸还是先刷牙。

（三）逻辑思维方法

逻辑思维方法，是指按照思维的基本逻辑顺序，把思维对象概念化，由概念构成判断，判断再经过逻辑联系构成推理体系的思维过程。在创新领域，循规蹈矩总是被认为是阻碍创新的做法，逻辑思维也因此在创新领域不被人们重视。实际上，逻辑思维和非逻辑思维（如逆向思维）并不是互不相容的，两者在本质上是统一的。当管理学科还处于科学管理阶段的时候，管理强调的是科学性，当对人性的认识逐渐由经济人走向社会人和复杂人的时候，管理的艺术性在管理实践当中的作用也越来越突出，因此管理既是科学也是艺术。在企业创新的过程当中，逻辑思维和非逻辑思维正体现着管理的这两个方面。逻辑思维强调的是创新的科学性，依靠严谨的思维来指导创新；非逻辑思维则强调创新的艺术性。两者并不矛盾，只有在科学严谨的逻辑思维基础上，非逻辑思维才能在创新上发挥作用，非逻辑思维是逻辑思维的补充和完善。在创新的管理过程当中，只有坚持把逻辑思维和非逻辑思维结合起来，才能真正地将科学性和艺术性统一起来。

逻辑思维方法包含丰富的内容:

### 1. 归纳推理法

归纳推理是一个由个性到共性的过程,即从多个类似的事物当中归纳出一些同质的东西或者说在这些类似的东西中具有普遍性的东西,如从公司大量员工离职这一类事情当中可能归纳出公司的薪酬水平相比竞争对手处于非常不利的竞争地位,这一具有普遍性的结论,即公司的整体薪酬水平处于竞争劣势地位。通过归纳推理出一般性的规律对于管理是非常有帮助的,可以根据归纳出的一般性规律来发现和解决普遍存在的问题。

### 2. 演绎推理法

演绎推理是归纳推理的逆过程,是指从一般到个别的推理思维方法,当然在从一般到个别的过程当中需要遵循一些基本的规律和规则,特别要注意的是个别事物的特殊性,如可能某个企业整体的薪酬水平不具有竞争性,但是某个职位的薪酬是非常具有竞争力的。演绎的方法在认识未知事物的过程当中非常有用,如管理者可以利用演绎的方法来评价某个创新方案。

### 3. 类比推理法

类比推理是一个由已知到未知的思维方法,通过对比事物 A(已知)和事物 B(未知),寻找它们之间的相同性以及差异性,从而推断事物 B 具有某些性质或者不具有某些性质。趋势分析方法是类比推理的一个具体运用,管理者可以利用这一方法来了解某一事物的发展趋势。如销售经理可以通过对比过去几个月的销售额来预测下个月的销售额。预测是制订计划的基础,正确的预测能够帮助管理者制订更具有针对性的计划,企业进行创新时就能够尽量避免不确定性带来的风险,增加企业创新成功的概率。

## (四)系统思维方法

系统是一个由多种相互联系的要素组成的整体,系统思维方法就是将思维对象视为一个整体来思考和看待的一种思维方式。利用系统思维方法来思考问题需要认真地处理好整体中要素之间、要素与系统之间以及系统与其他系统之间的关系,因为系统是由要素组成的,认识整体需要以认识要素以及要素之间的联系为前提。此外,系统与外界之间也是有联系的,孤立地看待某个系统容易得出错误的结论,如一个企业,显然可以把它当成一个整体,它由多个部门(要素)组成,同时它也和周边的社区、政府、竞争对手、供应商、消费者、银行等系统有着密切的联系。

企业所进行的创新活动是复杂的工程,也可以说是复杂的系统,不论是正式的创新项目还是偶尔的创新成果,都是众多要素经过复杂的相互作用的结果,以某一个偶尔的创新想法为例,其中就包含了过去的经验、激发创新的事物、所学的知识,甚至是当时的气候、人际关系等要素的相互作用。企业正式的创新项目更加复杂,从时间上看,需要跨越比较长的时期,从创新各方的关系上看,创新需要各个部门的相互配合,如营销部门、生产部门、研发部门、公共关系部门、财务部门等,甚至是企业和外部力量的相互配合,某一方出现错误就可能导致整个创新项目的失败。因此，如果不从整体上把握企业创新，过分地追求某一个方面的最优而忽视整体的最优，结果就是"捡芝麻丢西瓜"。

当然，系统思维并不意味着忽视系统的要素，认识系统是从认识要素开始的，通过认识要素以及要素之间的联系来认识系统是基本的认识规律。只是我们要在整个系统中来看待各个要素，而不能孤立地看待。

### 三、思维创新的主要障碍

人的思维模式的形成是一个长期的过程，是一个非常复杂的系统，可以将人的思维看作一种心理现象，也可以将其看作人的大脑特有的一种能力。思维具有路径依赖，当人们经常遇到一些相似的事物的时候，大脑就会形成一种思维上的习惯，按照同样的思维方向、次序来思考类似的事物，这种现象称为思维惯性。从消极的一面看，思维惯性导致了因循守旧和墨守成规，特别是对于企业创新，消极作用远大于积极作用，因为它束缚了人的思维广度和深度。

思维定式是思维惯性的高级阶段，是一种强化了的思维惯性，是一种非常固定的思维模式。思维定式通常表现为三种形式：一是针对每一个问题都只有一个答案；二是只有单纯的"是、否"二元思维模式；三是只注重思维的科学性而不注重思维的艺术性，逻辑性在思维中的地位过于突出。从消极的方面来说，思维定式对企业创新的阻碍作用是明显的，在这种思维模式的支配下，企业的员工很难从新的角度来思考问题，解决问题的方式往往是依据以往的成功经验，这使得员工的创造性得不到自由的发挥。

纵使在企业创新领域中思维定式有诸多的"不是"，但是它在一些常规性的工作上也有很多的"是"，对于一些常规性的工作或者事情，员工不需要什么创新思维，按照一定的程序就可以办好，这使得员工可以便捷、熟练地完成常规性的工作，如门卫在先开锁还是先推门上做太多的思考的话显然是"脱裤子放屁——多此一举"。现在，很多企业制定了一些做事的程序，如真功夫快餐店里制作食物就有规定的程序以及方法，只要按照这样的程序和方法就可以顺利地制作出美味的食物，一线的工作人员就可以将这些程序固定在自己的头脑中，顾客点餐之后就可以通过执行这些程序来快速地为顾客提供服务。在实践当中，既要看到思维定式对企业创新的消极影响，同时也要利用思维惯性的优势来指导员工完成常规性的工作。

思维惯性和思维定式在企业创新中的消极作用构成了企业创新的思维障碍。这里所讲的障碍和医学上所讲的障碍有很大的差别，创新上的思维障碍指的是不利于企业创新的一些思维上的因素，而医学上所指的思维障碍则是指一种疾病。当管理者在思维上有障碍时，即使创新的火花来敲门，管理者大部分时间都"不在家"。由于创造性思维是创新的基础和非常关键的要素，因此，管理者以及员工需要持续不断地扫除不利于创新的思维障碍。

在实践中，主要比较常见的思维创新障碍有习惯性思维障碍、权威型思维障碍、从众型思维障碍、书本型思维障碍、自卑型思维障碍、麻木型思维障碍以及偏执型思维障碍等。

（一）习惯性思维障碍

习惯性思维就是思维惯性，若人们长期运用某种观点或者某种方法来看待和处理问题时，当再次遇到类似事物的时候，大脑就会无意识地利用以前的思维方式来处理新的问题。"一朝被蛇咬，十年怕井绳"是对习惯性思维的最好诠释。从消极的一面来看，在路径依赖的作用下，习惯了的思维很难跟得上环境的变化，思维的改变和环境的变化之间存在一定的时间滞延，有时这种滞延还可能非常漫长。

人的思维同时还具有惰性，懒惰是做好任何事情的天敌，思维上的懒惰表现为不思进取、不动脑筋等，对于一些事情总是懒得去想，只是凭借自己的经验来处理，或者干脆是"拿来"。"拿来主义"并不是不好，关键是要在"为什么要拿""拿什么""向谁拿""怎么拿""拿多少""什么时候拿"等问题上下功夫。例如，有些老总曾在价格战中尝到了甜头，就总想着用价格战，而不会考虑其他的方法，这样长此以往，只会导致难以为继甚至是失败的结局。

总而言之，习惯性思维是阻碍企业创新的一个关键思维障碍，企业以及个人要想在创新上有所成就，就必须避免习惯性思维过多地限制自己的想法，积极地在思维、想法、方法等上除旧布新。

（二）权威型思维障碍

权威型思维障碍表现为对权威的过分相信甚至是顶礼膜拜，不敢提出任何质疑。一般而言，权威是指政府、领导、长辈或者专家以及他们的一些言论和观点。在我国，崇拜权威的现象非常严重，很多人看待权威的观点就像基督教徒看待《圣经》一样，这不仅是学术上进行创新的障碍，也是企业创新的一种思维上的障碍。

权威往往是经过了时间和事实的考验才被认为是某领域的最高准则，我们不可否认权威在各个领域中的重大作用，在权威观点的指导下，我们能够避免做很多无效的事情而达到事半功倍的效果。但也正因为如此，我们对于权威的崇敬往往演化为盲目崇拜，甚至是迷信，凡事都听从权威，而自己不会去思考和论证，当发现自己的观点与权威相左时，也只会放弃自己的观点。以前就有一个传教士借助望远镜看到了太阳黑子，而他却不相信自己的眼睛，因为《圣经》上说太阳是圣洁无瑕的，绝不会有"黑子"。这个故事看起来难以置信，所谓"眼见为实"，有人竟然不相信自己的亲眼所见，但是在盲目崇拜权威的情况下这是时有发生的。

尊重权威是应该的，但是应该把握度，不能一味地尊重或者过分地相信。古语云："学贵有疑，小疑则小进，大疑则大进。"我们对待权威的正确方法是站在权威的肩膀上，同时保持怀疑和批判之心，敢于质疑和挑战权威。因为很多时候权威也只是在某一个方面是正确的，不可能放之四海而皆准。真理具有相对性，在一定的条件下，真理会成为谬论，权威同样也具有相对性。对于企业而言，所要做的就是站在巨人的肩膀上进行更多的尝试和创新，这个巨人可以是效益更好的企业，也可以是某个领域的专家，还可以是领导或者长辈等。

### （三）从众型思维障碍

在一群羊前面横放一根木棍，第一只羊跳了过去，第二只、第三只也会跟着跳过去；这时，把那根棍子撤走，后面的羊，走到这里，仍然像前面的羊一样，向上跳一下，尽管拦路的棍子已经不在了，这就是所谓的"羊群效应"，也称"从众心理"。

通俗来讲，从众就是人云亦云，不标新立异，随波逐流，即按照大多数人认为正确的方式去做事情。具有从众心理的人不愿意做出头的鸟，其追求的是与大众的一致，标新立异不是他们行为的取向。造成从众心理的因素很多，主要包括思维上的惰性以及害怕被指责或吃亏的心理。思维上的惰性就是思想懒惰，思维保守，不会主动去思考问题或打破现有的状况，他们的决策就是跟着大部队走。害怕被指责或吃亏的心理，体现了人们不愿承担风险，害怕"枪打出头鸟"，认为保持与大众一致才是最安全的，做错了不会被指责，而且即使吃亏大家都是一样。买股票时的"羊群效应"就体现了这点，若有很多人都买某一只股，接着其他人就会跟风而上，这样即使是赔钱了也比由于自己买了另外一只股票赔钱而大家挣钱要好，因为大家都赔了，而赚了的时候就会暗自高兴跟对了。在从众型思维障碍的限制下，人的创新敏感性和思维的活跃性都受到抑制。

社会上普遍推崇的是学习先进的例子，但是盲目地学习很多情况下会导致"四不像"，不伦不类，有时甚至会导致失败。20世纪中后期，企业界出现了多元化浪潮，可想而知，不是基于自身实际发展状况的考虑而采取的多元化，只会导致失败。这就是典型的从众型思维，看到一些企业的多元化成功便跟风而上，并美其名曰"分散风险，鸡蛋要放在不同的篮子里"。其实，鸡蛋放在不同的篮子里，有时只会分散自己的注意力，而不会降低风险。

### （四）书本型思维障碍

"读书破万卷，下笔如有神"，书籍是知识、经验的积累和总结，是人类进步的阶梯，我们因此得以站在前人的肩膀上，书本对于人类的积极作用是不容置疑的。但是过分夸大其作用导致"唯书至上"观点的产生，一切以书本为纲，对书本上的知识过分依赖和信赖，即书本型思维障碍，这是极其有害的，历史充分论证了这点，"纸上谈兵""马谡失街亭"是其中的典型。因此，对于书本上的知识我们要结合批判的思想来吸收，自己通过思考和过滤将其真正转化为自己的东西，这样运用起来才能得心应手，而不是生搬硬套。

书本教给我们知识，知识是创新的基础，我们不能否认知识的作用。但是同时也要认识到，知识与创新并没有正相关的线性关系，有时知识甚至会阻碍创新，飞机发明的故事可以证明这点。当时对于制造飞机，很多不同领域的大科学家都提出并论证是不可能的事，但是没上过大学的莱特兄弟却将飞机飞上了天。这里我们看到知识的多少或者说文凭的高低与创新是没有必然关系的，我们需要吸纳知识，同时也需要保持批判的思想。当有些人发现自己的观点与书本上的不一致时，就认为自己是错的而不敢或不会去质疑书本，就是典型的书本型思维障碍。社会需要的不是书呆子，而是真正能够运用知识的人才，知识转化为力量的前提是与实践相结合。

### （五）自卑型思维障碍

自卑型思维障碍最突出的特点是缺乏自信心，多数自卑的人都有失败或者受挫的背景，长期处于不自信状态的人也很有可能产生自卑的心理。自卑就是拿别人的长处来诋毁自己，自卑的人的心理承受能力比较弱，因此在做事的过程当中总是会表现出非常谨慎的特点，对于自己没有把握的事情往往会避而远之。对于一些常规性的事情来说，交给自卑的人做是可行的，因为他们做事比较谨慎。但是，在创新上，由于企业创新的不确定性是非常高的，绝大多数都是无章可循的，需要创新过程的参与者拥有挑战未知事物的勇气和承受失败和挫折的能力。因此，自卑的人不适合从事需要做出较多创新的岗位，这些岗位需要自信的人来担任。

### （六）麻木型思维障碍

肉体上麻痹的人表现为肢体活动困难，思想上麻木的人则表现为没有敏感和活跃的思维，不能够敏锐地感知周围所发生的事情，或者对周围所发生的事情与其他事情的联系不够敏感。古人言："道生一，一生二，二生三，三生万物。"思维上麻木的人则表现出"一就是一，二就是二"的思维模式，对发生在周围的事情不能表现出足够的注意力，能够引起其兴奋的兴奋点也比较少，对于生活中细小但是意义深远的事情的观察能力非常有限。比如他人不经意间的一句话可能引起敏感人的高度注意，从而联想到与之有关的很多事情，并且引发解决某个问题的思维火花，而麻木的人就容易忽视这种微小的提示。

在生活中，机遇永远是留给有准备的人的。思维上麻木的人不能为随时可能出现的机遇而做好准备，对机遇的邂逅只会是擦肩而过的结局。在困难面前，思维上麻木的人总是表现出无所谓的态度，不会积极地去寻找解决困难的途径，这种人更不可能去寻找困难。因此，思维上麻木的人并不适合从事那种对敏感性要求较高的工作，如市场调查、科研、研发等。在创新上，具有麻木型思维障碍的人的创新成果也非常少。

### （七）偏执型思维障碍

与自卑的人不同的是，偏执的人多数表现为自信，有的偏执的人甚至喜欢钻牛角尖，在"有路也是死胡同"的情况下还是"一往无前"，最后的结果是可想而知的。在进行思维创新时，尽量要避免"一根筋"，因为对于企业的创新来说，并不是所有好的点子就一定都能实施下去，还需要考虑实际条件是否允许。当然，即使实际条件允许进行此类创新，若在创新途中出现意外情况，如这种创新已经不适合市场了，那么，就应该适可而止，偏执型思维会让企业越陷越深，因此，创新人员要懂得取舍。

## 四、克服思维创新障碍的方法和途径

克服思维创新的障碍既要注重对已有心智模式进行探询和反思，又要加强对思维创新原理的学习和训练。一般说来，克服思维创新障碍的途径有两个：一是扩展思维视角；二是不断自我超越。

（一）扩展思维视角

视角，一方面表现为思维的起始点，另一方面表现为思考问题的切入方向，创新的思维视角就是创新过程当中思考的起始点和切入方向。

思维在创新过程当中扮演着重要的角色，不对思维进行创新就很容易陷入因循守旧的泥潭，因此，管理者应该在企业内部建设一种崇尚从不同的方向思考问题的氛围，如鼓励员工进行资源的整合创新，当员工有新的想法或者对某一个疑题具有不同观点的时候应该鼓励其"说出来"，并且将具有实际意义的想法付诸实践以肯定员工的创新性想法。

在思考问题的过程当中，对思维的视角进行创新是非常有必要并且是非常紧急的一项任务，因为它对于问题解决方案的制定以及执行具有独到的好处。例如，在实际的企业管理当中，"存在并不一定是合理的"，很多企业的规章制度并不是完美的，总是存在着这样或那样的缺陷或漏洞，只是管理者处于"庐山"之中，不识其"真面目"罢了。因此，管理者应该走出企业来看待企业中的各种问题，以第三方的态度来审视企业及其存在的问题，不能把目光只集中在一点上，要以宽广的视角来思考问题。

扩展思维的视角，就是要对思维的切入点和方向进行拓展，由一点转变为多点。由一个方向转变为多个方向。思维视角的扩展是可以训练的，现实生活当中也有很多训练方法，最根本的一点就是要避免产生思维定式。以下两种方法是比较常见并且有效的：

1. 转换思考问题的方式

任何一个企业总是存在着各种各样的矛盾，不管旧的问题有没有消失，新的问题都会产生。面对企业的一项项"疑难杂症"，如果以某种思考问题的方式无法获得满意的解决方案，那么可以转换下思维方式，常见的做法就是征询他人的意见或者将问题交予他人去处理。对于一些复杂的问题，可以先将其简化，如将不熟悉的问题转化为熟悉的问题。通过转变思考方式，管理者就能够找到解决问题的新视角、新方法，最终达到"柳暗花明又一村"的效果。

转换思考问题的方式需要改变万事顺着想的思维方式。所谓顺着想，就是按照常理去想问题，如按照事情发生的先后顺序去思考问题。改变万事顺着想的，思维方式并不是说顺着想就是百害而无一利的，顺着想的思维方式在一些常规性的问题面前大多数时候是非常有效的，它不仅可以帮助人们轻松地找到解决问题的方向，帮助人们高效地解决常规问题，而且有利于减少交流的障碍。当顺着想无法解决问题时，就需要从不同的视角去思考问题。对于那些非常规性的问题或者是复杂的问题，顺着想往往不能够获得满意的答案，因为每一个非常规的问题往往处于一种陌生的状态。顺着想可能找不到其根源，真正的解答也就无法获得。

**2 直接问题和间接问题的特化**

不论是说话还是做事都不能够太直接。在企业的实际经营过程当中，企业面临的问题有时很难直接解决，或者说直接解决会引发另外的问题，又或者直接解决所耗费的成本太高，这时，可以将直接问题转化为间接问题来解决，可采取迂回战术、退一步的做法、先易后难的行动等。如当一个部门中两个员工出现关系紧张的问题时，若直接对两个员工进行批评教育没有效果或者矛盾已经到了不可化解的地步时，管理者可以通过调动人员的方式来解决这一问题。

**（二）不断自我超越**

按照彼得·圣吉在《第五项修炼》当中的描述，所谓"自我超越"就是让今天比昨天更好。每个人都有自己的愿景，愿景就是出自人内心最深处、最真挚的愿望，愿景的实现就是个不断地自我超越的过程。

突破思维障碍其实也是一个不断地超越自我的过程，让今天的思维比昨天的更加合理、更加科学以及更加敏锐。自我超越包括多个方面，超越理论、超越现实、超越习惯、超越经验、超越自满等，同时还要进行独立的思考。

近年来，中国推崇素质教育，其目的就是要提升中国人独立思考的能力，在应试教育制度下，学生思考问题的独立性受到了很大程度的扼杀。历史表明，对人类社会具有突出贡献的科学家、各位诺贝尔奖的获得者都具有大胆怀疑和独立思考的高贵品质，也正是这种怀疑、批判和独立思考的品质促使他们取得了举世瞩目的成就。

# 第三节　企业领导者的思维创新

## 一、领导者思维创新的意义

在这里，我们单独将企业领导者的思维创新列出来讲述，是因为企业领导者的思维创新相对而言对于企业发展的意义更加重大。主要表现在：①领导者在企业中处于较高位置，其思维会直接作用于企业。一定程度上，领导者的思维将决定企业的思维，领导者的思维方式还会作用于企业组织的建设、企业文化的培育等。②领导者的思维创新很大程度上会影响企业员工对于创新的追求，多数领导者都是员工的榜样，领导者的行为在企业中是一个标杆，领导者的思维是否新颖及其对于创新的认可程度都会直接对员工产生影响。③在当今这个快速变化的环境下，领导者只有创新自己的思维，才能更敏锐地把握市场的变化，才不会使企业失去先机。慢入一步，往往就是致命伤。因此，领导者的思维创新影响着企业的生存与发展。

## 二、领导者思维创新能力的培育

企业领导者的思维创新对于企业而言作用重大，在企业中，重视以及加强领导者思维创新能力的培育是必要且紧迫的。

### （一）从培养和使用科学的思维方式开始

思维创新很大程度上受制于自己的思维方式，因此，我们需要培养科学的思维方式。领导者在日常的决策中，要注重使用科学的思维方式进行思考，不要将自己脑中所想立刻就转化为行动或下结论，因为这时得出的想法很大程度上受到了自己惯有思维的影响，没有跳出那个框框。应该学会等一等，从别的角度考虑，想想还有没有另外的可能，这需要领导者从以下几个方面转变努力：

1. 变正向思维为逆向思维

正向思维是一种常规思维方式，即从事情本身出发，就事论事，这往往会受到我们自身认知能力的限制，有先入为主的倾向。而逆向思维教会我们从事情的对立面出发来思考问题，也可以说是换位思考，站在对立的角度来考虑，这样往往能看到开始所不能发现的问题。

2. 变单向思维为多向思维

单向思维是朝着某个特定的方向思考，容易造成钻牛角尖的结果，并深陷其中而无法自拔。多向思维是从多个方向去研究某个问题，可以有多种可能，往往也能够发现更好的解决办法。

3. 变依附性思维为独立性思维

一切听命于上级使得我们容易养成没有自主意识的依附心理和惰性思维习惯，在工作上按部就班，什么都等着上级的指示和安排，自己没有什么想法和主见，就更不用谈创新了。对于企业来讲，如果员工们都有这种依附性思维，这将导致上级个人成了整个企业的大脑，成为企业成败的关键，这种将企业的命运全部压在一个人身上的做法是危险的，个人思维总是有限，也总有犯错的时候。因此，注重培养独立性的思考方式尤为重要。

### （二）培训和再学习，促进知识的更新和积累

没有知识的更新，思维创新就如无源之水。虽然知识与思维创新没有完全的正相关关系，但是我们要看到，知识的多少有时会决定其创新能力的发挥。很多创新是基于自身的知识才诞生的，我们不能期望小学文化的人能够对改进航天飞机起到作用。同时，知识又是不断更新的，在当今社会，知识更新得尤为迅速，领导者如果不能掌握新的知识，不能跟上时代的步伐，就谈不上带领企业走得更远，对于企业内部的新思想也不能很好地接受，领导者自身也可能会被淘汰。

因此，对于领导者的培训是必要的，这不但能够让领导者保持与时俱进的状态，也对企业内部员工的学习和创造有所推动，使企业能够保持活力。

（三）企业内部环境的再造，创造良好的条件

人们思维的创新会受到所在环境的影响，企业的领导者也不例外。在一个鼓励创新、支持创新的环境中，往往更能够催生更多的创新性思维。因此，在企业内部培育自由创新的文化以及建立学习型组织，不仅有利于加强领导者的思维创新，对于提升企业员工的创新积极性也有重大的帮助。

（四）建立激励领导者创新的机制

注重什么，你就去激励什么。想要领导者注重创新，就应该采取能够激励其创新的措施。根据马斯洛的需要层次理论，针对每个人的不同需求来采取有针对性的激励措施才会达到最有效的激励效果。企业领导者也有其自身需求，根据领导者的需求制定激励领导者进行创新的制度安排能够在很大程度上培育领导者的创新思维。

## 三、思维创新的误区

（一）单枪匹马，不重视员工的思维创新

有些企业过分夸大或看重领导者的思维创新而不注重企业员工的作用，这是不正确的，一个人的力量总是有限的，我们强调领导者的思维创新对企业的重要作用，但并不否认员工在这个过程中的作用，事实上很多创新思想都来源于员工。在企业中，如果员工都具备创新的思维，他们极有可能会为企业带来众多的创意，在工作中，很可能创造性地改进自己的工作方法，或改善企业的工作流程，在这样的过程中，员工创新性的思维方式转化为可见的企业成果。我们这里要强调的是领导者对于员工思维创新的鼓励和接纳，这样员工思维创新的作用才能更好地发挥出来。

（二）强调创新，而不重执行

企业有时会出现过分强调思维创新而不论其产生的结果是否具有现实价值的现象，或者不重视将思维创新转化为实践的过程，这时的思维创新对于企业而言无非就是一场自由的"茶话会"，会上人们可以有很多的想法，但是一旦结束就没有了下文，这样的"茶话会"不会带来实质性的效果。行动胜于一切，最终起作用的是由思维创新而引发的行动。在企业中，我们要重视将思维创新转化为实际行动，在实践中将思维的结果转化为实际的成果。

（三）重变革过去，轻继承前人

思维创新的另一个误区就是认为创新就是要对"以前"采取彻底否定的做法，这种思想太过于偏执。"一切重新"是一种思路，但是我们也要懂得利用前人的思想，站在前人的肩膀上，而不是凡事重新开始，这样才能事半功倍。前人已有的经验是我们的财富，我们需要做的就是在合理取舍的基础上加以利用。

# 第四节 企业创新之新观念的树立

## 一、知识的价值观念

随着时代由工业经济时代转向知识经济时代，经济活动对知识的依赖性不断地增强，知识成为企业更宝贵的资源，也成为财富的代名词，获取知识成为竞争的根本手段以及提升竞争能力最重要的渠道之一。在财富的创造过程当中，知识在创造财富的各要素中的根本性作用将会越来越明显，而其他的生产要素，如生产资料等都必须通过知识的武装才能体现出其对财富创造的作用。同时，相对于工业经济投资收益递减规律而言，对知识的投资遵循收益递增的规律，也就是说知识投资的收益和投入是成正比的。

因此，企业应该加强对知识的投资和积累，树立"知识就是力量、知识就是竞争力"的观念，把持续的学习当作企业的一项日常工作，不断提高员工和企业的学习能力，提高知识的质量和数量，不断充实自身的知识库。同时，要提高对知识的利用率，挖掘知识的潜在用途，把知识当作创造价值的关键要素。

## 二、企业资产无形化观念

在知识和信息爆炸的时代，知识、技术、公共关系、信息、企业文化、能力、供应链关系、形象、员工忠诚度、信誉、品牌、商标等无形资产对企业的作用日渐明显，尤其是对高新技术企业而言，无形资产对企业的贡献比例越来越大，企业资产无形化也越来越明显并将最终成为一种必然趋势。

在国外的一些国际化企业当中，无形资产和有形资产的价值比高达 2∶1，甚至是 3∶1。如 Microsoft、IBM 等。特别是一些集中做品牌和销售的企业，品牌和商标更是价值连城，如可口可乐、NIKE。国内的美特斯邦威是我国第一家采用虚拟方式经营的企业，集中精力做品牌，在制定标准的基础上将生产外包，这使得"美特斯邦威"这一品牌的价值上升。

在知识经济时代，企业之间在获取竞争优势的过程中对规模和有形资产的依赖性正在减霸，企业的竞争力更多的是来自其所拥有的无形资产以及产品中的知识含量。马克思说过劳动创造价值，在知识经济时代应该是知识创造价值。

## 三、人力资本的观念

"以人为本"的管理理念已经越来越被理论界和实业界所认同和接受，它还会向更加深入和具体的方向发展，成为工商管理未来的一大趋势。有"经营之神"美誉的松下幸之助把"企业即人"当作企业的口号，"要造松下产品，先造松下人"成为其以人为本经营理念的一个缩影。日本索尼公司董事长盛田昭夫说："如果说日本式经营真有什么秘诀的话，那么，我觉得人是一切秘诀最根本的出发点。"

在企业的经营管理过程中，管理者越来越强调人这一关键因素，对人的管理逐步由人事管理走向人力资源管理以及人力资源的开发和升级。现代意义上的人力资源管理与传统的人事管理有相当大的区别。首先，在管理的重点上，传统的人事管理将重点放在"事"上，因事管人，而现代意义上的人力资源管理则把管理中心转移到"人"身上，强调"人"与"事"的匹配。所有工作都围绕"人"这一要素来展开，其次，在对人的态度上，传统的人事管理把"人"当作完成任务的工具，只有经济上的需求，现代意义上的人力资源管理则把"人"当作企业的一种稀有并且智能的资源，当"人"和"事"发生冲突的时候，首先考虑的是"人"，同时企业注重人力资源的再升级以及员工的职业生涯管理，再次，传统的人事管理往往把"人"视为一种成本中心，并对这一"成本"进行严格的控制，而现代意义上的人力资源管理则把"人"当成是利润中心，是创造企业利润的关键。

传统的产品生产是建立在"资源集成"基础之上的，企业在当中的职能是将众多的资源投入转化为商品。现代社会的产品生产则是建立在"知识集成"基础之上，企业在当中所执行的职能是将知识转化为产品，其中最重要的原材料是智力资本。

在知识经济社会，劳动是创造价值最重要的要素，这里的劳动并不是指人的体力劳动，而更多的是指人的脑力劳动，资金、土地等在价值创造中的贡献相对于脑力劳动而言正在减弱。智力资本对价值创造的这种突出贡献要求企业不断地积累自身的智力资本，实现智力资本的规模效应。在"知识就是财富"的知识经济时代，世界财富会因为知识而产生一次大转移，自然资源不再是财富的"代名词"了，智力资本成为财富的真正"代言人"，财富将会从自然资源掌握者的手里向智力资本拥有者手里转移。所以，未来企业要想取得成功就必须转变理念，把竞争的重在转移到智力资本上，提升产品的知识含量，使顾客在消费的过程当中获得更多的"感觉"，因为随着人们生活水平和工资水平的提高，消费者更加注重消费过程当中的"感觉"，而不是仅仅满足生活的基本需求，特别是对于"80后""90后"这一代人，他们对消费品的要求也要比先辈们高得多。

## 四、国际化的竞争观念

现代社会是一个开放的社会，信息、资金、人力、技术等跨国界流动越来越频繁和容易，经济全球化向纵深发展，世界经济一体化进程也正在快速发展。经济全球化的发展使得企业对国际市场的依赖性越来越强，同时也使得企业可以在国际市场上进行资源的优化配置，如 NIKE 将生产基地建立在中国等发展中国家以充分利用发展中国家廉价的劳动力以及先进的制造技术优势，同时将研发设计部门建立在美国以配置优秀的研发人员，在销售上则不分国界，在全球范围内进行宣传和销售。当然，经济全球化是一把双刃剑，它会给企业带来新的竞争对手，当企业在某个国家的某些优势丧失之后，就会考虑转移到另外的国家，这样该国家的相关企业即迎来了新的竞争对手。

经济的全球化要求每一个企业都树立全球化的经营、竞争和合作理念，"井底之蛙"

只会"坐井观天"，看到的和得到的只是微不足道的小部分，"夜郎自大"其实只是一种自欺欺人的把戏，在国内"守株待兔"只会落个一穷二白。为了能够在世界经济舞台上展现自己优雅的"舞姿"，接受来自世界各地"舞者的挑战"，不仅要练好"内功"，而且要有扎实的"外功"。故企业在生产经营乃至国际化的过程当中，不仅要充分地利用国内的资源，而且要有向世界进军的勇气和胆略，利用国际资源更好地武装自己。但是，进行国际化经营面临的风险也是巨大的，政治上的不稳定、经济上的波动、文化上的差异等都可能是致命的。因此，在国际化的浪潮前面，要想成功地冲上浪尖，不仅要有良好的技术，而且要胆大心细，沉着冷静，有时候要静若处子，有时候则要动若脱兔，切忌在进军海外市场过程当中进行"大跃进"。国际化是一个过程，不可能一蹴而就，需要的是时间和耐心。

## 五、可持续发展的观念

"不进则退"的道理大家都懂，企业要想生存下去就必须发展，不进步相对来说就是一种落后，原地踏步的企业会被其他企业赶超并且最终被市场淘汰。任何一个企业都希望持续地经营下去，正所谓"不想当将军的士兵不是一个好士兵"，不想持续发展的企业绝对不是一个好企业。没有可持续发展潜力的企业也得不到资本市场的认可，因为投资者看重的都是企业未来的发展潜力，对企业的投资是建立在未来能够给自身带来收益这一预期基础之上的，如果投资者看不到未来的收获，就不会浪费自己的资源。

任何一个企业的发展都具有阶段性和持续性两个特征，企业作为一个整体要想能够持续地发展，就必须具备各种要素，这些要素包括以下四个方面：首先，要有支持企业持续发展的替代型产品技术，这样的技术能够持续地开发替代产品，并且能够对市场进行拓展，即能够快速地发现需求并且满足需求。其次，要有支持企业持续发展的人力资源。支持企业持续发展的人力资源的一个重要特征是结构合理，机构和人员配置都不臃肿，帕金森解释了机构人员膨胀的原区，同时企业的人力资源和知识需要不断地升级和更新。再次，要有精明能干的后续领导者，后续领导者要能够把握全局，具有统筹兼顾的能力，并且具有足够的知识、合适的个性、优越的领导风格和管理作风等来与企业相匹配。最后，企业文化的支撑作用不可小觑，支撑企业持续发展的企业文化应该具有稳定性和适应性，但这两者往往是矛盾的，稳定的企业文化往往具有惯性，变革和适应新环境的过程当中会遇到诸多的阻碍，灵活性较高的企业文化则在稳定性上比较差，如何平衡两者是一项困难的工作，但无论如何，每一个企业都需要在实际的经营过程中寻找到一个平衡点。

## 六、重视企业文化与企业形象的观念

从20世纪80年代开始，人们开始逐渐认识到企业文化的作用，企业文化理论也逐渐成为一种新的理论。由于企业文化的突出作用，大量的学者和企业家对企业文化报以巨大的期望，企业文化也被人们称为管理科学发展的"第四次革命"。在受到"员工目标和企业目标相脱离"这一管理难题困扰多年之后，许多人都将解决这一难题的答案寄托在企业文化上，因为企业文化最核心的思想就是要以共同的价值观来引领企业的发展。企业文化在理论界和实业界的受关注程度和被重视程度都不断地提升。在探讨企业管理思想的诸多文献和著作当中，企业文化被看作是"21世纪革新企业经营模式的一个非常重要的趋势"。

在形象和文化建设上，企业应该朝以下两个方面努力：①价值观（特别是核心价值观）是企业文化的核心，建设企业文化应该抓住这一重点和中心，通过塑造优秀的核心价值观来带动整个企业文化的建设。企业价值观是指企业全体或者大部分员工对于"什么对于企业是有意义的？"和"企业的意义在于哪里？"这两个问题的一致看法，它是企业精神文化的核心，企业精神文化又是企业文化的核心，因此企业价值观是企业文化的核心和关键，这是由企业价值观的作用和企业价值观对企业文化其他要素的重大影响而决定的。通过CIS建设企业形象时，识别企业的理念的关键就是对价值观的识别。价值观对于企业来说就像灵魂对于个人一样，没有价值观的企业就如同"失魂落魄"的人。②要想方设法地突出企业的个性。在当今社会，国际化、全球化、全球分工等趋势是必然的，并且这些趋势会进一步向纵深方向发展，国际和国内的竞争因此会变得越来越激烈和残酷。在这种情况下，缺乏特色的企业不能在消费者心中形成良好的印象，扎根国际市场土壤的过程将会困难重重，更不要说枝繁叶茂了。因此，为了生存和发展，企业必须在市场中做到别具风格。

# 第六章　创新企业的商业模式研究

商业模式创新为什么会成为当今企业创新的主要趋势，应当从 20 世纪后期开始的新技术革命的发展及其所产生的深远影响中寻求答案。

所谓新技术革命，是指以信息技术和信息产业为核心的技术和产业的群体性的快速发展，以及这些技术对社会经济发展的深远影响。计算机网络和信息高速公路的建立，使整个世界变成了"地球村"，将人类带入信息社会，而且还推进了经济全球化和知识化的进程。可替代能源、生物技术、纳米技术等新技术的发展，产生了许多新产品与服务，这些新产品与服务采用了新的运营模式与业务模式，又产生了新的行业，对一些传统行业产生了颠覆性的影响。

新技术能获得迅速发展，并能在社会与经济发展中产生广泛而深远的影响，是以这些技术具有巨大的商业价值，能够产生巨大的生产力为前提的。新技术的商业价值是潜在的，直到以某种形式将其商业化以后其商业价值才能体现出来。技术的商业价值，需要通过一定的商业模式来实现。H. W. Chesbrough（2003）把技术与商业目标之间的桥梁称为商业模式的认知功能。他指出，企业在充满技术和市场的不确定性的环境下进行创新活动时，有无数种方法可以把新技术与新市场连接起来，建立商业模式意味着经理们把技术投入的物质范畴与产出的经济范畴联系起来。

人类历史上曾发生三次科技革命：第一次是蒸汽机技术所引起的革命；第二次是电力引起的革命；第三次是新技术引起的革命。每一次科技革命都产生了许多新的商业模式和行业。而第三次科技革命中的信息技术，所产生的社会经济影响是其他技术难以比拟的。

信息技术的广泛应用体现为计算机网络和信息高速公路的建立，由此人类进入信息社会。网络使信息的储存、传输与扩散具有极高的效率，表现为网络效应。有人认为，这种网络效应与组成网络的"节点"的平方成正比。网络给信息的获取、人们的交往提供了极大的方便，原来基于地域观念的社区发展成全球"虚拟社区"，天涯若比邻。信息传输的高效率与方便使新的交易方式——"虚拟交易"成为可能。全球 B2C 电子商务模式的开创者、亚马逊（Amazon）网站的创办人杰夫·贝索斯（J. Bezos）在上网浏览时，发现网络使用人数每个月以 2 300% 的速度增长，于是他决定放弃原来的工作而创办亚马逊，三年后亚马逊就被《福布斯》杂志评为"世界上最大的网上书店"。

亚马逊商业模式的基本特征是网络销售，或称虚拟商场。以亚马逊为代表的电子商务模式，是新技术革命所引起的最重要的新商业模式。说它是新模式，是指传统的商业模式主要是依靠有形产品及其相应的价值链来盈利，而电子商务模式主要是靠搜集与传递信息来盈利。传统的价值链理论已不能解释电子商务盈利的秘密，许多电子商务盈利模式甚至不是人们一开始就能想明白或看明白的，为解释它们如何盈利需要提出新的价值链理论。

新商业模式反过来促进了新技术的迅速发展，从而使新技术的发展呈现出新的模式。任何新技术的开发，都需要投入大量的人力与资金。依靠一定渠道获得资金支持开发新技术的传统办法，已不适应当今新技术的迅速发展。新技术的迅速发展与广泛应用，从一开始就离不开商业化。

事实上，发端于计算机之间信息共享与通信的互联网技术，起初主要用于军事与科学研究，本来是在美国政府及学术机构的支持下获得发展的，特别是美国科学基金会（National Science Foundation）所建立的 NSFnet，对互联网的发展具有决定性的影响。但到了 20 世纪 90 年代，其发展到了一个关键时刻，这种模式已不适应它迅速发展的需要，于是美国科学基金会提出将 NSFnet 私有化和转向盈利模式的设想。在一片反对声中，美国国家基金会于 1995 年宣布停止所建立的 NSFnet 使用。从美国政府不再提供互联网的维持费的那一时刻起，互联网的发展就必须走商业化的道路。而正是由于互联网的商业化发展，才造就了它今日的辉煌。

新技术与新商业模式的结合与互动，成为新技术发展的特点，也造就了新商业模式的特点。

新商业模式一出现就表现出巨大的发展潜力。亚马逊自 1997 年 5 月公开上市，1998 年 11 月 30 日股票已猛涨 2 300%，市场价值突破百亿美元，比拥有 1 011 家分店，年收入 31 亿美元的巴诺公司高出 5 倍以上。

新商业模式的强大示范效应，对许多传统企业产生了极大的冲击与震撼，从而激励企业家与创业者思考在新经济环境下所能催生的新商业模式，激励他们从根本上重新思考企业赚钱的方式，唤起了人们对商业模式的重视。1995 年后，网络销售、在线广告、信息通信与娱乐服务等电子商务模式，以及在此之前人们从未有过的各种商业设想迅速出现。有人从互联网世界中诞生的无数创意之中，通过归类合并出 77 种创新模式，还有人从网络媒体中总结出 18 种盈利模式。

在互联网商业化的快速发展所导致的创业热潮中，设计一定的商业模式寻找风险投资融资成为一种惯常做法。风险投资公司对商业计划所做的评价，主要是对计划书中所提出的商业模式潜在价值的评价。一个商业模式设想一旦引起风险投资家的关注，受到追捧，融资成功，建立网站开业，并在纳斯达克上市，就可能出现"一夜暴富"。这是许多创业者的梦想。

人们对新商业模式的追逐也导致了"互联网泡沫"。"泡沫"是伴随互联网创业热潮涌现出来的一种现象，一定程度上有其不可避免性。但"互联网泡沫"似乎是在提醒人们：尽管因特网的发展使不少事情成为可能，但不能盈利的企业注定是无法生存与发展的。只有盈利才是企业商业模式的核心。"泡沫"的出现与破灭也促使人们考虑究竟应该有怎样的商业模式创新。实际上，理论界、企业家以及媒体对商业模式的兴趣，也是由此开始的。

# 第一节　商业模式创新主导的企业创新

在互联经济中，企业面对的挑战是全面的，应对的基本策略是创新，即技术创新、组织创新、管理创新与商业模式创新。

把"创新"这一概念首先引进经济学的是美籍奥地利经济学家约瑟夫·熊彼得（J. A. Schumpeter），在他看来，创新意味着在企业中建立新的"生产函数"，或"生产要素的重新组合"，即通过生产新的产品、采用新的生产工艺、开辟新的市场、发现新的原材料供应、实现新的组织，以获取更多的潜在利润。

熊彼得的"创新"概念中不仅包括产品、工艺方面的技术创新，还有组织创新。管理学大师彼得·德鲁克（P. F. Drucker）等人把创新分为技术创新与管理创新。但是技术创新、组织创新与管理创新，目的都是要提高企业的盈利能力，并最终能使企业盈利。如何利用创新盈利，需要通过企业的商业模式来识别，需要商业模式创新来引领。

"硅谷悖论"说的是，最善于进行技术创新的企业往往也是最不善于从中盈利的企业。典型例子就是施乐的 PARC，其研究人员的大多数为整个社会尤其是计算机领域做出了巨大的贡献，但是他们的创新并没有为施乐的复印机业务带来好处。

德国克里斯托弗·弗里德里克·冯·布朗（Christoph-Friedrich Von Braun）博士曾经考察了全球的"创新热"，发现存在着把"创新"作为一种武器，用于企业与企业的"战争"，甚至用于国家与国家的"战争"，他把这种隐形的"战争"称为"创新之战"。通过对美国、日本和欧洲 30 家大公司在 13 年间的研究与发展费用、净利润和收入的考察比较，他洞察了"创新之战"所掩盖的危机和潜在的负面影响，提醒各国决策者、战略计划制订者和企业界管理人士要审慎对待这场不断升级的"战争"。

进入 2012 年以来很多人都在议论：为什么曾经在全球风行一时的日本电子产品逐渐销声匿迹，取而代之的是苹果公司的产品？日本电子巨头为何会败给苹果公司？

尽管技术上进步惊人，日本厂商在海外市场却难以对芬兰诺基亚和美国摩托罗拉等形成挑战，因为从 20 世纪 90 年代末到 21 世纪初的这段时间，E1 本厂商都是根据仅适用于日本的通信标准制造手机，以满足国内市场的需求。由于产品在海外上市时间晚，日本厂商很难像韩国的三星那样与海外电信运营商建立稳固的合作关系。

日本电子业认为，日本电子工业企业在商业模式中出了问题：太过关注本土市场；对新形势觉悟慢、应变死板；对消费者偏好判断失误，对自己的硬件优势过于自大。因此，日本企业的当务之急是调整产业结构，全面转换商业模式，包括强化产业外包力度，通过制造业务外包最大限度地减弱成本上升对企业的影响；实施产业板块重组，提升企业对市场需求的反应速度，寄望于从单纯的技术研发驱动型企业迅速转型为依托市场需求的综合型服务供应商。松下公司将旗下的 5 大产业板块从 2012 年 1 月改编为客户、元器件、解决方案三大事业体系，而日立则将采用新的经营体制，将公司业务重组为五大集团，以便及时迅速实现调整，充分基于用户需求生产产品，根据个人或组织的需求提供一站式的综合解决方案，实现从单纯的端供应商到综合解决方案的供应商。

苹果公司在技术创新与商业模式创新的道路上也有过深刻教训。自成立以来，苹果公司一直全心全意地、虔诚地专注于技术创新。公司的创始人与负责人史蒂夫·乔布斯（Steve Jobs）当年曾长期坚持要找到"酷"的新技术，把创新比作"时髦的艺术收藏品"，追求"完美的机器"。苹果公司内部有人指出，"酷"使苹果产品在价格方面处于劣势，影响公司的销售。早期的公司高管也曾认为销售和服务"不时髦"而多次错失扩大市场机会。20 世纪 80 年代末至 90 年代末，苹果推出了 PowerBook 和 Power Mac，大量的人力物力被浪费在实验室里，数以亿计的资金被投入没有产生任何结果的大型项目中。由于创新越来越低效，在度过了 1/4 个世纪后，苹果在全球 PC 市场的份额仅有 2%，跟在它后面的众多公司，却沿着它的创新足迹，攫取到了丰厚利润，并不断鲸吞它的市场份额。当年乔布斯曾踌躇满志地对比尔·盖茨（Bill Gates）说，苹果要和微软一起主宰电脑行业，但是到后来，市场份额萎缩，年利润率从当年的 20% 降到 0.2%，仅是微软年利润的 1/140。

1985 年，乔布斯黯然离开苹果，他意识到痴迷于纯技术创新对公司的伤害，开始了痛苦的转变。1996 年重返苹果后，乔布斯带领苹果公司于 2001 年推出了 iPod，2003 年推出了 iTunes，iPod 与 iTunes 不是简单的产品，而是代表着一种全新的商业模式，体现了技术创新与商业模式创新的结合。所采用的新商业模式从此改变了音乐播放器产业、音乐唱片产业。早期乔布斯曾不屑做销售与服务，现在不仅卖产品，而且还卖音乐。

iPod 颠覆了音乐产业，iPhone 系列手机则成功地颠覆了手机产业。2007 年，苹果发布 iPhone，2008 年推出了 App Store，沿着 iPod 与 iTunes 结合的思路，通过"iPhone+App Store"的组合，掀起了一场手机革命。2010 年年初又推出 iPad，采用了和 iPhone 同样的操作系统与商业模式。

人们对苹果公司创新的评价是，苹果的创新不仅是硬件层面的，更重要的是将硬件、软件和服务融为一体，对价值进行了全新的定义，为客户提供了前所未有的便利，开创了一个全新的商业模式。

2012 年 8 月 20 日，苹果公司股价走高，收盘价高达 665.15 美元，总市值上升到 6 230 亿美元，打破了微软公司 1999 年创造的 6205 亿美元的市值纪录，被各大媒体和市场分析人士誉为"有史以来全球最值钱的公司"。

苹果公司创造的奇迹，是技术创新与商业模式相互结合、相互促进的结果。该案例表明，技术创新服从企业商业模式创新，技术价值只有通过合适的商业模式才能被认知，并得到实现。新技术的迅速发展，并在社会经济发展中发挥越来越大的作用，在很大程度上就是由于它们借助了合适的商业模式。

苹果公司商业模式的特点是与技术的创新相结合。没有苹果的技术也就没有苹果的商业模式。基于技术的创新和商业模式的创新，并且永远领先一步，从而形成对产业链的话语权和掌控力。在预期 iPhone 可以为电信运营商带来大量用户和关注的前提下，AT&T 与苹果签署独家合作协议，对通过捆绑 iPhone 而新增的用户收入与苹果共享。这种模式第一次开创了终端厂家与运营商收入分成，并且分成比例高达 30%，颠覆了欧美盛行的"手机定制"模式，第一次上演终端厂商"定制"电信运营商。在与 AT&T 合作中，苹果占据了强势地位：机身无 AT&T 标志，软件设置完全由苹果决定，如 iPhone 的手机音乐就设置成支持 Wi-Fi 下载的 iTunes 模式，而非 AT&T 自己的音乐服务。

凭借技术优势构建商业模式，以商业模式引领与把握技术创新，苹果公司在这方面为所有企业提供了一个很好的样板。

如今乔布斯已经离世，但苹果公司似乎还走在乔布斯当年所开创和设计的道路上，面临新的挑战。苹果公司应该如何续写辉煌？

# 第二节　商业模式研究

## 一、商业模式的特征

商业模式是企业价值创造活动的主要组成及其相互关系的整体逻辑分析框架。研究商业模式理论的学者 A. Osterwalder，Y. Pigneur 与 C. L. Tucci 等人（2005）对商业模式给出的定义是：

商业模式是一种包含了一系列要素及其关系的概念性工具，用以阐明某个特定实体的商业逻辑。它描述了公司所能为客户提供的价值以及公司的内部结构、合作伙伴网络和关系资本等用以实现（创造、推销和交付）这一价值并产生可持续盈利收入的要素。

商业模式研究的核心是企业价值创造。在互联经济条件下，新需求、新方式等新价值源泉不断出现，企业在考虑如何利用这些新价值源泉时，常常面对并不存在的产业，所以设计价值链、外部供应商、顾客、合作伙伴等成为主要问题。

R. Amit 与 C. Zott（2001）指出，商业模式的分析对象应当是企业所在的网络，是与企业经营有直接关系的系统，即从企业原材料供应为起点、到消费者完成消费为终点所涉及的所有相关者组成的系统，而不是单独的企业。商业模式是由各个参与者的价值主张所构成的价值网络，各个参与者共同为最终消费者做出贡献，同时在这个过程中满足每个参与者的价值要求。企业所在网络的整体配合协调能力决定了网络整体以及个体的绩效。对供应商、互补产品提供商、渠道商以及消费者等价值活动的分析与再组合，是发现潜在价值源泉、设计各参与者价值主张、优化外部价值网络的重要活动，这就是商业模式创新。

企业的价值创造活动由众多企业以及消费者共同完成这一基本特征，决定了商业模式的分析框架必须包含一系列要素及其关系。这些要素包括价值主张、消费者目标群体、成本结构和收入模型等。

A．Osterwalder 等人提出了一个包含以下 9 个要素的参考模型（A．Osterwalder 等人，2004）。

价值主张（value proposition）；

消费者目标群体（target customer segments）；

分销渠道（distribution channels）；

客户关系（customer relationships）；

价值配置（value configurations）；

核心能力（core capabilities）；

合作伙伴网络（partner network）；

成本结构（cost structure）；

收入模型（revenue model）。

A．Osterwalder 与 Y．Pigneur 在《商业模式新生代》一书中，对商业模式的 9 个要素或组成部分做出了更明确的描述，为了能用这些要素或组成部分描述、分析、设计商业模式，他们引入了一种可视化的工具——商业模式画布（business model canvas）以及一系列的工具与方法（包括客户洞察、创意构思、可视思考、原型制作、故事讲述、情境推测），并且与企业战略、流程再造等联系和整合起来。文字与图解结合，使得所引入的方法与工具具有可操作性，深受实践者与咨询公司的好评。

H．Chesbrough 等人对商业模式的分析也基于类似的思路，只不过关于组成商业模式的要素数目有所不同，有的学者认为，商业模式包含更多的要素，例如，有人提出 24 个要素，包括价值提供、经济模式、顾客关系、伙伴关系、内部结构、相关活动、目标市场、资源、能力、产品、收入来源等。但并不是商业模式模型中包含的要素越多就越好，因为过多的关注"要素"容易忽视商业模式本身的整体性。

商业模式是一个完整的体系，要求企业必须把自己的生产运营与供应商、配套厂商协同，也就是协调内外部资源共同创造价值，并把价值传递到目标客户。P．Timmers 认为，商业模式是一个完整的产品、服务和信息流体系，包括每一个参与者及其起到的作用，以及每一个参与者的潜在利益和相应的收益来源和方式。企业的商业模式体现为一定的内部组织结构及其与外部组织的关联方式，也就是企业在市场中与用户、供应商、其他合作伙伴的关系，尤其是彼此间的物流、信息流和资金流。

完整的体系表现为某些要素具有核心地位。M．Rappa 把价值链视为商业模式的核心，他指出："商业模式就其最基本的意义而言，是指做生意的方法，是一个公司赖以生存的模式—— 一种能够为企业带来收益的模式。商业模式规定了公司在价值链中的位置，并指导其如何赚钱。"迈克尔·波特（M．Porter）针对企业创造价值的活动提出价值链的框架模型，就是为了把企业的价值创造分解成一系列具有关联性的环节，通过对各环节在企业价值创造中的地位与作用的评价，找出关键环节。这对制定企业的竞争策略具有重要意义。

注重商业模式的整体性还表现为突出商业模式中的关键要素。例如，M. Johnson 与 C. Christensen 等人在《商业模式创新》一书中把商业模式概括为客户价值、企业资源和能力与盈利方式三个要素。

如何来划分商业模式的要素与关系，实际上取决于分析者的目的与视角。由于分析者的目的与视角不同，所以人们对商业模式似乎没有统一的定义。尽管有这些不同，仍然可以找到共同点，即它们都反映商业模式中的基本要素。本书注意到，无论对商业模式做何种定义，一定包含着企业的价值主张、目标客户，以及如何把企业的价值主张传递到目标客户。

## 二、商业模式的基本要素

从企业创造价值的角度来看，价值主张、目标客户与价值链是商业模式的基本要素。企业创造价值至少同时要满足如下三个条件，或包含三个要素。

企业必须有自己的产品与服务；

这些产品与服务要能够卖出去，即能满足顾客的需求；

企业必须建立一定的生产与销售体系。

第一个条件是企业的"价值主张"问题，第二个条件是企业的"目标客户"问题，第三个条件是涉及生产与销售多个环节的企业"价值链"问题。

很显然，商业模式作为企业生存与发展的方式，还需要保证企业能从生产与销售这些产品中盈利，支持自身的生存与发展。如果能满足这一条，才能叫可盈利的商业模式。关于怎样的商业模式才能盈利的问题，我们留待以后讨论。

笔者把商业模式视为三个基本要素组成的概念框架，如图6-1所示。图6-1 商业模式概念框架示意图。

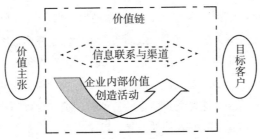

**图6-1 商业模式概念框架示意图**

企业商业模式的差别从价值主张与目标客户开始。例如，日本佳能公司小型复印机业务，其价值主张就不同于美国施乐公司。当时施乐公司仅向大公司与政府机构等提供大批量高速复印机出租业务，通过收取复印费用、复印纸、墨盒等业务盈利，日本佳能公司看到小公司以及个人也需要复印业务，但是大型高速复印机并不适合他们的小批量、随意化以及消费量不足的需求特征，于是佳能公司研制小型、慢速、低价复印机，通过"卖"而不是"租"的方式占领了这个潜在市场。

在商业模式框架中有两个基本问题或过程：一是价值主张与目标客户的匹配；二是企业如何创造价值并把价值传递给目标客户。前者主要是信息联系，通过信息渠道来解决，后者主要是企业内部的价值创造活动。

1. 企业价值主张与目标客户的匹配是商业模式成功的关键

许多企业通过提供免费试用，借以发现与培养自己的客户。一家互联网企业瞄准这一点，同时注意到许多消费者也都乐意接受免费试用品，于是就创办了专门提供免费试用品的试用网。用户在网站进行注册，即可免费领取厂商提供的试用品。用户在试用了某个产品或服务后，提交试用心得，供厂商获取市场和客户数据。试用网提供给用户的，不仅仅是产品试用，还有服务试用、有奖互动活动等。试用网在短短的一年里，就迅速积累了300多万名忠实会员，并且以每日5000个新增会员的速度增长，其中80%的会员为活跃用户，即80%的试客每月都会参与各种试用活动。这些试客大多是20～35岁、月收入3000元以上的高学历人士，他们是现代商业和消费文化潮流的引领者、群体中的意见领袖，是国内较有消费能力、消费较活跃的群体。

2. 价值链：从企业的价值到目标客户的传递

迈克尔·波特的价值链理论揭示了企业内部价值创造活动的关键问题：什么活动创造价值？这些价值活动是如何组合起来的？企业采用什么样的活动以及这些活动如何协调，决定了企业能够多大程度上生产价值主张所需要的产品与服务，决定了企业的绩效。美国西南航空公司是低成本商业模式的典范，而能够实现低成本战略的基础是独特的内部价值链，这包括：仅提供有限服务，例如，不提供午餐、不预订座位、不提供行李转机服务、有限的旅行社服务等；选择中等规模城市之间短途点到点航线，不与其他航空公司联合班机、选择唯一型号的波音737飞机、自动售票机等；高效率的地勤服务，这得益于灵活的劳工政策、高水平的员工持股、高薪资；高频率稳定的班次、15分钟周转时间等。上述所有活动都直接或间接降低了企业成本，从而实现了低价、快速、便捷等公司价值主张。

波特的价值链考虑了企业价值创造中的"实物"活动，可以称为实物价值链。企业价值主张与目标客户的匹配，以及企业价值的传递，都有赖于信息与通信技术的支持，依赖于信息的收集、处理与传递，这是基于信息的价值链，被称为虚拟价值链。两个价值链都参与企业价值的制造与传递。互联经济的意义，就是发现了虚拟价值链的意义，突出虚拟价值链的作用。

在传统经济条件下，由于信息交流的困难，大范围采集客户数据并对其进行分析的成本甚高，企业几乎难以承受，所以针对个别用户的需要提供个性化服务，在一般情况下是不可行的。但在互联经济条件下，企业与目标客户的通信与交流变得便捷，企业可以为自己的价值主张与目标客户进行"精准定位"，可以借助互联网实施"精准营销"。企业不仅可以直接了解消费者的需求偏好，还可以广泛采集客户数据，更有效、更准确地挖掘顾客的潜在需求，使企业产品创新与客户需求联系起来，制定并实施针对性的营销策略，提供个性化的服务。

在互联经济中，消费者的行为也发生了重大变化。消费者可以通过上网浏览自己感兴趣的产品，借助视频可以获得某种体验，还可以根据体验比较全球范围内不同企业所提供产品的优劣，最后把自己的体验在网友中传播与分享，从而形成网络与社区。借助网络与社区，消费者可以分享交流而不必实际亲历，同时借助网络还可以亲自从事实验，甚至开发新产品，使之在网络与社区中流传与扩散。在这种情况下，企业如果不改变思维方式，管理者只着重成本，只关注产品和流程的品质、速度、效率，就不再能保证成功。因此，如何体现个性化服务，体现以消费者为中心，企业将面临种种考验。这也决定了企业商业模式创新是最重要的创新，同时也是最困难的创新。

毫无疑问，信息与通信技术的应用，使得企业价值主张与目标客户的价值交互作用变得更快捷、方便，针对性更强和更加有效。企业新的价值主张可以很快得到客户的响应，同时客户的新需求信息与知识，也通过有效的信息与知识渠道传递到企业。因此，互联网技术为企业价值主张的变更与目标客户的匹配提供了方便，同时也通过信息与知识的管理改变着企业传递价值的方式。

腾讯公司董事会主席、首席执行官马化腾提出，通过线上整合所有需求，要把对用户需求的满足放在更高的地位，而把用户的不满、建议作为推动组织重组、流程梳理、运营政策制定的重要的甚至唯一的动力源。这其实是腾讯商业模式的基本特征，也是腾讯成功的关键。腾讯致力于将公司的所有资源整合成一个平台，通过线上来整合所有的需求，给用户一个非常直观的、能够通过网络获得服务的体验。

实物价值链与虚拟价值链的结合成为现代企业基本的商业模式。满足个性化需求意味着企业从单纯针对产品的创新，转向针对消费者的创新；经营方式从以企业为中心转向以消费者为中心；企业从关心自己的产品，到关心提供的服务与消费者体验；从置身消费者社区之外，到参与其中，与消费者共建社区，与消费者共创价值。这是企业商业逻辑的根本变化，正是这种变化体现了商业模式创新最本质的特征。

3. 企业价值与客户价值两极相通，企业价值是企业在为客户提供价值的过程中所带来的自身价值。企业价值与客户价值两者相伴共生，有人将此比作太极中的阴阳两极。企业价值与客户价值这两极的相生相克，推动着企业商业模式创新。

我们给出的商业模式定义虽然简单，但可以用于分析企业创造价值中的基本问题，包括以下几点：

指出了企业的价值源泉是什么，这种价值源泉体现为对目标市场的需求分析，表现为企业产品或服务设计。

指出了企业创造价值的方式，从而体现商业模式的价值创造原则。

包含着在价值源泉的基础上对内外部价值网络的设计与实现，把企业内部价值链作为企业商业模式的重要组成部分，从而可以解释企业的成本结构与利润结构。

### 三、商业模式的评价

商业模式创新成为企业创新的主要趋势，在我国已成为社会的共识。其表现为：

全国各地有各种形式的创业大赛，这些大赛实质上是商业模式设计大赛。全国性的大赛有"挑战杯"大学生创业大赛、全国大学生创业大赛、中国科技创业计划大赛、中国（深圳）创新创业大赛等。地方性的创业大赛更是不胜枚举，甚至许多科技园、学校甚至学院还有各种创业大赛。这些大赛，在普及商业知识、推动创业方面发挥了重要的作用。

此外，一些明星企业成为我国商业模式的典范，商业模式创新能为全社会关注，也与各种类型的最佳商业模式评选分不开。由媒体、学界、投资公司与咨询公司联合主办的中国最佳商业模式评选，大约从 2004 年至 2005 年开始。虽然组织者每年只组织一次，但是因为组织者不同，所以最佳商业模式的评选每年都有多次，吸引了众多的企业参与。在我国，有影响的商业模式评选多由媒体牵头，如《21 世纪经济报道》、中国中央电视台（简称央视或 CCTV）、第一财经、商界媒体等。《21 世纪经济报道》希望通过建立完整的企业商业模式创新案例库和科学的评选体系，帮助企业一起反思，寻找创新路径。它所主办的中国最佳商业模式评选，旨在为企业树立创新的新标杆。

CCTV 等我国的主流媒体对商业模式创新给予了高度关注，通过成功举办"创业大赛""商业模式创新大赛"等系列活动，使商业模式创新成为众多中小型企业关注的焦点，特别成为创业者关注的焦点。

对企业商业模式的评价，不仅仅是对它的组成要素的评价，主要还是为了进一步理解企业如何盈利。无论如何分解，商业模式毕竟是一个整体。人们对商业模式的评价，首先是对这个整体的评价。

对整体的评价涉及用什么标准与什么视角，标准与视角不同，评价结果自然就不一样。

从社会资源效率角度看，历史上最成功的商业模式，是用最便宜的材料成本，卖出最高的商品价值。在直到欧洲 18 世纪工业革命前的过去漫长岁月里，我们的老祖宗是世界上最成功的贸易者，因为我国对外出口的是茶与瓷器，而茶几乎就是取之不尽、用之不竭的资源。不同的茶叶经过制作烹炒，不但成为世界上最流行的饮料，有的价格甚至比黄金贵。陶瓷，源于泥土，古人通过掌握的烧造秘诀，制作精良的陶瓷，在世界范围内形成垄断经营之势，以至于中世纪的欧洲宫廷都以用中国陶瓷为巨大的荣耀。我们的祖先就用这样的方式，在过去的漫长岁月里成为世界上最强大的经济体。

商业模式是投资者考量的重要方面。从投资的视角来看，评价一个企业的商业模式，就是看所投资的企业是否有投资价值，即投资所能获取的回报。投资回报并不取决于企业创造的价值，而是取决于企业自身的市场价值，它体现人们对企业未来盈利能力的判断。

从企业自身的角度来看，商业模式整体的评价似乎只有一个标准，就是看它是否可以持续盈利。如何判断企业能否持续盈利是一个很难的问题，但是至少可以从两方面着手：一是财务指标，它主要描述企业以往的表现，以往的表现是判断现在与将来的重要线索；

二是企业的成长空间指标。在这一点，企业与投资者具有一致性。

如果让投资公司、公众与企业家共同评价一些企业的商业模式，希望尽可能有一致的意见，就需要提出一套兼顾三种立场的评价体系与指标，并最好按照一定比例组成评价小组。由《中国商业评论》主办、国内外权威的商学院或咨询公司担任轮值主席单位的最佳商业模式评选，在其2005—2006年度评选中所公布的评价指标体系及其指标体系如下，见表6-1。

表6-1　《中国商业评论》商业模式评价指标体系

| A | 创新性　（20） |
|---|---|
| B | 盈利性　（15） |
| C | 客户价值　（15） |
| D | 风险控制　（15） |
| E | 后续发展　（15） |
| F | 整体协调　（15） |
| G | 行业领先　（5） |
| 模式得分=A+B+C+D+E+F+G | |
| 指标说明：企业价值主要取决于企业在目前和将来创造利润的能力。所以创造利润，特别是持续创造利润的能力也是我们评价一个商业模式的重要指标 | |

《21世纪商业评论》从创刊以来就一直特别关注商业模式的评价，该刊对商业模式做如下定义：为实现客户价值最大化，把能使企业运行的内外各要素整合起来，形成一个完整的、高效率的、具有独特核心竞争力的运行系统，并通过最优实现形式满足客户需求、实现客户价值，同时使系统达成持续盈利目标的整体解决方案。

该刊主导的商业模式评选标准包括以下几点：

独特的客户价值主张：指在一个既定价格上企业向其客户或消费者提供服务或产品时所需要完成的任务。

独擅的资源与能力：支持客户价值主张和盈利模式的具体经营模式。

独享的盈利模式：企业用以为股东实现经济价值的过程。

商界传媒所主办的每年一度的商业模式评选，评审团颇为强大，包括学术机构：长江商学院、北大国际MBA管理学院、南开大学国际商学院、南京大学商学院、中国台湾中山大学企业管理系、北京科技大学管理学院、美国纽约理工大学商学院；咨询机构：北大纵横咨询集团、博思艾伦咨询公司、北京锡恩咨询公司、科尔尼（中国）管理咨询公司、罗兰·贝格国际管理咨询公司、新生代市场监测机构、上海联纵智达咨询公司、史宾沙管理咨询公司、IBM（中国）研究院、新加坡中圣国际管理咨询公司；投资公司：红杉投资、汉能投资、IDG、美林证券、高盛（亚洲）、瑞银信贷、易凯资本、颐合财经。其评审指标体系及分值如下：

创新性（20）：同行业规模企业所没有采取的模式，或者是没有先例的模式；

盈利性（15）：盈利水平要持续增长，不以牺牲利润求业务快速发展，不低于行业盈利水平；

客户价值（15）：与同行或以前相比，为客户提供了更高性价比的产品或服务；

风险控制（15）：能否经受住资本市场恶化引发的财务危机、需求减少引发的库存压力等宏观危机；

业务增长性（5）：小企业要求成倍增长，大企业要求超行业水平增长；

行业促进（10）：促进了行业的整体发展，而不是简单争夺了市场份额；

稳定性（5）：具有一定的核心竞争力，形成一定的壁垒，不易被简单复制，并且不会对企业带来大的财务、法律、政策等风险；

整体协调性（10）：模式要与企业的经营管理系统进行有机整合；

未来发展性（5）：具有良好的发展前景，能够持续保持较好的发展速度。

由此可知，商业模式评价就是给商业模式的要素与功能一些量化指标，商业模式评价的要素包括评价主体、评价指标体系与评价方法。在商业模式评价的三要素中，最容易找到共同点的是评价指标体系。评价体系中存在着以下基本的共同点。

第一，对商业模式整体表现的评价。整体表现评价有两个基本指标：一是企业的现有盈利能力；二是企业成长性指标。

两个指标具有一定的互补性，前者主要体现在财务的表现上，后者体现企业运行的状态。财务指标可以较好地反映公司所取得的成就，并能反映对企业价值的一般性驱动因素。人们基于财务指标所提出的价值管理理念中，包含着对隐藏在企业价值背后驱动因素的挖掘，从而有助于将财务指标与企业经营联系起来。但财务指标毕竟只是一种"滞后指标"。从企业市场价值最大化的目标出发，人们首先关注的是企业的业务增长与发展潜力。C. K. Prahalad 等人认为，一个公司若要创造未来，就必须同时能够"改造"整个产业，以创造未来产业或改变现有产业结构、以对自己有利为出发点来制定企业战略，这是企业战略的最高层次。

第二，对企业商业模式中基本要素的评价。对于企业的价值主张，主要考虑其创新性；对于目标客户，主要考虑企业能给客户带来的客户价值；对于价值链，主要考虑稳定性、合作伙伴、协调能力、风险控制、价值配置等。

因此，在上述评价指标共同性分析的基础上，可以提出一个综合评价商业模式的评价体系，它包括以下几个方面：

（1）对企业盈利能力的评价

财务表现为：成本结构与收入模型。

（2）对企业业务增长与发展潜力的评价

资源优势与动态能力。

（3）对商业模式基本要素的评价

产品与服务的创新性：主要涉及对价值主张的评价；

客户价值：满足客户的需求，主要涉及行业与社会影响；

企业的运营管理：风险控制与价值配置的稳定性，主要涉及对价值链的评价。

## 四、怎样造就成功的商业模式

最佳的商业模式评选是对市场选择与竞争结果的"摹写"。而真正成功的商业模式不是"评"出来的，应该是在市场竞争的环境中脱颖而出的。

那么，如何创建能够在市场中取得成功的商业模式呢？这里有不同的理论与视角。

### （一）专业化视角

2004年，IBM公司在全球做了一次包括中国企业在内的CEO调查，调查内容为：什么是企业成功的要素？其中，有450名被访者给出了相似的答案，即成功的商业模式需具备以下几个属性：

差异化：强有力的差异化价值主张是实现增长和盈利的关键；

快速反应：企业组织必须能够感知客户和市场变化并迅速反应；

高效率：用灵活的方式调整成本结构和业务流程，以保持高生产率和低风险。

新经济环境的变化与企业的发展，要求企业必须重新设计商业模式，能够兼顾差异化、快速反应和高效率。但是企业很难使自己的商业模式同时做到这三点，兼顾这三点的一个解决方案是使企业专业化。

专业化意味着企业专注于最擅长的业务，而这最擅长的业务又是产业价值链上的关键环节，可以更好地控制成本与盈利。专业化意味着面对细分的市场，可以更容易地感知客户与市场的变化，有利于控制风险和获得市场收益。

专业化有可能使企业规模变小，但船小好掉头，企业更容易适应变化的环境。但企业也可以通过外部专业化做强做大。所谓外部专业化是指内部集成、战略合作和行业网络化，通过这种途径，企业还有可能在全球范围内独行天下。有关这方面的成功案例是怡亚通公司。

怡亚通是一家极富创新性、专业化的供应链管理服务公司，主要从事为全球企业提供其核心业务（产品研发、制作和销售）之外的服务，包括采购执行外包、销售执行外包直至整个供应链的外包等，帮助全球客户和合作伙伴专注他们自身的核心业务，提升核心竞争力。怡亚通的商业模式融合了物流金融、采购及分销执行、保税物流和进出口通关等业务，是我国新型的供应链服务提供商。

公司的业务主要是国际物流中的供应链一站式管理。在帮助大客户服务的过程中，怡亚通利用客户的信誉，建立了自己在海关和银行的信誉，进而得到政府的荣誉和优惠。公司定位于国际快速反应物流的供应链管理，着重通关、仓储（保税物流和VMI）、配送，并不断延伸，提供一站式供应链服务。在和500强企业的合作中，怡亚通提高了服务水平，学习和应用了最新的理念。而公司的客户以IT企业为主，在IT产品价格节节下滑的残酷竞争环境中，又锻炼了快速反应的供应链管理能力。

怡亚通公司收入主要是提供供应链管理业务所取得的服务费收入，即分销执行业务与采购执行业务，二者收入占比分别为 56.28% 和 43.72%。随着公司的发展，怡亚通逐步由以采购为主延展到以分销执行为主，目前主要服务于 IT、电子产品和医疗器械等高科技行业公司，正向零售、家电、医药、汽车等行业延伸，还在不断地拓展市场。

怡亚通公司 70% 的产品是 IT 产品，货值大、价格变动快，要求通关迅速。2006 年公司总的业务量达 182 亿元，而光是深圳海关的业务量就达到 92 亿元，占了一半以上，如果加上上海、北京、大连等地的通关业务量，可以估算出怡亚通公司大部分的业务都涉及通关。

### （二）独特性视角

另一种观点是考虑如何在多变的环境中保持独特优势。埃森哲咨询公司提出，成功的商业模式应当难以复制，至少应具有以下三个特点。

成功的商业模式要能提供独特价值。独特的价值表现为产品和服务独特性的组合，可以向客户提供额外的价值，使得客户能用更低的价格获得同样的利益，或者用同样的价格获得更多的利益。

胜人一筹而又难以模仿的盈利模式。好的商业模式是很难被人模仿的。企业通过确立自己与众不同的商业模式，如对客户的悉心照顾、无与伦比的实施能力等，来建立利润屏障，提高进入门槛，从而保证利润来源不受侵犯。

成功的商业模式把盈利模式建立在对客户行为准确理解的基础上。

我国管理咨询专家栗学思认可这一说法，他指出，成功的商业模式必须能够突出一个企业不同于其他企业的独特性。这种独特性表现在它怎样界定产品或服务以满足目标客户需求，界定目标客户及其需求和偏好，界定价值传递和沟通渠道，界定竞争者以建立战略控制能力和保护价值不会很快流失。

但对于成功的商业模式是否具有可复制性，存在两种截然不同的观点：一种观点认为，成功的商业模式是不可复制的，国外成功的商业模式简单复制到中国并不一定会取得成功，譬如收费的 ebay 在中国就被不收费的淘宝打败，宣布退出中国的贝塔斯曼书友会在欧洲也是一个非常成功的模式。一种是相反的观点，即成功的商业模式是可复制的，把国外成功的商业模式翻版到中国也并非一定不能成功。例如，经济型连锁酒店国外有现成的模式，如家酒店集团把它拷贝过来照样做得风生水起，而百度跟着 Google 的脚步，最终成为国内最大、最成功的搜索引擎网站。

关于商业模式是否可被复制与模仿的争论，说明独特性只是商业模式成功的必要条件，而不是充分条件。

同样的说法当然也适用于专业化，专业化是商业模式成功的必要条件，而不是成功的充分条件。

# 第三节 互联网商业模式创新

## 一、互联网企业的一般模式

互联网是一个很大的行业，包括很多服务商，通称为互联网企业。传统的分类包括以下几种。

网络接入服务商（ISP）。提供企业及个人的互联网接入、虚拟专网（VPN）、虚拟主机出租、域名注册、电子邮件及系统集成等业务，包括网络提供商、接入服务商。

网络内容服务商（ICP）。通过网站向用户提供新闻、科技知识、行业发展、咨询服务等各类信息。

网络设备提供商。提供基础网络设备，包括计算机、集线器、交换机、网桥、路由器、网关、网络接口卡（NIC）、无线接入点（WAP）、打印机和调制解调器等。

软件提供商。提供互联网应用的各种软件。

互联网企业的商业模式创新引领着企业创新的趋势。互联网的发展不断地向人们的商业智慧提出挑战。几乎所有的企业创新或多或少都与互联网的发展变化及互联网引发的新商业模式有关。

下面从商业模式的三要素出发，尝试描述传统互联网企业的一般模式。

### （一）虚拟价值网络

互联网企业的商业模式建立在虚拟价值链的基础上。虚拟价值链是互联网企业的价值源泉，能给互联网企业带来价值的活动包括以下两个方面：

1. 基本信息增值活动

基本信息增值活动是指贯穿于实物价值链原材料采购和运输、生产过程、产品物流、市场营销和售后服务等各个环节的信息收集、整理、选择、综合和分配。虚拟价值链中为制造商、供应商和消费者提供信息的过程实际上就是实体价值链中订购、装配和供货的过程，包括通过网络对原材料进行进货管理、库存数量控制等活动；应用网络与仿真技术对产品设计、加工生产、检验等统一建模，优化生产管理与产品质量管理；通过接受和处理顾客的订单，进行库存协调、控制生产进度、发货管理，以保证发货的及时和高效；通过网络广告、网络图片营销、邮件营销、论坛营销等新理念和新方式进行营销活动，以降低销售成本，并加强企业对市场的响应能力；在线对客户进行服务、解疑和提供方案。

2. 附加价值活动

附加价值活动是指作用于基本信息增值活动各环节的附加价值活动，包括为企业物料需求、制造资源、管理信息系统、企业资源规划、技术研发与产品研发提供技术支持的信息技术平台建设与管理，智力资源管理平台建设与管理，技术研发平台建设与管理等。

（二）价值主张

互联网技术发展迅速，它的每一个进步，都为互联网的应用提供了新的可能性。多数互联网新技术的发展是基于人们的潜在需求，而不是现实的需求。从潜在需求到现实的需求，需要经历一个过程。由于用户规模是互联网服务存在的条件，所以许多互联网企业在建立之初并不清楚其最初的价值主张是否能使企业真正获得价值。这是许多互联网企业采用免费模式的原因之一，也是一些风险投资公司获得机会或错过机会的原因。

互联网企业的发展，大都先要度过一个"烧钱"的过程。"烧钱"的过程其实就是培养用户的过程，也是互联网企业的价值主张被市场"识别"的过程。但只有最终盈利企业才能真正生存下来。

传统互联网企业的价值主张包括以下三个方面。

1. 媒体

我国较早出现的互联网企业是门户网站。门户网站其实就是提供各种信息的传统媒体的电子版，其收费模式也类似媒体，主要依靠广告收入。随着互联网技术的发展，网络商务活动增多，以信息服务为主的门户商业模式也有新的发展。从目前门户网站的界面情况来看，他们主要提供新闻、搜索引擎、网络接入、聊天室、电子公告牌、免费邮箱、影音资讯、电子商务、网络社区、网络游戏、免费网页空间等网络服务。我国典型的门户网站有新浪、网易和搜狐网等。

2. 交易平台

提供一个交易平台，就是撮合买家、卖家让他们高效达成商务上的交易，然后通过这样的服务来收取注册和中介服务费。我国最大也是最成功的电子商务网站是阿里巴巴，它和众多商务合作伙伴构成庞大的网上贸易市场。阿里巴巴是公共交易的平台，会聚了大量的市场供求信息，会员在浏览信息的同时也获得源源不断的信息流和商机。在其起步阶段，曾通过降低会员准入门槛，以免费会员制吸引企业登录平台注册，以此促成了商流汇聚、市场交易活跃。

3. 咨询服务

网络资讯服务内容很广，包括网络游戏、互动娱乐、网络招聘、网络教育、网络旅游、网络银行等。腾讯公司的虚拟货币或虚拟物品等增值服务，被认为是互联网企业咨询服务的创新之举。互联网企业通过咨询服务向用户收费，主要是向有增值服务需求的用户收费。

（三）目标客户

互联网企业最大的特点是免费。百度、360软件、腾讯、维基百科等为我们的工作和生活提供了极大的方便，利用互联网收看免费的电影以及下载海量歌曲也成为人们生活中的一部分，实时的网络通信因为其几乎免费和使用的便捷性更改变了一些人的生活和工作习惯。互联网经济的发展使它愈来愈成为免费经济的代名词。提出"长尾理论"的经济学家克里斯·安德森（Chris Anderson）曾惊叹："这个世界太疯狂，全世界都在发送免费的午餐。"

　　免费是这些网站的基本特征，是互联网企业发展的基础。但是免费不意味着没有自己的目标客户。免费也不是互联网企业独有的现象。作为一种营销策略，免费试用很早就存在。商家常常拿出 1% 的样品让消费者免费试用，以此诱惑消费者，拉动剩下 99% 的产品销售。但是互联网企业的免费，与纯粹的以免费作为促销的策略有所不同。网站通常会拿出 99% 的产品作为免费品，拉动 1% 愿意支付高价费用的消费者的需求，用这 1% 的用户支撑起其他用户。

　　互联网企业的这一模式，建立在两种有关联的理论基础上：一是"长尾理论"，二是双边市场理论。

　　互联网企业的产品是数字产品。数字产品与大部分普通产品不同，它是非竞争性的，也就是说，增加一个用户并不需要增加制造成本，而且一个用户的使用并不妨碍其他用户再使用。所以，一方面，用户规模扩大，对互联企业仍是零成本；另一方面，互联网企业面对的是个性化的需求，其市场不再是一个大众市场，而是一个个小众市场。

　　这样一来就带来了营销观念的重大变化。在传统营销中，企业往往只关注少数几个VIP 客户，不屑顾及在人数上居于大多数的普通消费者。19 世纪末 20 世纪初的意大利经济学家帕累托（Vilfredo Pareto）发现：任何一组事物中，20% 是重要的，其余的 80% 是次要的。比如说，20% 的人掌握了 80% 的社会财富，而 80% 的人只掌握 20% 的财富；20% 的主要客户带来 80% 的企业收入，80% 的客户只带来 20% 收入；20% 的项目创造了80% 的利润，而 80% 的项目只带来 20% 利润。这被称为"二八定律"。传统营销遵循的就是这一定律。即只关心如图 6-1 所示的占 20% 的黑色区域，而把长长的尾巴（白色区域）放在一边不予考虑。因为面对长尾部分消费者的营销既不经济（需要花费非常大的成本），也难以做到。

　　对于互联网企业来说，考虑 80% 的人的需求不存在成本问题，技术上也不再困难。更重要的是，众多小市场可借助互联网会聚成与主流大市场相匹敌的市场能量。只要存储和流通的渠道足够大，需求不旺或销量不佳的产品所共同占据的市场份额完全可以和那些少数热销产品所占据的市场份额相匹敌。也就是说，白色的长尾巴区域的消费可以积累成足够大、超过黑色部分的市场份额。这就是安德森所提出的"长尾理论"。

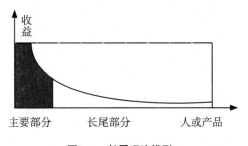

图6-1　长尾理论模型

网络时代是关注"长尾"、发挥"长尾"效益的时代。互联网企业通过提供人们感兴趣的内容吸引大众的注意力，而一旦网络用户达到一定的数量，由于网络效应，就会吸引更多的用户加入网络。庞大的客户群是互联网企业的最大的"资产"。如果网络企业成功地掌握了大众的注意力，则可以认为该企业已经成功地完成了经营销售的"战略目标"。网站的访问量越大，该网站所蕴藏的商业价值就越大。当一个网络吸引了足够多的人参与时，只要少数人去购买他们的收费产品，就足以使网络企业盈利。一项网络软件和服务中有99%的用户选择免费版，也许只要1%的付费用户就可以支撑整个业务。例如，360安全卫士网站在中国有2.4亿用户，其中只有1%的人需要付费服务，意味着该企业拥有240万的付费消费者，即使这样，这一数量也远远超过任何传统经营模式中在商店或书店能销售出去的商品总量。

长尾理论能够成立与互联网企业的市场结构与性质有关。

互联网是交互作用的平台。交易有买卖两方，互联网企业作为第三方为买卖双方提供服务。这种交易与传统市场的不同，不仅在于平台企业可以促成交易，而且买卖双方中任何一方的数量越多，就越吸引另一方的参与。这种市场形态被称为双边市场。而双边市场具有以下两个鲜明的特征。

作为交易平台，互联网企业同时向交易双方提供相同的或不同的服务，这些服务在促成交易双方达成交易方面是相互依赖、相互补充的。只有交易双方同时出现在平台上，并同时对该平台提供的服务有需求时，平台的服务才能真正体现其价值。

交叉网络外部性。网络外部性是指某个产品或服务的价值随着消费该产品或服务的消费者数量的增加而更快地增加。交叉网络外部性是指交易平台上买方（或卖方）的数量越多，所吸引的卖方（或买方）的数量就会越多。

作为双边市场的第三方平台，互联网企业为两边提供服务，本可两边收费，但是如果对买方免费，将有利于有更多购买者参与；由于交叉网络效应，这也引起更多的销售者进入这一市场，也就更有利于较多的交易在互联网企业的平台上进行，从而就可获得更大的收益。这被称为交叉补偿策略。

交叉补偿策略也包括对买卖双方都免费，而从其他业务获得补偿收入。从创办时起，淘宝网就一直对买卖双方都免费，但这时网上交易平台延伸为网上综合营销平台，淘宝网通过提供广告推广业务等获得补偿。这里，广告业务意味着向第四方收费，即付费方既不是买者，也不是卖者，更不是淘宝网自己。还有人认为，支付宝和淘宝的结合形成了淘宝的一个融资机构，用户在淘宝上通过支付宝将钱汇到支付宝，支付宝可把资金收集起来进行投资盈利。

互联网企业的商业模式常常被概括为以免费聚集"人气"，也叫"吸引眼球""注意力经济"。但互联网企业是交易平台，需要"粘"住用户，并把其中的一部分转化为收费用户。例如，阿里巴巴有着超过3000万的国内商品展示企业用户，大多数用户是简单注册的非付费用户。阿里巴巴的收入增长来自从免费到收费的转化率。如果不能粘住用户，早期花费很多代价引起关注，但关注一下子就匆匆离开，人气就聚集不起来，建立网站就达不到预定的目标。

粘住客户就是使客户有很大的转换成本。转换成本是指当客户从一个产品的提供者转向另一个提供者时所产生的成本，包括经济、时间、精力和情感上的得失。当客户从一个企业转向另一个企业时，如果为此会损失大量的时间、精力、金钱和关系，就意味着较高的成本。转换成本的存在表明优先占领市场的重要性。

但人为地增加转换成本，会吓住一些潜在客户，也导致现存顾客的不满甚至报复。增加转换成本的关键是增加互联企业服务的吸引力，它体现互联网企业的核心竞争力。例如，腾讯 QQ 已经变成很多人生活中不可缺少的一部分，联系朋友、兴趣交流、业务联系甚至是寻找爱情，都可以借助 QQ 做到。离开了 QQ 就意味着交流成本大幅上涨（时间成本或金钱成本等），甚至还会失去一部分联系，如果要重新构建依托 QQ 所建立起来的关系网，可能需要付出很大的成本。腾讯公司能成为我国互联网企业的翘楚，不是偶然的。

免费还是收费，都不过是双边市场定价的策略，对一边的免费只是收费的一种特殊情况，也就是零价格。在双边市场中，平台企业面对价格弹性不同、相互之间存在网络外部性的两边，定价的焦点问题是如何为交易平台吸引尽可能多的用户。因此，平台往往采用不对称定价策略，以低价大力培育客户基础，通过网络外部性的作用来吸引更多的用户到平台上来交易，并对另一边收取高价，以保证平台的收入与盈利。

人们在肯定互联网免费商业模式的同时，也在历数这种模式的弊端，例如容易造成垄断、竞争过度、侵权与信用缺失、广告点击率低等。

互联网企业能否改为收费模式，关键是网站能不能产生足够的吸引力。如果新的互联网企业能抓住人们的新需求，用户愿意付费，那么就可以在收费基础上成功建立互联网的商业模式。例如，中国配货网（www. peihuo. cn）就实行双边收费。中国配货网主要对货运市场提供信息服务，实行收费会员制，日浏览量几十万人次、注册用户超过 10 万人，收费用户群体是货运司机。他们为什么愿意付费呢？原来是因为我国的公路货运市较分散，数百万独立的个体车主和小型货运公司构成了这个市场的供给方，全国货运行业前 50 名的公司全部加在一起，所占的市场份额还不到 1%，而需求方则由数量更多的独立货主构成。由于供需信息缺乏一种迅速匹配的方式，经常会发生空车与货源近在咫尺，却如隔天涯的状况。配货网的信息中介平台，解决多点对多点的信息匹配问题，所以采用收费模式是可行的。

## 二、从信息互联网到在线生活社区

互联网最初的商业应用是靠一个个独立的站点，为用户提供各种信息及便捷的联系，这些网站可以说是报纸、广播等媒体的电子版，被称为新媒体。事实上门户模式主要的工作就是将传统媒体上的信息综合到自己的平台上，虽然并未提供或者很少提供原创的实时新闻，但作为一个信息的会聚和推送平台，比传统媒体能更快、更广地传播信息，并能在为网民提供免费信息的同时获取大量的流量，根据流量提供广告服务从而实现盈利。

面对各种门户网站提供的海量信息，如何尽快获取所需要的信息？搜索网站适应这一需要而出现。搜索网站为用户提供检索服务提供了极大的方便，用户只需要在搜索框输入一个关键词，搜索引擎便以特定程序让用户轻松地获取所需的信息。搜索网站在提供免费检索服务时可根据用户搜索内容展示相关广告，精准地定位潜在客户，产生极高的广告效果，因而谷歌、百度成为最赚钱的"广告公司"。

更有蓬勃发展的电子商务向用户提供各种专业商品信息，使人们足不出户就可以买到自己想要的商品，而且还能享受远低于传统超市和商店的优惠价格。

互联网企业对人们生活的影响，首先表现为以提供各种类型的信息这一方式。有人认为这样的互联网应称为信息互联网：网站就是信息提供者，一个网站就是一个信息中心，用户只是信息的接受者。但是人们不仅需要获得信息，还需要分享、互动。人们不能仅从互联网被动地获得信息。互联网在大量的商业应用之前，还是由科研团体或政府机构管理的非商用实验网时期，电脑联网就是为了实现交流与分享信息。用户既是信息消费者，也是信息提供者。互联网秉承的理念应是"人人参与"，信息的处理与控制不应完全由网站负责。

为了实现用户参与、用户与网站互动，互联网的进一步发展方向是成为信息平台，信息的处理和控制最大限度地交给终端节点（包括服务器和用户），网站只是传递信息。这被称为第二代互联网（web2.0）。web2.0网站成为一种信息平台，用户就成为中心。用户既能从网站接收大量信息，而更重要的是可以构建自己的网络，分享信息。新的互联网的特征被概括为个性化、开放、共享、参与、创造。

Web2.0的应用繁多，博客、播客、RSS、SNS等应用向人们展示了个性化时代丰富多彩的生活。基于互联网发展起来的网络社区或社区论坛，包括BBS、论坛、贴吧、公告栏、群组讨论、在线聊天、交友、个人空间、无线增值服务等形式的网上交流空间，集中了具有共同兴趣的访问者。网络社区成为人们现实生活的延伸，使人们的生活内涵更丰富，生活方式更加多元化，更加精彩。在人类历史上，还没有哪一项技术能给人类的生活方式带来如此大的变化。

社交网站（SNS）的涌现体现出人们对建立社会性网络的重视。互联网社会化的应用不断融入新的技术与传播工具。互联网本来是电脑的联网，随着互联网的发展与应用日益广泛，人们在办公室、家庭、旅馆等世界的各个角落都安装了电脑。但电脑也在发展，其应用也渗透到各种产品。人工智能的发展，使互联网也变得日益智能化。随着苹果公司iPhone等一系列智能手机的出现，互联网变成移动互联网。而视频网站的发展，以更大的信息量、个性化，将人们带入虚拟世界。三网融合将通信网、电视网和互联网统筹在一起，为个性化互联网提供了强大的网络基础设施，也促进了围绕个性化互联网的商业模式创新。

互联网日益普及，并融入了人们的生活。人们几乎可在任何时间、地点，用任何终端、任何接入方式通过网络满足自己的各种需求。为此，腾讯控股有限公司董事会主席兼首席执行官马化腾提出了在线生活社区的概念。的确，在城市公交车、地铁、咖啡厅、候机大厅里，人们用手机或 iPad 上网读写微博、聊天、读小说、浏览新闻，这已成为现代的日常生活景象。越来越多的人通过移动终端下载音乐视频、预订餐饮机票，或实现网上购物和网上支付，移动互联网正在改变人们的生活、沟通、娱乐休闲，乃至消费方式，由此也改变着企业制造产品和提供服务的商业模式。同时，移动互联网还在改变整个信息产业的生态，IT 软硬件企业、通信企业、传统互联网企业等纷纷围绕移动互联网推出自己的全新业务战略。马化腾提出，腾讯的商业模式创新，体现在以自己用户群的社区为核心，通过线上整合所有的需求，给用户一个非常直观的能够从自身的需求通过网络获得服务的体验，以服务强化社区的黏性。

### 三、双边市场上的商业模式创新：威客与众包

威客"Witkey"（智慧钥匙）是由刘锋杜撰出的一个词，意指可以让智慧、知识、专业专长通过互联网转换成实际收入的人。按照这一思想，刘锋于 2005 年开始建立威客网（witkey. com），试图将中国科学院的专家资源、科技成果与企业的科技难题对接起来。建设网站的过程中，刘锋发现通过互联网解决问题并让解决者获取报酬是互联网一个全新的领域，于是他开始通过边实践边总结的方式对这个领域进行探讨和研究，为此他提出了威客理论。

刘锋提出了以下三个相互关联的观点：

从 20 世纪 80 年代开始，电子公告牌的功能不断分离，产生了博客、维基百科等互联网新应用。智力互动问答功能于 21 世纪初也开始从电子公告牌中分离出去。

随着互联网支付手段的不断成熟，信息完全免费共享的互联网时代已经过去。知识、智慧、经验、技能也具备商业价值，可以成为商品进行买卖。

知识、智慧、经验、技能的价值化是人参与智力互动问答的催化剂。

基于上述三个观点，2005 年 7 月 6 日，刘锋在一篇讨论文章中第一次提出了威客模式的概念：人的知识、智慧、经验、技能通过互联网转换成实际收益的互联网新模式。主要应用包括解决科学、技术、工作、生活、学习等领域的问题。

互联网不但连接了世界各地的机器，它也把地球上各个角落的人联结在一起。在威客模式下，每一个人都可以将自己的知识、技能、经验、学术研究成果作为一种无形的知识资本通过网络进行销售，通过威客网站让自己的知识、经验、成果转化为个人的财富。

威客模式提出，用悬赏模式应对低端任务，用招标模式应对中高端任务，为每个威客开辟个人空间进行能力展示和智力作品买卖，对每个任务发布者和威客进行信用评级，开发自己的支付宝进行支付保护。

威客网站上的用户按照其行为可以分为两类：需求者和服务者（解决者）。其中需求者提出难题和发布任务，在获得合适的解决方案后支付报酬给服务者。服务者接受任务，当服务者的解决方案得到需求者认可后，服务者获得约定的报酬。

威客模式网站主要有以下几种运营流程：第一种是提问者（需求者）提出难题，服务者作为回答者收到难题，给出正确答案，需求者收到正确答案，然后由需求者支付报酬给回答者。按照如图 6-2 所示的顺序为：1—2—3—4—5。第二种是威客模式网站聚合回答者专业特长信息，提问者可以通过威客模式网站直接找到合适的回答者，提问者获得正确答案后支付报酬给回答者。按照图示顺序为：3—4—5。

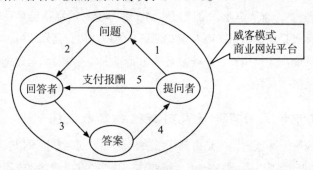

图6-2　威客模式商业网站运营流程图

采用威客模式，网站、需求方、威客会员三方都能轻松获利。网站成本极低，每天都有无数单业务可坐收 20% 佣金；需求方不但能迅速解决难题，成本还比自行解决低了不少；威客会员用业余时间在家里设计方案，轻松方便。

无独有偶。中国人提出威客模式，美国人也杜撰了 Crowdsourcing，意思是众包。众包指的是一个公司或机构把过去由员工执行的工作任务，以自由自愿的形式外包给非特定（而且通常是大型的）大众网络的做法。与此对应的是 Outsourcing，即外包。众包与外包不同，外包是把任务包给特定的人，强调的是高度专业化，通常有较高的费用；而众包是一种通过悬赏方式向公众求取解决方案，或者说以公开招标的方式传播给未知的解决方案提供者群体。方案提供者多为业余人士或志愿者，他们可以利用空余时间探究解决方案，而且有了结果才付费，有时甚至不用付费。对企业来说，这是更广泛地依靠社会人才，在花费较少的情况下得到解决方案。

众包模式已经对美国的一些产业产生了颠覆性的影响：一个跨国公司耗费几十亿美元也无法解决的研发难题，却被一个外行人在两周的时间内圆满完成；过去要数百美元一张的专业水准图片，现在只要一美元就可以买到。

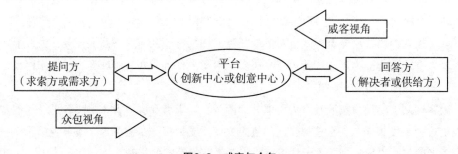

图6-3　威客与众包

如图 6-3 所示威客与众包实际上是同一类商业模式，只不过视角的不同。威客与众包都由三个要素构成，也就是双边市场中的三方，一方是提问者或求索者，也就是需求方；另一方是回答者或解决者，总之是供给方；还有一方是网站平台。威客模式是从供给者的角度出发，考虑如何利用自己的智慧、知识、经验等为需求者提供解决方案。而众包模式是从需求者的角度，考虑如何利用外部公众的智慧、知识与经验，解决企业内部的难题。

我国企业用众包方式解决企业产品广告设计和商标设计等已很普遍，把众包作为企业创新的一种手段或方式将成为一种必然趋势。商业应用包括 k68. cn、猪八戒网、任务中国、淘智网、witkey. com 等数百家网站，通过商业实践，这些网站已经形成成熟的商业模式。

猪八戒网是重庆人朱明跃创办的，这是一家发布问题并招募解决方案的网站，现在是同类网站中最大的一家。猪八戒网有 150 万名注册会员（威客），主要能力集中在营销创意、平面设计、文案写作、软件开发等方面。猪八戒网把任务公开之后，全国各地的注册威客就来参与竞标。假设有 1 000 名威客参加某项任务，猪八戒网就可以征集到 1 000 套方案，让客户挑选。最终客户选定了某人，猪八戒网就把赏金的 80% 给他，余下的 20% 就是网站的收入。

面向创新的威客与众包的中介或平台，就成为一种"创新中心"或"创意中心"。这种双边市场的平台，既是创新人才"解决者"会聚的平台，也是人们带着难题来寻求解决方案的平台。要创新的企业通过这个网络交易平台可以找到难题的"解决者"，企业付出的费用远远低于自己雇佣人员或外包给其他企业的成本，而用户的业余爱好却可以从被采纳的设计和创意中得到相应的收入。

中国创新激励中心（Evo Centvie）是国内首家采用众包模式的创新中心，致力于帮助企业解决发展中的各类中高端难题，并为我国所有行业工作者提供展示自身能力的平台，树立"人人都是专家"的职业新风尚。该中心在国内采用最新的交易方式，以创新激励的方式来推动社会各界共同参与我国企业的创新。在项目内容上，中心关注企业在竞争中的创新发展难题，通过创新激励中心的资源优势，带动全国乃至全世界的行业人才帮助企业解决这些问题，项目激励报酬预定在 5 000 ~ 50 万元之间。创新激励中心作为第三方，将促进第一方与第二方达成合作，并对难题提出者（seeker）和解决者（solver）进行监督，以保证难题的顺利解决。通过创新激励中心的服务，国内企业可以用最少的资金来解决企业的发展创新难题，避免了为解决这些难题聘用专用雇员。对于各类专业人才来说，通过创新激励中心的服务，每个人都可以开拓第二职业，充分发挥个人或集体优势来获得本职工作之外的报酬，并享受创业的乐趣。

美国的 Inno Centive 网站聚集了 9 万多名科研人才，他们共同的名字是"解决者"。与此对应的是"寻求者"（seeker），成员包括波音、杜邦和宝洁等世界著名的跨国公司，他们把各自最头疼的研发难题抛到创新中心的网站上，等待隐藏在网络背后的高手来破译。创新中心最早是由医药制造商礼来公司资助的，创立于 2001 年，现在已经成为化学和生物领域的重要研发供求网络平台。公司成员（寻求者），除了需要向创新中心交付一定的会费外，为每个解决方案支付的费用仅为1万～10万美元。创新中心上的难题破解率为30%，创新中心的首席科技官Jill Panetta认为，在网上广招贤士的做法"和传统的雇佣研发人员的做法相比，效率要高出30%"。

2005年，美国麻省理工学院教授Eric won Hippel对此做出的评论是：创新正在走向民主，传统的企业往往采用先市场调研，然后再进行生产、市场推广，却不知这一过程已造成了巨大的浪费。同时他认为，以用户为中心的创新，将比数年来占主流地位的制造商为中心的创新更有价值。用户愿意为定制的非大众的产品付费，用户的需求正在走向个性化、多样化，市场也变得更加琐碎化，这些原因加速了用户创新的要求和能力，产品设计由过去的以生产商为主导，转向以消费者为中心。因为没有人比消费者更了解自己真正的需求，他们的先导使用者比任何一家企业的研发部门都更活跃、更具有创造力。

# 第四节　创新网络与创新型企业的商业模式

## 一、构建与管理创新网络

2008年，Morten T. Hansen和Julian Birkinshaw两人在《哈佛商业评论》上正式提出"创新价值链"概念。他们认为，创新管理的任务包括内部获取创意、跨单位获取创意、外部获取创意、挑选创意、开发创意和在全公司范围传播创意。

Morten T. Hansen和Julian Birkinshaw提出的"创新价值链"已突破人们以往对这一概念的朴素理解。按照"链"的字面来理解，创新价值"链"似乎意味着把创新理解成一个线性模型，每一个活动都是链条上的一个环节，环环相扣。事实上，人们在很长的时间里对技术创新都持有这种"链"的理念。这一理念曾有助于人们发现创新中的薄弱环节，合理地配置资源，并开展有针对性的管理，增加创新成功的机会。例如，人们发现技术创新在运作过程中非常容易出现以下两种倾向：一方面，表现为不重视技术创新中的研究部分，特别是缺乏深入的基础研究和应用基础研究，技术创新得不到知识创新的推动，使得技术创新演变成简单的开发应用，难以产生重大的技术创新；另一方面，表现为不注重技术创新中的市场化部分，造成科研和市场的脱节。我国科技体制改革的一个重要的目标，就是针对创新价值链中的一些"脱节"，提出合适的政策与方案，以"打通"创新价值"链"。但创新是在多个参与主体所组成的网络中产生、采纳和传播的过程，所以MortenT. Hansen和Julian Birkinshaw所说的创新价值链，其实称为创新价值网更合适。

技术创新是一个复杂的过程，由于专业分工的原因，不同的行为主体经营在不同专业领域，没有一个行为主体具有完全掌控创新结果的能力。因而行为主体之间的联系和相互依赖就显得非常重要，为了实施创新，这些组织不得不与其他组织发生联系，以获得所需的信息、知识和资源等，这样就导致了在分工基础上的技术创新网络产生。

创新价值网是企业为了实现技术创新而对创新网络的构建与管理活动。换言之，创新价值网是企业与其他组织（供应商、客户、竞争者、大学、研究机构、投资银行、政府部门等）建立联系，交换各种知识、信息和其他资源，共同参加新产品的形成、开发、生产和销售的过程。企业与这些形形色色的组织的协同创新活动，就构成企业的创新价值网。协同创新的特征，表现为网络创新能力大于个体创新能力之和。

创新价值网中关于科学、技术、市场的直接和间接、互惠和灵活的关系，可以通过正式合约或非正式安排来维系。

很明显，技术创新网络的形成还由于互联网的技术支持。企业成为广泛联系的互联网中的一个节点。不同创新主体合作而形成的技术创新网络成为企业技术创新活动的重要组织形式。IBM 公司提出互联网的发展历经四个阶段：特定的互联、互联的系统、互联的企业、互联的经济。特定的互联是指点对点的联系；互联的系统是指使用开放的系统制定开放的标准；互联的企业是指与外部合作伙伴、供应商、客户之间有着很强的互动，进而通过这种互动来增强自身能力；互联的经济是指企业、市场、社会、政府之间的联系越来越广泛和紧密，催生了新的经济活动，推动着经济发展。

但一般的企业网络并不是企业的创新网络。技术创新网络是企业创新活动中伙伴关系结成的网络，不同于社会关系网络、产业网络、企业集群、企业网络等，但企业创新网络又要利用各种关系。我国大量引进外资，众多外资与合资企业形成网络，但这种网络并非创新网络，只是一般的企业间网络或产业网络。在这种网络中，不少企业并没有走向创新之路，反而沦落到了国外企业廉价加工厂的地位。我国一些企业利用国内廉价资源与劳动力及其广阔的市场为国外企业赚取了大量利润，而它们本身在产业链条中却处于最低层次。

我国不少企业缺乏创新意识，某些企业即使重视创新也并不了解网络创新的方式方法，不了解如何把握网络创新中的关键问题。还有一些企业片面地把创新行为理解成"练内功"，把核心能力仅仅理解成内部知识的汇总。这一观念可能受 C. K. Prahalad 关于企业核心能力理论的影响。C. K. Prahalad 关于企业核心能力的研究认为公司就像一棵大树，树干和主枝是核心产品或服务，分枝是业务单元，树叶、花朵和果实是最终产品或服务，提供养分、维系生命、稳固树身的根就是核心竞争力。核心竞争力是公司内部的知识汇总，尤其是如何协调纷繁复杂的生产技能和融合多种技术潮流。核心竞争力是凝聚现有业务的胶水，也是发展新业务的火车头。

这一理论明显的缺陷是没有考虑"树"的生长与它所在的生态环境的关联。在今天，创新网络才是企业获取创新思想、新技术和新市场的主要渠道，企业的创新在很大程度上取决于企业能否有效地开发和利用创新网络。世界银行与国务院发展研究中心共同完成的《2030 年的中国：建设现代、和谐、有创造力的高收入社会》中，强调中国企业应参与全球研发网络进行产品与工艺创新。中国企业需要充分理解合作伙伴的目标、驱动因素及发展策略，进而制定有针对性的协作策略。

善于构建与管理技术创新网络，意味着企业使自己占据创新网络的中心地位，这样才能获得其他组织开发的新知识，才能产生更多的创新，才能有更好的创新绩效。L. C.

Freeman 把网络结构中占有重要位置的个体称为"核"（centrality），认为这些"核"对网络具有重要的作用，特别是对网络的增长具有关键的影响作用。Chuang（2006）指出网络中心或者中介性越强，其接触的信息量越多，企业的创新性就越强，导致企业的网络地位逐渐提升，最终成为技术创新网络中的核心企业。

企业融入网络中，也使得企业的边界不再是确定的，海尔集团 CEO 张瑞敏认为，这等于拆掉了企业的"篱笆墙"。企业本来是因节约市场交易成本而存在的，当企业内部的交易成本反而大于外部交易成本的情况下，就应当把有关的业务部门精简。如果企业在市场上可以买到的产品、配件、半成品，比企业内部生产的更便宜、质量更好，企业就不应自己生产，而应在市场上购买，从而企业相关的业务部门就没有继续存在的理由。张瑞敏认为，"拆掉企业的篱笆墙"意味着把市场的压力不断传递到企业内部，有利于克服企业过于封闭的"大企业病"。"拆掉企业的篱笆墙"的活动使海尔优化了内部价值链。

对于企业的创新来说，拆掉"篱笆墙"的意义在于，企业可以从外部获取更多的技术与创意，同时也使得企业内部的创新更有效。

Henry Chesbrough（2003）指出，企业在创新网络环境中的技术创新模式是开放式创新。与开放式创新不同的创新模式是封闭式创新。两种技术创新模式的主要差别，在于企业在获取技术、如何利用新技术实现盈利，以及在技术创新各个环节如何整合资源，特别是利用外部关系与资源方面有根本的不同。简言之，封闭式创新基于企业内部资源、将技术创新过程控制在企业内部，以便获取创新利润和提高自身的竞争优势；开放式创新以开阔的视野看待创新，把技术创新视为可以延伸到企业外部价值网上的活动，因而技术的获取、技术的商业化以及创新的收益分享都可以做多方案的选择。

开放式创新的过程表现为创新价值网。创新企业利用参与协同创新的利益相关者所组成的创新网络，通过与其他"节点"互动与协同，促使创新要素整合、共享。技术创新过程不仅有知识的流动，还必须有人才、资金等要素的参与。企业从商业模式的角度，根据市场环境与条件、自己拥有的技术资源、外部可取的资源，以及创新过程中的成本投入、风险分担，创新成果的分享、转移与交易，考虑如何利用外部的关系与资源实现新技术的价值。合资研究、合作研究、研发外包、虚拟联盟、交叉许可等代表不同的合作方式。企业也可借助风险投资实现创新与创新成果的商业化，包括外部风险融资或自设风险基金。通过对外融资可在风险投资的帮助下实现创新，创业成功之后可选择回购或出售自己的股份获得收益。自设的风险投资基金可以资助内部员工的创新与创业行为，也可以参与对外部创新成果的投资，以便获得大量的科技创新成果与可观的投资收益。

## 二、创新型企业及其商业模式

当创新成果转化为知识资产之后，在下一轮的创新过程中就可以在此新的知识资产基础上依据动态演进的过程持续创新。这一过程得以持续的条件是，企业保持着较高的创新效率，能够有效地获得知识资产，并能有效地将知识资产转化为产品与服务，实现知识资产的价值，从而通过知识资产的经营获得收益以支持企业持续的创新。如果是这样，就意味着企业走向依靠创新生存与发展的道路。这样的企业应称为创新型企业。

企业创新与知识资产的成长关系图如图6-4所示。

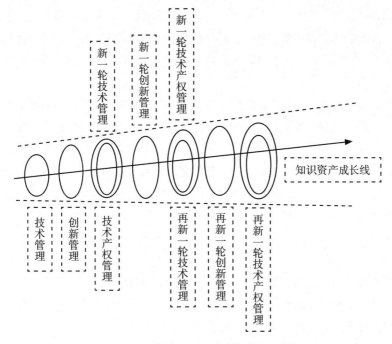

**图6-4　企业创新与知识资产的成长关系网**

最早提出创新型企业概念并分析创新型企业本质的是彼得·德鲁克，他认为，创新型企业是相对于传统企业而言的，传统企业主要依赖垄断、保护、模仿、复制已有的技术、产品、市场等方式求得生存与发展，它们仅适合于社会经济条件变化比较慢而且竞争不十分激烈、创新能力与速度对企业的生存与发展并不那么重要的时代。创新型企业是依靠创造新技术、新产品、新流程、新服务、新市场等方式求得生存与发展，适合于技术与产业链变化加快的社会经济条件下，是现代意义上真正的企业。此后他描述了现代企业的特征，认为现代企业是以信息为基础的知识创造组织，这种组织将主要依靠专业化的知识工作者，知识工作者依靠信息创造知识并贡献信息；如同研究所、医院、乐队等专业化组织，现代企业的组织成员主体是领域内专家，其主要活动是知识创造。德鲁克还认为，企业依靠创新盈利、生存、发展的问题，不是企业某个方面或者某个因素的问题，而是企业整体模式的问题，商业模式是企业竞争的关键。

迈克尔·波特用价值系统（value system）来描述企业所在产业中从原材料到最终产品整个过程的上下游企业之间的价值活动关系，用垂直价值链（vertical value chain）来描述与企业直接相关的上下游企业之间的价值活动联系。波特的企业价值链理论表明，传统企业主要是以制造、销售、物流为核心增值环节，依靠产品经营而盈利、生存、发展。如何在制造、销售、物流等核心增值环节获取竞争优势，是企业生存发展的关键。

创新型企业依靠创新生存与发展，也就是通过创新建立知识资产，然后有效地经营知识资产，通过创新来盈利。知识资产经营的资源包括人员素质、创新能力、R&D能力、专利、技术秘密、销售网络与体系等，意味着企业在知识产权保护、管理的基础上，通过将知识产权内部实施、有选择地将知识产权进行对外贸易（技术咨询、技术许可、技术转让、技术服务以及交付知识产权产品和软件等方式）、将知识产权作为要素进行投资等途径，获取利益回报的过程。

通过获取知识产权、创造知识产权、经营知识产权并周而复始，创新型企业就实现了依靠创新而盈利、生存、发展。相比较而言，传统企业是以耗费自然资源为代价、以有效利用物质资源使其转化为产品与服务的传统经营，其直接后果是耗费自然资源和破坏人类赖以生存的生态环境。创新型企业是注重有效创造、利用知识资产，将知识资产转化为产品与服务的知识资产经营，其经营结果是提供更优解决方案、降低资源耗费、推动整个产业价值网络向更高级演变。因此，创新型企业以知识产权为核心的经营模式，突破了传统产品经营的模式，成为真正意义上的现代企业，是推动产业网络乃至社会经济发展的主导力量。

创新型企业通过自己的价值定位，确定了其内部核心价值链与外部合作伙伴，形成了以创新型企业为核心的创新价值网，创新型企业的商业模式就是通过整合该创新价值网的资源，完成其内部核心价值活动，实现其价值主张的机制。

1. 创新型企业的价值主张

创新型企业是依靠创新而盈利、生存、发展的企业，所以创新是创新型企业主要的价值来源，是支撑其价值主张的主要因素。现代经济条件下，创新产出的本质是知识产权，创新型企业可能通过内部商业化、许可、出售、风险投资等多种方式实现知识产权的经济价值，所以创新型企业的价值主张必然会根据企业实现创新经济价值的方式不同而不同，但是价值主张的核心支撑要素必然是创新及其知识产权。

2. 创新型企业的内部核心价值链

内部价值链是企业为了向顾客提供价值而必需进行的活动及其结构，用于创造和传递企业的产出。内部价值链决定了企业成本收益结构，决定了企业所需的互补资源和外部合作伙伴。创新活动和知识产权经营活动是形成创新产出并实现其经济价值的核心价值增值活动，而创新管理和知识产权经营是企业根据自身资源和能力、外部网络条件所采取的价值增值方式，它们之间的组合结构就形成了创新型企业的内部核心价值链。

3. 创新型企业的价值网络

价值网络是企业为了完成内部价值活动、实现其价值主张而与其他主体合作而形成的网络。创新型企业围绕其内部创新活动和知识产权经营活动与外部主体合作，形成了以创新型企业为中心的创新价值网络和互补资产价值网络。创新型企业就是在其创新价值网络和互补资产价值网络中实现高效率创新并充分实现创新的经济价值。创新型企业的价值网络对创新型企业获取、创造知识产权并实现其经济价值具有重要影响。

创新型企业的网络包含以下两个子网络。

技术创新网络。创新型企业是占据创新网络中心地位的企业，它可以获得其他组织开发的新知识，可以产生更多的创新，也有更好的业绩。

互补资产价值网络。创新型企业是主要从事研发活动的企业，它需要其他企业，例如，OEM厂商、渠道厂商、零售企业以及金融服务业、管理服务业、要素市场等诸多参与者为实现创新价值提供配套服务。这种价值网络的结构与组织模式反映了企业利用网络资源实现其知识产权潜在经济价值的方式。开放式创新模式认为，创新型企业不仅仅能通过内部制造与销售将知识产权商业化，而且也能够通过许可、出售、风险投资等方式，与其他企业共同实现本企业知识产权的经济价值。互补资产、法律制度、产业特征等因素决定了知识产权实现其经济价值的可能途径。

David J. Teece曾经研究过知识资产在创新型企业经营中的核心作用。他发现，企业要实现技术创新成果的经济价值，需要拥有相应的互补资产，互补资产数量和质量对实现和获取技术创新的经济价值具有决定意义。随着信息化和全球化发展，可交易的中间产品范围剧增，信息与实物分离，实物产品的重要性降低，知识资产逐步成为市场竞争中的核心资源；技术创新活动中的知识资产与实物产品日渐分离，组织间形成复杂的虚拟联系，超越了传统价值分析的范畴，如何从知识资产中获取经济价值成为当前经济活动的核心；企业的关键能力是创造、传递、集中、整合以及利用知识资产，知识资产的自身特性、互补资产（包括生产能力、销售渠道、忠诚顾客等）、法律制度、产业结构、动态能力等因素都对知识资产实现经济价值有着重要影响。

正是知识资产与实物资产的相分离，创新型企业才能区别于一般传统企业，通过可持续的创新和依靠知识资产经营、生存与发展。正是知识资产与实物资产的互补性，才能使创新型企业带动众多的企业实现创新。

知识产权经营是以知识产权为对象的、在互补资产价值网络和创新价值网络中实现其经济价值的管理活动。企业创新活动可以通过自身的制造、销售、物流等资源实现其经济价值，也可以通过互补资产利用其他企业的制造、销售、物流、管理、资本等共同实现其经济价值并获取相应份额。

创新型企业主要产出是知识资产，主要活动是知识资产的创造与经营活动。通过技术创新网络获取知识资产，利用互补资产网络经营知识资产，并获得经济价值。

创新型企业通过与大学、科研机构、其他创新型企业、传统企业以及最终消费者建立创新网络、互补资产网络，获取创新所需的科学、技术与市场知识，通过内部创新、合作创新、并购、产学研联盟等多种途径进行创新活动，产出专利、版权、技术秘密等知识产权，并通过内部商业化、公司创业、风险投资、出售、许可（包括交叉许可）、特许加盟等方式实现知识产权的潜在经济价值。

关于创新型企业的商业模式有下述结论。

创新型企业的价值主张是创新，以创新为价值来源、依靠创新而盈利、生存、发展。

创新型企业围绕知识产权的获取、创造、经营形成了其内部核心价值链，其中主要包括创新管理与知识产权经营。

创新型企业围绕创新和知识产权经营活动组织并形成了外部创新网络和互补资产网络，创新网络决定企业自身创新的效率与水平，而互补资产网络则与企业实现知识产权经济价值的途径密切相关。

根据创新型企业的外部价值网络覆盖的范围、内部价值链的构成以及价值主张的实现途径可以将创新型企业划分为以下类型。

（1）整合型创新型企业。这类企业内部价值链包括创新管理、知识产权经营以及传统企业的制造销售等活动，此类创新型企业的主要途径是依靠自身具备的制造和销售等互补资产实现创新及其知识产权的经济价值。整合型创新型企业是创新驱动的传统企业。

（2）半整合型创新型企业。这类企业内部价值链包括创新管理、知识产权经营以及部分传统企业的销售活动，也就是说此类创新型企业将制造等环节外包给互补资产价值网络完成，自身专注于研发和销售等环节的活动。半整合型创新型企业是当前主流的创新型企业类型。

（3）知识产权经营型创新型企业。这类企业的内部价值链主要包括知识产权获取与经营。

# 第五节　商业模式创新案例研究

### 案例一、Facebook独特的网络社交平台

Facebook旨在帮助人们建立社会性网络的互联网应用服务，也就是建立一个网络社交服务平台，用户在这个平台上可创建属于自己的专区。在Facebook里面，因为都是自己熟悉的好友，接收到的基本上是真实的信息，让用户觉得心里踏实、有趣。同时，网络不再是"虚拟"的空间，而成为现实生活的另一版本，而在这个版本里面沟通和互动有时显得更有效率，且更有"人"味，这也促使社交网络的价值飞速增长。

从Facebook这几年成长历程中可以看出，其开放、合作、共赢式的战略帮助其一路高歌猛进。目前，在Facebook平台上大大小小的第三方合作商家已有数千家，吸引了大量的程序员或公司为其开发各种类型的应用模块，使其网站的用户之间多了很多应用模块，又反过来又刺激了用户的增长。

随着电子商务的变革和移动互联网的迅速发展，Facebook也在尝试着新的商业模式。2010年，Facebook全球用户数达5.85亿，平均每秒钟增加近8个新用户，成为全球最大的国际化社区。2011年一季度账号首度超过Google公司账号，成为美国网民最常使用的互联网账号。

Facebook 等社交媒体最大的成功是改变了人们使用互联网的方式，并称得上是一次历史性的改变。随着社会向更为多元的文化方向发展，越来越多的人喜欢通过社交网络来表达自己。在上一轮互联网经济热潮中，搜索、娱乐等应用工具趁势崛起，而网络社区化趋势正使提供这些服务的传统互联网企业面临严峻挑战。

### 案例二、埃森哲：移动互联网商业模式的"双模模型"

如今，在各大公共场所，人们用手机或上网本读写微博、聊天、读小说、浏览新闻、玩游戏、听音乐、看视频等，已成为一种日常生活景象。那么，移动互联网时代如何创新业务模式和把握商业机会呢？要回答这一问题，我们必须深入分析互联网行业的成功企业的发展历程及其商业模式，结合移动互联网正在产生的新生态模式，总结移动互联网的商业模式分析框架。

#### （一）双模模型

我们将移动互联网的商业发展模式归纳为一个包括用户模式和盈利模式在内的双模模型。在这个双模模型中，一边是用户模式，包括用户规模、用户体验、用户黏性 3 个要素；另一边是盈利模式，包括前向收费模式、后向收费模式、衍生收费模式。

在互联网出现之前的传统商业模式中，用户模式往往不在考虑范畴之内。传统的商业更多从盈利模式开始考虑，所谓无利不起早，一定是有利可图、想清楚了盈利模式才会去做这个生意。但在互联网业务中，企业首先要集中精力考虑用户模式，首先考虑怎么发展用户，怎样以某种方式获得用户，以某种方式提供很好的用户体验，进而形成一定规模的用户平台，等到形成了一定的用户规模和用户忠诚度之后，再考虑如何开发这些用户资源来赚钱。比如 YouTube，在网站开办之后很长的时间内并没有确定的盈利模式，但它的网络视频给了用户全新的体验，用户规模迅速扩大，成功地创造了自己的用户模式，从而为相应的盈利模式创造了坚实的基础。

移动互联网的商业模式这个双模模型给出一个重要启示：在移动互联网时代，人们可以同时考虑用户发展和盈利模式，但是应该明确地分开考虑，并考虑好时间发展顺序，这对发展移动互联网业务是有益的。移动互联网业务的发展，首先必须建立用户模式，通过聚集人气、"粘住"用户，形成巨大的用户空间；然后建立盈利模式，即在这个已经形成的用户空间里寻找合适的商业价值，来达到我们的商业目标。

#### （二）两个空间

移动互联网是一个虚拟的空间，是一个由众多个人组成的社会化网络空间，根据消费者在这个社会化网络空间中的商业消费行为的两大类，我们可以把社会化网络中的这个虚拟空间分成两个子空间：数字消费空间和实体生活映射空间。

第一类子空间即数字消费空间，在这个空间里的产品是纯数字化的消费品，听音乐、读书都是可以数字化消费的。而传统的书籍和唱片这些有形的东西其实都只是载体，我们真正消费的是音乐本身和文字所带来的信息，而不是光盘和纸张。所有这些信息产品现在都已经数字化，所有这些信息化产品的生产和传播都可以在网上实现，不再需要建立任何一个有形的载体。

第二类子空间即实体生活映射空间。现实生活中的许多消费行为，比如吃饭喝酒，没有办法放到虚拟空间去进行，还必须让我们的真自到实地去消费，但即使是餐饮、娱乐、旅行这些实体生活中发生的事情，也是可以通过信息映射到网络空间的，这个空间被称为实体生活映射空间。我们通过映射到这个虚拟空间的信息，去驱动和影响我们在实体世界中的行为。比如电子商务、网上购物，都是通过网上信息去驱动的一个个消费行为。

## 案例三、宝洁的"联系+发展"创新模式

创立于 1837 年的世界头号日化企业宝洁公司，在全球 80 多个国家和地区拥有 127 000 名雇员。2007 财政年度，公司全年销售额近 789 亿美元。宝洁公司在全球 80 多个国家设有工厂或分公司，所经营的 300 多个品牌的产品畅销 160 多个国家和地区，其中包括美容美发、居家护理、家庭健康用品、健康护理、食品及饮料等。在世界各地，宝洁公司的产品每天与全球 160 多个国家和地区的消费者发生着 40 亿次亲密接触。

作为快速消费品业巨头，宝洁曾经面临近乎崩溃的困境：10 年前的宝洁公司多次向股东提出利润预警，股票一路下跌到每股 36 美元，市值缩水一半还多；内部大量的创新结果因为没有配套的战略规划成了宝洁的负担；来自传统和新兴对手的威胁，使得宝洁行业老大的地位遭到蚕食。而导致这一结果的原因之一，正是来自宝洁日益增长的高研发费用与其低成果转化率之间的矛盾。

对于大多数公司而言，创新来自公司内部的研发部门。这个部门承担了从资源整合到实际研发的全部过程。对于很多以创新为主导的企业，在其早期成长阶段这个部门的确起到了很大作用。但是，在企业进入巨型化阶段之后，企业持续增长的速度必将越来越慢。对于宝洁而言，每年都要保证至少 40 亿美元的增长规模，但面对着日益激烈的竞争市场和对手越来越低的创新成本，这样的增长规模是不易实现的。

宝洁公司面临的主要困境有如下三点：其一，研发成本过高。2000 年，宝洁的研发费用占销售额的 5%，构成了巨大的研发成本压力；其二，研发能力有限。宝洁给自己设定的是 5% ~ 7% 的年增长率目标，这相当于每年要获得 50 亿美元的收入，从而需要大量的创新，而单靠宝洁自身的力量难以为继；其三，产能"过剩"，难于应用。宝洁的一次内部调查发现，公司投入了 15 亿美元研发资金，研制出了令人咋舌的约 2.7 万项专利，但其中仅有 10% 用在宝洁的产品上。

怎样解决上述问题呢？1999 年，新上任的宝洁 CEO 阿兰·乔治·雷夫利（A. G. Lalley）给出了答案：他提出，到 2010 年，要将外部创新做到 50%。于是，宝洁开始将创新资源的获取转向了企业外部。雷夫利认为，"围墙"不应该是阻碍企业追求创新的障碍。为此，他大刀阔斧地整顿宝洁的研发部门，力排众议提出了"开放式创新"，将宝洁的心

脏——研发（research&develop）扩展为联发（connect&develop），即联合外部研究机构、客户、供应商、个人甚至竞争对手来开发市场新产品。于是，宝洁开始在全球招募创意，并自主创建了"联系＋发展"网站。

"联系＋发展"（联发）的概念是宝洁公司的一项重要创新成果。这个概念提出的目的旨在通过加强开发过程中跨技术、跨学科、跨地域和跨业务部门之间的联系，来降低成本并保持创新。

任何人都有可能和这家美国商业巨擘达成合作，而且这并不需要跋山涉水，只需要点击"联系＋发展"网站即可完成。无论是企业还是研究机构，甚至普通消费者，都能成为这家世界最大的日用消费品公司的合作伙伴。当然，前提是你要先提交一份能让宝洁感兴趣的方案。

这个网站相当于宝洁的创新资产集市。在这里，你可以浏览宝洁的需求及创新成果。若你手上的创新成果刚好符合宝洁的需求，便可以根据提示提交方案，并在8周内获得回复。未收到回复前，可随时登录系统查询方案审核情况。

宝洁的"联发"模式是开放式创新的最佳案例之一。开放式创新不仅包括技术方式上的开放，在模式方式的开放能够更加体现发散式的创新优势。宝洁吸纳对其有利的创新，无论是对外的合作还是内部本身的创新。而在这个过程中，宝洁会去平衡自己内部的创新和开放式的创新。当遇到问题的时候，通过跟消费者交流获得信息后，宝洁通常就会问自己一个问题：针对这个创新的点子，利用外部的资源能不能够更快、更好地把这个问题解决？

有些时候由内部解决可能更快，成本更低；但有些问题的解决是外部更快，从性价比第来说更便宜，这样就会节约宝洁的成本。宝洁有200万外脑资源可以利用，关键是"解决这个问题用什么方式最好"。正如一些新的挑战或问题，宝洁内部可能没有这种资源和能力去做，那就会寻求外部的开放式的创新。

在10年前宝洁刚开始谈"开放式创新"的时候，对公司内部的文化冲击也很大，特别是对研发部门。但现在，开放式创新已经成了公司的新文化，大家习惯于把外部和内部的资源结合在一起。宝洁一直以这样的宗旨指导研发工作。

宝洁的"联发"平台确实收到了奇效。源源不断的外部创意一次又一次地迎合了宝洁的创新需求，使得宝洁与其"联发"的外部合作伙伴获得了共同的利益。

意大利博洛尼亚一位大学教授的解决方案让品客薯片上市周期缩短了一半，当年的销售额增长率提高到了两位数；而他本人则得到了一张来自宝洁的天文数字支票。

浙江的味老大工贸有限公司为宝洁的纺必适（Febreze）产品提供工艺研发，与宝洁实现了双赢。

宝洁在玉兰油开放上碰到了难题。正在他们四处为玉兰油寻找一项抗皱配方的时候，欧洲的一个技术会议上，台下的宝洁科研人员听到法国Sederma公司正在介绍一种全新的肽化合物，能够促进细胞再生和伤口愈合。他们觉察到这很可能就是宝洁需要的关键技术，后来一系列试验证明，事情行得通，于是宝洁买下了该专利，开发了颇受欢迎的玉兰油"新生焕肤"系列。

以上这些似乎门不当户不对的合作，均来自宝洁公司的"联系与开发"平台——这一开放式创新模式使得天方夜谭变为可能，并为双方带来了巨大的利润。

以下的数字说明了宝洁的"联发"战略获得的成功：现在的宝洁，超过 45% 的新产品中都有来源于公司外部的成分；研发生产力提高了近 60%；由"联发"平台的助力已经推出了超过 100 种新产品，包括：Olay Regenerist，Swifter Dusters 和 Crest Spinbrush 等。

在进行联发战略之后的几年中，宝洁把创新成功率（达到财务目标的新产品比例）从 35% 提高到了 60%——这是一个令他们感到满意的比例，再高则显示公司过于保守，过低则代表太过激进。更加令公司感到高兴的是，他们花了更少的钱。2008 年，宝洁投入研发的费用是 22 亿美元，这相当于销售额的 2.6%，在 8 年前，这个百分比大约为 5%。

2006 年，宝洁做了一次全球范围内的统计，惊讶地发现 52% 的创新活动都至少拥有一个外部合作者，超过了 5 年前公司设定的 50% 的目标。在宝洁打破规则之后，平均每周都有两桩联发交易达成，通过这些交易宝洁上市了 200 多种新产品。

宝洁公司的例子印证了开放式创新的优势。对宝洁这个庞然大物来说，持续不断地推陈出新并不容易。尽管其在规模、管理能力和赖以冒险的资源上拥有巨大的优势，但这种创新很容易就会因官僚主义、安于现状等"大企业病"而消耗殆尽。正是抓住了个人以及网络在创新中将扮演越来越重要的角色这一趋势，以及技术创新可以来自世界的任何一个角落这一主导思想，宝洁的"联发"战略获得了成功。我们发现，无论是通过内部的领地网络还是外部的开放网络平台，宝洁都在做一件事：用最低的成本获取尽可能多地创新成果。这种"联合开发"的思路很好地化解了降低成本和持续创新之间的矛盾，这也正是开放式创新的核心所在。这一成功对于和宝洁类似的商业巨头具有提示作用和借鉴意义，更为关键的，对于任何能够便捷地利用互联网、希望获得创新的公司来说，都可以称得上是一个优秀的模板。

在 2000 年之前，宝洁对公司外的创意闭门拒之。而现在，宝洁正借助"联发模式"与全球约 150 万名科学家联手，群策群力，迸发创意。通过持续创新，宝洁公司已经将目光投向了更远的未来，而宝洁的未来，就来自公司之外的广阔世界之中。

# 第七章　企业的生态创新研究

## 第一节　生态创新概述

### 一、生态创新发展的背景

纵观环境保护和可持续发展历程，生态化实践已经先后经历了4个阶段：①起源于20世纪60年代以污染物处理为对象的末端治理阶段。②起源于70年代中期以生产过程改造为对象的清洁生产阶段。③起源于80年代中期以产品或服务为对象的产业生态化阶段等。④进入21世纪以来着眼于社会经济系统整体优化的循环经济和低碳经济发展等。创新对于上述阶段的实现以及不同阶段的跃迁都发挥了非常重要的作用。

（一）末端治理

人类对于产业发展所带来的环境危害的认识是一个渐进过程。20世纪前半叶，欧美日等工业发达国家先后发生了所谓的"八大环境公害事件"，如伦敦烟雾事件和日本水俣病事件等。这些事件使人们认识到，工业发展所带来的不仅仅是物质财富的巨大增长，也会通过有毒有害物质的生产和排放对生态环境和人体健康带来严重的危害。1962年Richard Carlson出版的《寂静的春天》也因此成为环境史上人类生态意识觉醒的里程碑。自此，也正式开启了采用末端治理对抗环境污染的生态化实践历程。

所谓末端治理，就是在生产过程末端加装各种装置或采用各种手段来对已经产生的废物进行处理，以避免或缓解生产活动给周围生态环境或生物所带来的危害（钱易和唐孝炎，2010）。典型的末端治理包括对烟囱排放尾气加装除尘器、建设废水处理装置以处理各种工业废水等。

从产业创新角度看，末端治理在应用过程中很少影响到上游核心工艺的变更，容易形成一个相对独立的产业链环节，其研发和生产所依赖的科学技术基础相对单纯，开发周期短，专业性技术容易积累和相对成熟。因此，末端治理只要在有力的政策驱动或者恰当的市场机会下就可以得到快速而广泛的应用，并取得良好的污染削减效果。例如，美国在20世纪70年代相继出台了《清洁水法》和《清洁空气法》，通过刺激末端治理的广泛采用，快速取得了水环境质量和大气环境质量改善（弗雷德曼，1993）。

然而，大量实践表明末端治理并不是一个真正的解决方案：很多情况下，末端治理需要投入昂贵的设备费用、惊人的维护开支和最终处理费用，末端处理过程本身要消耗资源和能源，并且也会产生二次污染，使污染在空间和时间上发生转移（尔克曼，1999）。为此，在20世纪70年代中期，工业发达国家在反思末端治理弊端并开始寻求新的生态化实践方案，即清洁生产。

### （二）清洁生产

所谓清洁生产，是指为提高生态效率和降低人类及环境风险而对生产过程、产品和服务持续实施的一种综合性、预防性的战略措施。对于生产过程，它意味着要节约原材料和能源，减少使用有毒物料，并在各种废物排出生产过程前，降低其毒性和数量；对于产品，它意味着要从其原料开采到产品废弃后最终处理处置的全部生命周期中，减小对人体健康和环境造成的影响；对于服务，它意味着要在其设计及所提供的服务活动中，融入对环境影响的考虑。

在战略层面上，与以往末端治理不同，清洁生产更加强调环境战略的预防性、综合性和持续性；在操作层面上，清洁生产并不包括废物管理的所有等级，而只包括源头削减和废物循环这两个最高等级（张天柱等，2006）。因此，与末端治理比较，清洁生产具有"环境与经济双赢"的优势。

清洁生产最早出现于工业发达国家的企业实践，如1974年美国3M公司施行的污染预防计划（Pollution Prevention Pays，3P计划）被认为是清洁生产的第一个里程碑（Berkel，2000）。其后，世界范围内几乎同时出现了一系列强调污染预防的概念，如"污染预防""废物最小化""减废技术""源头削减""零排放技术""零废物生产"和"环境友好技术"等。

企业的清洁生产实践引发了国家/国际层面上的集体行动。20世纪80年代起，荷兰、英国、德国和丹麦等国家纷纷开展清洁生产项目示范，如荷兰实施了PRISMA计划，在食品加工、金属包装、运输、金属构件和化工等行业等进行清洁生产项目示范。1990年，联合国环境规划署在英国召开了第一次清洁生产国际高层研讨会，会议目标是促使全球从以往着重依靠末端治理的环保模式转向一种面向源头污染预防的战略模式，即清洁生产。会议提出了早期的清洁生产定义以及一系列建议，如推动世界不同地区发起和制订国家层面的清洁生产计划，支持发展中国家建立国家的清洁生产中心，与有关国际组织等结成清洁生产推进网络等。在联合国环境规划署和联合国工业发展组织共同支持下，我国也于1995年成立了国家清洁生产中心，开始了有组织的清洁生产推进工作。

伴随着清洁生产试点示范的广泛开展，世界各国的环境政策也开始由"整治型"向"预防型"转变。例如，欧共体于1979年宣布推行清洁生产政策；美国于1990年通过了《污染预防法》，确立将污染预防（清洁生产）作为美国的一项国策；我国于2002年出台了世界上第一部以清洁生产直接命名的"清洁生产促进法"。这些国家以不同方式将清洁生产纳入国家政策框架中，采取一种综合方式将清洁生产概念分散渗透到相关的政策法规体系中，广泛推进生产环节的生态化转型。

实证研究证实了环保管理方式从末端治理向清洁生产的转变。德国研究表明，末端治理的投资在 20 世纪 90 年代经历了持续下降的过程，从 4% 下降到 3%，其原因是环保投资转向了清洁生产。在企业实践方面，荷兰研究表明，大约有 71% 的企业采用了清洁生产，而采用末端治理的企业只有 52%。OECD 研究也表明了同样的情形，调查发现美国、德国和加拿大等国家企业实施清洁生产的份额都超过了末端治理，德国最低为 57.5%，日本最高为 86.5%（Kemp & Foxon，2007）。

### （三）生态工业

随着产业活动的全球化拓展以及环境影响的不断深化，20 世纪 80 年代后企业生态创新机理研究全球生态化实践出现新的动向，一方面，产业生态化实践逐渐由企业层面拓展到产业层面，出现了丹麦卡伦堡产业共生体系为代表的生态工业实践（Ehrenfeld & Gertler，1997）；另一方面，生态化努力开始由生产环节进一步拓展到产品使用和服务环节，并开始致力于全球层面的可持续发展努力。

1987 年，可持续发展的概念随着《我们共同的未来》的出版正式浮出水面，并于 1992 年在世界环境与发展大会上得到确立（世界环境与发展委员会，1997）。1989 年，美国通用汽车公司研究部副总裁罗伯特·福布什（RobertFrosch）和负责发动机研究的尼古拉斯·加罗布劳斯（Nicolas Gallopoulos）在《科学美国人》发表《制造业战略》，指出传统工业生产的一般模式是摄入原材料，在产出产品的同时也排放废物。这种简单的线性模式应该转变为生态工业模式，即在工业生态系统中不仅能量和物质的利用得到优化，而且一种生产过程的排放物都可以用作另一种过程的原材料，由此提出工业生态学的概念（Frosch & Gallopoulos，1989）。其后，世界范围内将废物交换、能量或物质梯级利用以及基础设施共享等产业行为纳入生态工业的实践范畴。

1992 年，世界工商业可持续发展委员会提出了生态效率（Eco-efficiency）的概念：为满足人们需求、改进人们的生活品质，在提供具有价格竞争力的产品与服务的同时，应逐步将产品和服务在其生命周期过程中的资源消耗与废物排放减小到地球承载能力范围之内（WBCSD，2000）。该概念的核心在于促进企业将环境要素纳入其活动与决策过程中，在企业发展中兼顾生态环境效益。

类似的产业生态化行动还包括责任关怀（Responsible care），它是国际化学行业在全球发起的一项自愿行动计划，要求该行业中化学品或化学物质的生产者与处理者，围绕化学物质在其开发到处置整个生命周期中的各个环节，根据各自确定的原则及其相应的责任，实施自律式的环境与安全管理活动。责任关怀于 20 世纪 80 年代兴起于北美的造纸和化学行业，目前已经拓展到全球 50 多个国家和地区实施，并签署了《责任关怀全球宪章》，承诺通过各自国家的成员组织开展责任关怀行动（Givel，2006）。

同时，以产品生态化和绿色供应链调整为导向的产业政策纷纷出台，例如荷兰发布了"产品与环境"政策、丹麦开展了"工业产品的环境设计"项目等。进入 21 世纪后，欧盟更是集中颁布出台了"关于在电子电气设备中限制使用某些有害物质指令（RoHS 指令）"、"报废电子电气设备指令（WEEE 指令）""欧盟用能产品生态设计框架指令（EuP 指令）"和"化学品注册、评估、授权和限制制度（REACH 指令）"等。

### （四）循环经济和低碳经济

在生产环节生态化努力持续推进的同时，消费环节的生态化实践也开始在 20 世纪 90 年代得到关注。1994 年，联合国环境规划署在《可持续消费的政策因素》报告中首次提出了"可持续消费"的概念，即"提供服务以及相关的产品以满足人类的基本需求，提高生活质量，同时使自然资源和有毒材料的使用量最少，使服务或产品的生命周期中所产生的废物和污染物最少，从而不危及后代的需求"。

随着消费环节的纳入，全球生态化实践正式进入了以调整社会经济整体系统生态化转型的时期。先是德国于 1996 年颁布实施了《循环经济与废物管理法》，接着日本于 2000 年出台了《推进形成循环型社会基本法》等一系列相关法律。我国也于 2008 年出台了《循环经济促进法》，旨在通过大力发展循环经济来促进经济发展模式的生态化转型。

伴随对气候变化的国际性关注，低碳经济逐渐成为可持续发展的主流。所谓低碳经济，是指在可持续发展理念的指导下，通过技术创新、制度创新、产业转型、新能源开发等多种手段，尽可能地减少煤炭石油等高碳能源消耗，减少温室气体排放，达到经济社会发展与生态环境保护双赢的一种经济发展形态。"低碳经济"最早见诸政府文件是 2003 年的英国能源白皮书《我们能源的未来：创建低碳经济》。2007 年 7 月，美国参议院提出了《低碳经济法案》，表明低碳经济的发展道路有望成为美国未来的重要战略选择。由此，世界各国在气候变化系列会议的推动下逐渐接受低碳经济的概念并不同程度地付诸实施。

综上所述，世界可持续发展逐步经历了从末端治理到清洁生产、到产业生态化再到循环经济和低碳经济的发展历程。推动这一进程的，有技术创新力量，如末端治理、清洁生产和生态设计等；有组织管理创新力量，如国际标准化组织出台的 ISO14000 系列、联合国环境规划署发布的清洁生产审核指南和可持续消费导则等；有制度创新力量，如"清洁水法""清洁空气法""污染预防法""清洁生产促进法"和"循环经济促进法"等。这些不同因素在不同尺度上的组合，产生了多样化的生态创新模式，如杜邦化学公司企业清洁生产模式、丹麦卡伦堡产业共生模式、德国双轨系统废物循环模式等（诸大建，1998）。

## 二、生态创新的定义

生态化实践不仅是一个创新作用逐渐凸显的过程，也是生态创新相关概念不断涌现的过程。不完全统计，以"创新"明确命名的术语包括：环境技术创新（ Environmental technological innovation）（诸大建，1998；Skea，1995）、环境创新（Environmental innovation）（Kemp&Arundel，1998；Rennings&Zwick，2003）、绿色创新（Green innovation）（Carla&Philip，2008；袁庆明，2003）、可持续创新（Sustainable innovation）和生态创新（Eco-innovation）等（图7-2）。没有明确出现"创新"的相关术语更是为数众多，如环境技术、生态效率、生态设计、环境设计、可持续设计和产业共生等。

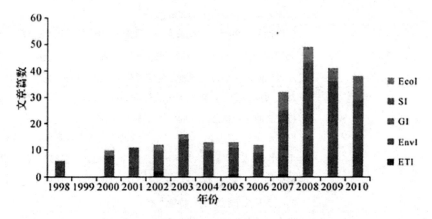

图7-1 不同生态创新相关术语的SCI主题检索结果

注：ETI：Environmental technological innovation（环境技术创新）；

EnvI：Environmental innovation（环境创新）；GI：Green innovation（绿色创新）；

SI：Sustainable innovation（可持续创新）；EcoI：Eco-innovation（生态创新）

比较之下，生态创新术语的出现相对较晚。1996年，Fussler和James才首次提出了生态创新的定义，并于次年明确界定为"显著减少环境影响并能给顾客和企业增值的新产品和工艺"（James，1997）。其后，国内外对生态创新的界定进行了大量的探讨，如表7-1所示。

表7-1 生态创新的不同定义

| 文献 | 定义 |
| --- | --- |
| Fussler& James，1996 | 显著减少环境影响并能给顾客和企业增值的新产品和工艺 |
| James，1997 | 显著减少环境影响并能给顾客和企业增值的新产品和工艺 |
| 刘思华，1997 | 指包括生态系统本身的变革、创造新的人工系统和经济社会系统，即社会生产、分配、流通、消费、再生产各个环节生态化过程的创新活动 |
| Kemp & Arundel，1998 | 环境创新是工艺、设备、产品、技术和管理制度的创新和改良，从而避免或减少有害的环境影响相关行为主体（工厂、政客、联盟、协会、教堂、家庭）的所有能源 |

| 文献 | 定义 |
| --- | --- |
| Klemmer & Lehr, 1999 | 有助于减少环境负荷，达成生态上的可持续性目标的新观念、行为、产品和过程，以及实施和推广的创新活动 |
| Rennings, 2000 | 有利于环境和促进环境可持续性的新的或改良的过程、做法、系统和产品，包括技术的、组织的、社会的和制度的创新。积极的环境影响是核心要素 |
| Rennings & Zwick, 2003 | 环境创新是工艺、设备、产品、技术和管理制度的创新和改良，从而避免或减少有害的环境影响 |
| Kemp & Foxon, 2007 | 生态创新是生产、同化或开发一个新颖的产品、生产过程、服务或管理和商业模式，目的是在其整个生命周期内防止或大大减少环境风险、污染及其他资源使用（包括能源使用）的负面影响 |
| CIP, 2009 | 指任何以促进可持续发展为目标的创新形式，如减少环境影响或提高资源（包括能源）的使用效率和责任 |
| 吕玉辉和丁长青, 2007 | 以生态保护为中心，在企业生产系统中引入生态观念，追求的是生态经济综合效益，即经济效益最佳、生态效益最好、社会效益最优的三大效益的有机统一，从而确保了包括微观单元企业在内的经济及整个社会的可持续发展 |
| Kemp & Pearson, 2008 European Commission, 2008 | 生态创新是生产、同化或开发一个新颖的产品、生产过程、服务或管理和商业模式，目的是在其整个生命周期内防止或大大减少环境风险、污染及其他资源使用（包括能源使用）的负面影响。新颖性和环境目标是其两个显著特征 |
| Oltra & Saint Jean, 2009 | 生态创新就是有利于环境并且能够带来环境可持续性的创造新的或显著改善的产品（或服务）、生产过程、市场方法、组织 |
| OECD. 2009 | 结构和制度安排的创造或实施行为，这些行为不管是有意还是无意，与其他替代方案比较都能够带来环境的改善 |

就内涵而言，上述这些术语无论由哪个机构出于何种目的而提出，其本质并没有太大的差别，基本都是指代以环境绩效改善为导向或能够带来显著环境绩效改善效果的创新。然而，众多术语显然不利于各界相互之间及其内部的交流和沟通，也难以形成学术上的统一语境和理论体系。认识到生态创新对于区域竞争力的重要性，欧盟于 2004 年前后开始在欧盟及其成员国层面推动生态创新，并于 2007 年在"竞争力与创新框架研究项目（Competitiveness and Inno-vation Framework Programme）"中的"企业与创新"子项目设立生态创新专题（Measuring eco-innovation，简称 MEI）。MEI 项目的目标之一就是厘清生态创新的概念，识别建立生态创新指标及向统计体系的方法论挑战，促进各成员国企业生态创新的机理研究有关生态创新的理解与交流。

MEI 将生态创新定义为：对产品、服务、生产过程、组织架构、管理或经营方法所采取的生产、应用或开发行为，这种行为不仅对企业或用户而言是新的，而且与其他方法比较能够在整个生命周期内有效降低环境风险、污染和资源使用所带来的负面效应（Kemp&Person，2008）。该定义具有两个特征：

（1）新奇性（Novelty）。生态创新定义中的新奇性是针对企业或用户而言的，而并非针对市场或者全球范围内第一次出现。也就是说，一项清洁技术的开发是生态创新，其采用和扩散也是生态创新。Arundel&Kemp（2009）和Kemp（2009）指出，这一特征实际上是对奥斯陆手册创新定义的继承。该手册认为，创新不仅包括新的或显著改进的产品（或服务）、生产过程、市场方法、组织结构的创造行为，也包括这些方法在别的企业中的采用和扩散行为。

（2）环境属性。首先，对于环境属性而言，生态创新只看结果而不问动机。也就是说，生态创新并不局限于那些有明确环境动机的创新行为，也包括那些"无心插柳"的创新行为，这就有效解决了因创新动机调查而带来的模糊性问题；其次，生态创新强调了与一般创新在环境绩效改善上的不同，那些不能带来环境改善的创新无论其出发点如何都不成其为生态创新。当然，如何判定环境绩效是否改善是一个存在争议的问题，因为这取决于评判系统空间边界和时间边界的确定，具有一定的相对性。

可以说，只要符合"新奇性"和"带来环境改善"这两项特性，创新活动就可以认为是生态创新。显然，这种宽泛定义带来了诸多争议。实际上，上述宽泛定义是不得已而为之的结果。因缺乏常规的数据统计和度量指标，生态创新难以衡量，而宽泛定义则为生态创新的度量提供了更多的机会，即可以通过现有数据来度量企业生态创新的程度以及识别不同生态创新模式的驱动力。不过，相信随着欧盟MEI项目的进展，生态创新的内涵将会发展变化，也就是说其本身也需要"创新"。

此外，生态创新还有一处比较大的争议在于是否包含末端治理。有些文献认为那些能够避免或降低环境危害的新或显著改进的产品、仪器设备、生产流程、技术和管理系统就是生态创新，而无关是否能够带来经济效益（Kemp&Arundel，2008；Rennings & Zwick，2003）。这其实也是欧盟环境行动方案（ETAP）所界定的环境技术概念的特征。因此，末端治理应该算作生态创新。然而，有一些文献认为，生态创新不仅要能够带来环境效益，还要带来经济效益，例如投资回报、市场准入、中小企业发展等（Horbach，2008）。也就是说，只有带来环境与经济双赢的创新才算是生态创新。无疑，这种界定就将末端治理排除在外，因为末端治理在很多情况下只能带来环境效益而未必带来经济效益。鉴于上述提及的数据可得与度量困难等原因，本书建议末端治理技术的开发与推广可以纳入生态创新的范畴，但是在进行动机分析时要加以区分。

### 三、生态创新的特性

上述MEI定义清晰地表明，生态创新与一般创新的比较只是在于环境绩效改善的不同。因此，有些文献认为，生态创新与一般创新在过程上并没有本质区别，即同样都包含研究、开发、试制、生产、传播等环节及其之间的互动，也同样是由技术、组织和制度变革共同构成的组合系统（I. eitner et al.，2011）。然而，有些文献指出生态创新还是存在着一些不同于一般创新的显著特性，例如双重外部性（Rennings，2000）、技术推动与市场拉动效应的特殊性（Pavitt，1984）、制度的推／拉效应与重要性（Porter&I。inde，1995；Faucheux&Nicolal，1998）。

生态创新与一般创新的不同首先表现在其"双重外部性"上。所谓双重外部性，是指生态创新不仅具有因创新溢出效应而导致的正的环境外部性，也具有环境"公共品"属性所带来的负的外部性（Rennings，2000）。众所周知，环境是一个典型的公共品，具有外部性（Heller&David，1976）。生态创新是旨在能够带来环境与经济双赢的创新，可以在扩散过程中将负面环境效应内部化而带来正的溢出效应，然而环境外部性的存在却使得企业在创新研发阶段缺乏动力（Oltra&Saint Jean，2007）。

"双重外部性"的存在导致了生态创新的第二个特性，即技术推动与市场拉动效应的特殊性。技术推动对生态创新尤其是生产过程和产品的生态创新作用显著。例如，电子行业受半导体技术的推动呈现出著名的"摩尔定律"；再如，内燃发动机在过去十几年里平均输出功率大约提高了50%，而油耗却降低了大约10%，排放减少则高达80%。然而，由于大多数技术创新相对于生态系统的复杂性而言，既定目标过于单一、界定范围过于狭窄，再加上普遍存在的"反弹效应"（单位产品生态效率的提高抵不过产品用量的增加，导致总污染量绝对增加），技术创新在推动产业发展的同时也出现了诸多的环境问题。这使得技术对生态创新的推动无论在驱动力方面还是推动效果方面都有别于一般创新。例如，研发活动、供应链压力或企业网络等影响因素对生态创新都有别于一般创新（Scott，2003）。

同样，双重外部性对市场拉动效应也产生作用。有些研究表明，消费者需求和公众压力是生态创新的重要动机（Florida，1996）。普遍认为，市场力量对于生态创新的激励不充分，消费者愿意支付环境改善的意愿往往过低（Ren-nlngs，2000）。相对于一般创新而言，生态创新的需求拉动效应的影响往往较企业生态创新机理研究低，需要环境政策的激发或支持，如规章或税收等来激发消费者的内在或外部（通过奖励计划）动机。但 Taylor et al（2006）等指出需求拉动的只是生态创新的运用和扩散，而不是生态创新活动本身。

双重外部性对技术推动与市场拉动效应的特殊性又进一步导致了生态创新的第三个特性，即环境管治的推／拉效应与重要性的增加。创新的"推拉模型"认为，在创新的研发阶段，技术的推动作用更为显著；而在创新扩散阶段，市场的拉动作用更为明显。环境问题公认的外部性，使得生态创新在研发阶段是否有明确的经济动机、在扩散阶段是否需要"小生境"市场拉动，都需要探究。因此，需要建立整合的分析模型来系统分析组织与政策等环境管治因素的作用。Nameroff et al.（2004）等认为生态创新与一般创新的影响因素不尽相同，如环境规制及其执行甚至对企业生态创新起决定性作用。

## 四、生态创新的分类

生态创新既然是从环境绩效角度加以界定和区分的创新，这意味着只要对现有创新分类施加环境绩效标准，就可以给出不同的类型划分。例如，按照创新对象，生态创新可以划分为工艺生态创新、产品生态创新、服务生态创新和组织管理生态创新等；按照创新强度，生态创新可以划分为渐进性生态创新和突破性生态创新。事实上，生态创新分类是目前研究的关注领域之一。从对象属性上生态创新包括技术创新、组织管理创新和市场创新三大类，其中技术创新可以进一步细分为末端治理创新、清洁生产创新、产品生态创新和系统生态创新四小类。

末端治理创新基本是附加式的，对于主体工艺影响不大，大多属于渐进式创新；清洁生产创新是针对生产过程作出的改变，大多属于集成式和渐进式的创新，也有少量是突破性创新；产品生态创新基本属于企业战略的重要组成部分，较之过程创新而言存在更多的突破创新；系统生态创新基本都属于突破性创新，涉及价值链或相关产业与基础设施体系的大范围调整（董颖和石磊，2010）。可以看出，上述基于技术属性划分的四种生态创新类型与环境保护发展历程的阶段划分正好吻合。

# 第二节　企业生态创新的研究视角

作为旨在改善环境绩效和可持续发展的创新行为，生态创新兼具物理属性、价值属性和社会属性。①生态创新的物理属性表现为：能源及资源的节约、有毒有害物质的替代、废物的削减与治理、资源循环及重复利用等，这些举措和行为都属于资源交换、物理加工或化学转化范畴。②生态创新的价值属性表现为价值的创造、转移、交换和再生。与一般创新不同，生态创新不仅强调了经济价值，还同时强调了环境价值和社会价值，要求经济、环境和社会价值三者的协调统一。③生态创新的社会属性表现为不同主体之间的作用关系。就生态本义而言，它是生物与生物之间、生物与环境相互之间的作用关系；就创新而言，创新存在于知识网络、商业网络和管制网络的多重交互作用之中。与一般创新不同，生态创新除了强调生态环境特性外，还更加强调主体之间的"生态"关联。

生态创新的三重属性决定了企业生态创新研究需要一种多重的理论视角。经济学视角是从稀缺资源利用和合理配置的角度来研究企业如何生态创新；管理学视角是从系统角度探究企业生态创新的计划、组织、指挥协调及控制等活过程及其规律；社会学视角是从生态创新的参与者、网络特征和关系能力来探讨生态创新的实现机制。

## 一、经济学视角

创新作为不同主体与要素交互作用的复杂事物，其现象、过程以及背后的作用机制需要从经济学角度加以解释和理解。经济学包含新古典经济学和演化经济学两大流派，其中新古典经济学中与生态创新密切相关的有创新经济学和环境经济学，前者可以让我们洞察生态创新的影响因素及其复杂机制，后者有助于环境政策的评估（Rennings，2000）。

（一）创新经济学

创新概念起源于熊彼特，其在 1912 年出版的《经济发展概论》中提出：创新是指把一种新的生产要素和生产条件的"新结合"引入生产体系，包括五种情况：引入一种新产品，引入一种新的生产方法，开辟一个新的市场，获得原材料或半成品的一种新的供应来源。后来，弗里曼从经济学的角度进一步加以规范，认为技术创新在经济学上的意义只是包括新产品、新过程、新系统和新装备等形式在内的技术向商业化实现的首次转化，并在1982 年出版的《工业创新经济学》修订本中明确指出，技术创新就是指新产品、新过程、新系统和新服务的首次商业性转化。

创新外部性是创新经济学的一个重要概念，也是生态创新双重外部性的两个支点之一。所谓创新外部性，既可以指正的外部性，即创新活动除了给创新者本身带来回报之外，也给其他模仿跟进者带来好处，甚至会对整个行业的技术水平、管理模式都产生影响；也可以指负的外部性，即创新者在创新阶段需要付出大量的成本而因创新的风险性未必得到回报。实际上，专利就是避免外部性对创新动机造成阻碍的一种制度设计，以避免"搭便车"行为。

与环境经济学试图将环境成本内部化不同，创新经济学更多考虑创新的正向外溢效应。生态创新的一个重要特点是它无论在创新过程还是传播过程都可以产生正的外部性。传播过程的正向外部性源于它与竞争产品比较具有更小的环境外部成本。这就是所谓的生态创新的双重外部性（Rennings，2000）。

（二）环境经济学

环境经济学是基于新古典经济学发展起来的，其主要思想是将环境成本内部化，研究如何充分利用经济杠杆来解决环境污染问题，内容包括如何估算环境污染造成的损失，如何评估环境治理的投入所产生的效益，如何制定污染者付费的制度，如何制定排污指标交易等（菲尔德等，2006）。

生态创新除了要面对环境问题普遍具有的外部不经济性外，其实它还会带来两种类型的积极外部性，即在研发和创新阶段知识的外部性，在采用和扩散阶段由于对环境的积极影响而导致的外部性（Oltra et al．，2008）。环境经济学研究表明，环境税和交易许可等基于市场的环境政策工具具有动态效率，能够对生态创新产生持续的作用，从而能够以较低的经济成本消减废物。比较之下，技术标准就缺乏持续激励的效果，无论这种标准是在强制背景下还是自愿协商背景下产生的。当然，也有例外，例如，基于自愿的多次协商是可以带来持续激励效果的，环境税的创新效率也有可能在政治过程中付之东流。一般情况下，税制体系下的环境总成本要高于命令强制背景或自愿协议背景，其原因在于税制背景下消减的废物往往更多。

总之，环境经济领域中政策动态效率仍然存在诸多争议。没有哪种政策工具是普遍更优的，其优越性要取决于具体的环境。为此，也有人批评环境政策的工具性，也就是说政策成功与否过于依赖于政策工具的选取。政策工具被过度探讨了，而更为本质的东西却得不到关注，例如长期的环境目标、工具组合、政策施行模式以及主体能动性等。因此，对生态创新而言，环境经济学的应用有可能导致简单化的倾向，只关注机械式的刺激—响应模式，而忽略了其背后复杂的作用机制（Rennings，2000）。

上述创新经济学和环境经济学都是基于新古典经济学发展出来的，其背后的逻辑都是经典的刺激—响应模式，即不同类型的动机会导致不同的边际成本或效益变化。新古典经济学对于分析符合边际效应的渐进变化具有优势，也就是说它对于渐进生态创新具有较强的解释力，因为渐进创新的特点是已有技术系统的连续改进（Freeman，1992）。然而，并非所有的创新都是渐进创新，生态创新也是如此。有一些生态创新属于激进创新，如电动汽车对于燃油驱动汽车的替代。而激进创新则是非连续的，新古典经济学难以分析激进创新中技术系统的激进变革。为此，就需要演化方法来分析激进创新中的一些特性，例如不可预知的系统交互作用、不可逆性、路径依赖性、技术轨迹的锁定以及分叉等。

（三）演化经济学

演化经济学是对经济系统中新奇事物和现象的创生、传播和由此所导致的结构转变进行研究的经济科学（贾根良，2005）。一般认为，它强调：①用动态的、演化的方法看待经济发展过程，看待经济变迁和技术变迁。②强调惯例、新奇创新和对创新的模仿在经济演化中的作用，其中，创新是核心。③以达尔文主义为理论基础，以达尔文进化论的三种机制（遗传、变异和选择）为演化经济学的基本分析框架。④强调时间、历史等在经济演化中的地位，认为经济演化是一个不可逆转的过程。⑤强调经济变迁的路径依赖，制度的演化遵循路径依赖的规律，今天的制度是昨天的制度甚至一个世纪前的制度的沿革。⑥强调经济变迁过程中偶然性和不确定性因素的影响，等等（福斯特和梅特卡夫，2005）。由此可见，与新古典经济学不同，演化经济学更关注系统的转型和学习过程，侧重于有限理性和经验规则而不是优化，强调时间与历史在经济演化中的重要地位，强调制度变迁。

演化经济学对于生态创新的研究得到了越来越多的重视。其中原因有三：①对创新的研究本身就是演化经济学得以诞生的基础。熊彼特对创新过程的研究使演化经济学真正成为一个独立的理论分支，可以说，没有创新研究，就没有演化经济学。②演化经济学的发展得益于生物或生态学上的隐喻，如达尔文进化论和生态演替等。生态创新无论其对象、过程还是作用结果都与"生态"有千丝万缕的关系，因此演化经济学与生态创新无论在本体、客体还是方法上都有很多可以贯通之处。③从全球或区域经济角度，生态创新所面对的是可持续发展这一重大问题，其复杂性和可持续发展要求使我们不得不采用演化经济学这种系统的或有机的方法，而无法恪守方法论个人主义。

其实，新古典经济学和演化经济学对于生态创新研究而言都有优点，也都有其局限性。

演化经济学可以将生态创新研究置于更广阔的系统视野，可以针对具体案例和过程进行详细解析，拒绝对创新机理做出缺乏根据的泛化，因此它对于激进生态创新而言是一种好的选择。它可以探究激进创新中存在的长期的系统交互作用，识别其不可逆性、路径依赖性、技术轨迹锁定以及分叉等现象并给出解释。而对更为普遍的渐进生态创新而言，新古典经济学的解释就已经足够。一方面，渐进创新具有边际效应特征；另一方面，新古典经济学并不仅仅是创新经济学和环境经济学，事实上它是一组以边际分析为核心的解释体系，因此它对于现实世界中纷繁复杂的经济现象具有较强的解释力。更为重要的是，很多环境政策工具是基于新古典经济学而设计的，因此新古典经济学对于生态创新研究而言不可或缺。Rennings（2000）认为生态经济学的方法学多元主义有利于生态创新的研究，毕竟创新研究领域与环境研究领域的交叉并不多，新古典经济学与演化经济学的融合也很欠缺。

## 二、管理学视角

企业生态创新的管理学研究包含个体和系统两个层面。其中，个体层面最为重要的理论是企业资源基础理论，系统层面重要的理论包括创新系统理论和创新能力理论等。

### （一）企业资源基础理论

企业理论研究企业的本质、边界和企业内部的激励制度，典型的企业理论包括交易费用经济学（创立者为威廉姆森）、企业产权理论（创立者为 Hart）、企业激励理论（创立者为 Holmstrom 和 Milgrom）以及其他企业理论等。

与企业生态创新密切相关的理论主要有企业资源基础理论。Penrose 于 1959 年在《企业成长论》中开始提出企业资源观理论，认为"企业所拥有和控制的资源是企业核心竞争力之源"。其后，Wernerfelt 于 1984 年发展了该理论，认为：企业具有不同的有形和无形资源，这些资源可转变成独特的能力；有些资源在企业间是不可流动的且难以复制；这些独特的资源与能力是企业持久竞争优势的源泉。因此，企业可以通过独特或明智地运用资源来创建并保持企业的竞争优势。

一般企业资源包括三类：第一类是物质资源包括技术、工厂和设备、地理资本和原料；第二类是人力资源，包括企业所有员工的整体经验、培训、判断和人际网络等；第三类是组织资源，包括企业的指挥控制系统、计划体系、内部组织之间及企业外部的关系（Barney，1991）。资源是形成能力的源泉，而能力又是形成竞争优势的主要源泉。Grant（1991）将企业能力定义为单个能力的整合所形成的资源集合，并指出资源是进入生产过程的投入品，而能力是一系列资源完成任务和行动的实施力。

Hart（1995）指出生态系统是企业未来的约束，绿色化是战略机遇，有能力进行环境友好活动的企业才会持有竞争优势。环境战略对企业积累竞争力有积极的效果。社会需求是企业环境的一部分，企业积极进行生态创新以符合社会需求也是有独特价值的资源。实证表明环境绩效和企业的盈利能力之间存在着正向联系，且这种影响在大公司比中小型企业更强。从环境的视角看，Butler（2004）认为企业竞争优势是源于其开展环境友好的可持续经济活动的能力。

企业理论可以解释生态创新企业是如何利用他们的特殊能力来发展及商业化生态创新，也有助于阐明生态创新企业所具备的特殊属性。然而，企业生态创新是受很多因素影响且可能相互间存在协同作用，系统环境有可能对企业生态创新决策及模式带来决定性的影响。例如，研究表明生态创新企业相对于"一般"创新企业，有着更广泛的网络联系，尤其是常常与环境组织和政府建立更强的联系。因此，企业生态创新需要在系统层面上加以解析。

（二）创新系统理论

Kemp&Pearson（2007）总结了创新理论的六个分支：

（1）奥斯陆手册的创新体系框架，主要包括外部环境、科学与工程基础、转移因素、创新范式等四块。

（2）国家创新系统，重点在企业层面及与整个系统的互动。该方法主要是针对技术创新，简要地考虑到了组织和营销创新。核心是创新实体间的相互作用，包括交易、竞争和网络。

（3）国家创新能力，如全球竞争力报告，重点是创新的技术性质，注册专利是最重要的指标。

（4）技术创新体系，核心是描述创新过程中各单元的相互作用，包括行动者、网络和机构。还建议对创新系统的分析，主要应考虑"创新系统的功能"，和构建评估指标。

（5）环境和可持续发展的创新体系，关注环境角度，着重于国家层面的生态创新测量、政策影响及制定。

（6）生态创新的社会和文化决定因素，尤其是在特定行业的创新影响力。

这些创新系统理论的分支有很多相似之处：都试图建立一个综合或系统的创新概念，以全面理解创新。它们有三个一致的核心概念：企业、条件和联系。从创新系统理论看，创新被认为是各创新主体、创新要素交互作用下的一种复杂涌现现象，是创新生态下技术进步与应用创新的双螺旋结构共同演进的产物。生态创新系统的演化表明，我们需要重新考虑如何来理解环境、创新和经济发展，以及绿色产业和市场等问题。相对于一般创新，生态组织和营销创新等非技术创新类型更为重要。

对企业生态创新而言，创新系统框架理论对于影响因素的辨析以及相互作用机制有很好的解释和借鉴作用。创新系统框架理论在奥斯陆创新手册中有清晰的描述，并构成了Community Innovation Survey 的理论基础。它包括 4 个不同的维度：框架条件、科学与工程基础、传播要素和创新动力系统。

创新系统理论的主要研究重点是系统环境如何对企业的创新决策以及创新模式带来决定性影响。创新系统的精华，重点在于科学、技术、组织和机构等的协同演化。创新系统的发展和转变是企业和产业间的相互作用和协同演化过程，影响因素还包括公共知识基础设施、政策和更广泛的机构和需求结构。不同的创新系统具有不同的结构特征、特定的创新模式，并随着时间的推移而发展。

基于演化经济学的创新系统理论对于生态创新的研究和发展极为重要。生态创新不仅仅是追求立竿见影的环境目标，更强调长期政策来促进国家创新系统中的生态创新，代表了从传统的环境分析及政策制定的监管模式转变为基于市场的演化以实现气候和更广泛的可持续发展目标。而相反地，创新则是一个分布式过程——在知识和资源方面的投入是在众多参与者及贡献者之间分配的，存在相互关联的网络关系。此外，它还是一个动态的过程，包括社会和经济领域的学习及变革。因此，对生态创新分析的一个重要挑战是使这些想法有实证基础。

（三）社会学视角

1. 利益相关者理论

利益相关者理论（Stakeholder Theory）作为一种管理理论起源于 20 世纪 60 年代西方国家。1963 年，斯坦福研究所（Stanford Research Institute）将利益相关者界定为"对企业来说存在这样的个人或群体，如果没有他们的支持，企业就无法生存"。其后，美国学者安索夫最早将该词引入管理学界和经济学界，认为"要制定出一个理想的企业目标，必须综合平衡考虑企业的诸多利益相关者之间的相互冲突的索取权，他们可能包括管理人员、工人、股东、供应商以及分销商"。

1984 年，弗里曼出版了《战略管理：利益相关者管理的分析方法》一书，明确提出了利益相关者管理理论。利益相关者管理理论是指企业的经营管理者为综合平衡各个利益相关者的利益要求而进行的管理活动。与传统的股东至上主义相比较，该理论认为任何一个公司的发展都离不开各利益相关者的投入或参与，企业追求的是利益相关者的整体利益，而不仅仅是某些主体的利益。这些利益相关者包括企业的股东、债权人、雇员、消费者、供应商等交易伙伴，也包括政府部门、本地居民、本地社区、媒体、环保主义等的压力集团，甚至包括自然环境、人类后代等受到企业经营活动直接或间接影响的客体。

企业生态创新机理研究与企业的生存和发展密切相关，他们有的分担了企业的经营风险，有的为企业的经营活动付出了代价，有的对企业进行监督和制约，企业的经营决策必须考虑他们的利益或接受他们的约束。

这个意义讲，企业是一种智力和管理专业化投资的制度安排，企业的生存和发展依赖于企业对各利益相关者利益要求的回应的质量，而不仅仅取决于股东。这一企业管理思想从理论上阐述了企业绩效评价和管理的中心思想，为其后的绩效评价理论奠定了基础。

2. 社会网络理论

社会网络是由多个社会行动者及它们间的关系组成的集合。从人际关系网络的角度对社会现象和事物进行探究，就出现了社会网络理论（Wasserman& Faust，1994）。常见的社会网络理论包括：社会资本理论、弱关系和"嵌入性"理论、结构洞理论等。

在企业生态创新研究中，网络视角逐渐得到了重视。例如，MEI 认为，创新系统等理论都强调了知识对于创新的重要性，并且认为知识是广泛分布于社会之中，因此需要不同主体之间的沟通与合作。同样，这些理论都认为创新是嵌入知识和企业网络之中的，关注各种知识拥有者对企业生态创新的相互作用。创新系统理论尤其强调价值链不同企业间学习对于创新的重要性（Kemp&Pearson，2007）。

Taylor et al.（2005）等人研究了政府在生态创新中的作用。Hansen et al.（2002）基于创新系统理论，认为生态创新重要的主体包括生产企业、供应商、银行、分包商和零售商（所形成的商业网络），各级政府（监管网络）和所有知识持有者（知识网络），系统理论的主要研究重点是系统环境如何对企业的创新决策以及创新模式带来决定性影响。

Ichak（1996）系统介绍了生命周期考量给管理所带来的挑战，指出这不仅给管理者带来新工具和方法等方面的挑战，而且更需要管理者具有更为全面和系统的环境思考。

# 第三节 企业生态创新的影响因素、动力及障碍

## 一、影响因素

企业生态创新是一个复杂的动态过程。在这个过程中，有很多因素影响着企业是否进行生态创新、进行何种类型的生态创新以及生态创新的强度和程度。欧盟 MEI 项目系统总结了企业生态创新的影响因素，包括：金融资源、人力资源、研发支出、环境政策框架、环境管理要素、预期市场需求、盈利状况、市场竞争状况、创新合作状况、利益相关者等（Kemp&Pearson，2007）。

这些因素大致可归为 3 大类，即生态创新本身技术特征、创新者特性和创新环境条件。其中，创新环境条件可以进一步区分为市场因素、环境政策等外部因素。由此，借鉴波特竞争力"钻石模型"，企业生态创新的影响因素可以采用企业生态创新影响因素分析"钻石模型"。

### （一）技术推动因素

技术本身存在周期，有前沿技术和成熟技术之分。技术还具有局部或系统特征，例如大多数末端治理技术独立于主体工艺之外，具有更多的局部特征；而清洁生产技术则主要施加于主体工艺之上，因此具有更多的系统特征。

技术特征包括 5 个方面，即技术的相对优势、复杂度、兼容性、可试错性和显示度（Rogers，2003）。这些技术特征对创新的决策、过程和绩效等方面都有着不同程度的影响。Hansen et al.（2002）认为生态创新的技术特征会影响企业生态创新的决策及其过程，他详细考察了纺织、电镀和印刷等不同行业的 20 个案例。

### （二）创新者特性

企业生态创新的创新者是企业。企业成长阶段、企业规模、企业在网络中的位置以及获取资源的能力等因素都会影响企业生态创新的决策与绩效。概括而言，影响生态创新的企业特性主要包括企业战略、企业资源和企业能力三大类。

企业战略是企业设立远景目标并为实现目标所进行的总体性指导和谋划，包括使命、核心价值观和远景规划等内容，具有指导性、全局性、长远性、竞争性、系统性和风险性等特征。企业资源包括外部资源和内部资源，内部资源包括人力资源、财物力资源、信息资源、技术资源、管理资源、可控市场资源和内部环境资源等；外部资源包括行业资源、产业资源、市场资源和外部环境资源等。企业能力是指企业在生产运营过程中组织和运用资源的能力，主要包括技术能力、功能性能力（产品开发能力、生产能力、营销能力）和管理能力三种。

企业战略需要以核心竞争力为依托或者是在强化自身的核心竞争力。企业战略的制定需要与企业资源和企业能力相匹配，由此形成基于资源的战略管理模式和基于能力的战略管理模式。

基于资源的观点认为，公司内部环境同外部环境相比具有更重要的意义，对企业创造市场优势具有决定性的作用。核心能力的形成需要企业不断地积累战略制定所需的各种资源，需要企业不断学习、超越和创新。企业内部所拥有的资源是决定一个企业能否取得竞争优势的关键，而企业外部所拥有的资源则决定了一个企业在市场中的竞争地位。

基于能力的观点认为组织是一个知识系统。在组织中，通过学习创造新的知识，并把创造的新知识传递到组织层面制度化，能够更好地提升企业动态能力。公司能力是公司所积累的存在于公司成员或职能机构中完成某项工作的可能性，是一种主观的行为能力。公司之间的竞争本质在于公司能力的竞争，因而考察公司的竞争战略与竞争优势不能仅从公司外部的产业环境入手，而应该关注公司的内部，公司竞争优势来源于公司的能力（特别是公司的核心能力）。企业组织能力是影响生态创新的重要因素

Hansen et al.（2002）分析了中小企业生态创新的优势和劣势，指出中小企业与大企业有所不同。中小企业的系统能力决定了所采取的生态创新类型及其效果。对它们而言，生态创新的采用是一项战略性的行动，不仅需要战略上的改变和学习过程的改变，同时也可能涉及供应链关系的改变。与大企业比较，中小企业在能力培养和网络关系建设上具有明显的劣势。

### （三）外部环境条件

创新研究表明，创新往往是在宽泛的背景下开展的。不同的背景决定了不同的创新过程、成果产出和不同的经济与环境绩效。构成背景的因素有很多，包括价值、信仰、知识和创新者网络、可得技术、经济增长、产品市场、要素市场、教育培训系统、硬件基础设施、宏观经济和制度环境等。生态创新也不例外。

与一般创新比较，生态创新的发展及扩散更容易受到社会经济因素尤其环境管制的影响。Horbach&Rennings（2007）认为，客户需求和公众压力是生态创新的必要动力。企业有来自内、外两方面的压力。外部压力主要来自政府、公众和供应链伙伴。内部压力来自董事、高层领导和员工。一般情况下，企业所感知的压力越大，越有动力制定环境计划之类的生态创新（Henr-iques&Sadorsky，1996）。

不同的生态创新类型有着不同的影响因素（Cleff&Rennings，1999；Reh-feld et al.，2007）。例如，温室气体减排的压力多来自规制和邻国；生态工艺创新的压力多来自竞争对手和客户，生态产品创新的压力多来自消费者和压力集团（Berkhout，2005）。采用渐进的还是突破性的生态创新，其决定因素和作用机制不同。目前，开展的理论和实证研究已经注意到了这个问题，然而由于数据缺乏、方法有待规范和理论基础薄弱等导致结论过于笼统，缺乏针对性。另外，不同的生态创新系统对绩效的影响研究也较匮乏。

## 二、动力与障碍

### （一）生态创新的动力

动力源于主体的动机和一系列相关的激励或约束。动机的产生则与"需要"有关。而需要又与主体的"使命"有关。MEI（2007）促进生态创新的动力可能来自：法律法规、降低成本、商业利润、公众及社会团体压力、绿色理念、改善公司形象等初始动机，以及诸如改善技术效率或增加市场份额等二级动机。

彭福扬等（2006）认为生态创新的核心动力是企业内部追求经济利益的驱动力。激励机制包括政府的宏观激励和企业内部激励。约束机制有三个：资源环境约束，经济约束（市场需求约束和生产力约束所带来的创新适应性约束，效益成本约束），技术约束（技术知识约束、文化约束）。丁堕（2003）研究了绿色创新联盟的内外部动力，认为外部的最直接动力是来自市场,而政府政策也起重要作用; 内部动力因素主要有三个: 企业的技术意识，企业对间接利益最大化的追求，企业内部技术资源的欠缺，并提出了形成联盟的动力机制模型。董炳艳和靳乐山（2005）认为国际环境、政策法规、市场需求、竞争压力和企业文化、资源、管理等因素共同作用于生态创新。Bossink（2004）以荷兰生态建设项目为案例，研究了环境创新的动力及相应的管理反应。

### （二）生态创新的障碍

ZEW（2007）根据 CIS 数据的统计得出生态创新的主要障碍是：创新成本过高；缺乏资金；经济风险过度；缺乏合格的人员；没有法规或标准的灵活性；客户对新的商品或服务的反应不够积极；缺乏市场信息；企业内部组织僵化，缺乏技术资料。

Hitchens（2003）认为生态创新的障碍包括：经济因素，即市场价格无法反映产品或服务的外在环境技术的投资成本，或抛弃传统技术采用新的环境技术的复杂性和高额投资；法律法规及产业标准不明确对生态创新实施及推广带来的负面影响；环境创新的研究基础不完善，生态创新信息不畅通；市场需求不足等。

ETAP（The European Commlssion's Environmental Technologies Action Plan）界定了以下一些环境创新的壁垒：经济障碍，不明确或过于详细的规章和标准，研发不足以及研究体系与信息、培训缺乏的不相匹配；风险资本不足，缺乏来自公共部门或消费市场需求等（EC，2005）。

Ashford（1993）界定了以下类型的障碍及区别：技术、资金、劳动力、规章、消费者、供应商及管理障碍，且认为障碍是相互关联的。

企业生态创新的动力与障碍既有来自外部的因素，也有来自内部的因素。同时，同一因素对于不同企业甚至是同一企业的不同创新决策而言，有时是动力因素，有时是障碍因素。因此，判断企业生态创新的动力与障碍需要具体问题具体分析。Gunningham&Sinclair（1997）对澳大利亚清洁生产推行情况进行了研究。

## 第四节　企业生态创新的作用机理

Rogers（1983）认为创新的扩散过程有四个关键要素：创新、沟通（传播）渠道、时间和社会系统。Norgaard（1984）则用协同进化范式来定义创新的子系统：社会和制度创新系统之间复杂的反馈机制。Kline&Rosenberg（1986）提出有多个反馈回路的"链联结"模型。这是经合组织关于技术与经济关键关系的一个有影响力的报告的概念框架。这个模型代表以下要素之间的反馈回路：①研究。②现有的科学和技术知识。③潜在的市场；④发明。⑤生产过程的各个步骤。如图7-2所示。

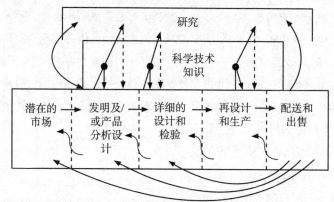

图7-2　创新过程的相互作用模型：链联结模型（Kline&Rosenberg，1986）

MEI（2007）认为发明创新扩散的阶段模型应被理解为是一种阶段重叠和互动的模式，而不是单独（线性）阶段的模型。从（国家）创新系统的角度来看，许多研发的主要决策，都强调知识的创造是一个许多角色的互动过程。创新系统论特别强调公司（使用者和生产者）在创新过程价值链上互动学习的核心作用。国家创新系统理论超越单一公司的研究，而是关注各种知识拥有者的相互作用。

有些文献认为生态创新与一般创新的扩散模式和影响因素没有显著差异，一般创新因素在生态创新中也发挥作用（Rothenberg&Zyglidopoulos，2007）。但大部分文献倾向于认为生态创新与一般创新的影响因素不尽相同（Nameroffet al.，2004）。一般传统的供给方因素如研发活动、供应链压力或企业网络等与一般创新相似（Scott，2003），而需求方因素普遍认为市场力量对于生态创新的激励不充分，消费者愿意支付环境改善的意愿往往过低（Rennings，2000）。因此，相对于一般创新而言，生态创新的需求拉动效应需要环境政策的激发或支持，如规章或税收等来激发消费者的内在或外部（通过奖励计划）动机（Flori-da，1996；Horbach，2008）。

另一方面，生态创新是个复杂系统，强调各阶段、各主体及多目标之间的反馈和交互。演化经济学家认为政策制度与技术经济之间存在复杂的相互作用，如基于技术经济评估的政策和满足污染控制社会需求的政策（Kemp&Foxon，2007），通常因为它们是基于一系列的创新而被称作系统创新。生态创新的发展及扩散是多决策和高度累积的结果。它不是偶然的过程，而是沿着某些特定轨迹，如日益小型化的微电子元件和混合动力汽车等。生态创新和其产生和运用的环境之间是一个相互适应的过程，这也是文献中所强调的锁定和范畴（Kemp，1998；Unruh，2000）。产品和知识系统与市场选择和机构之间的共同演化，导致了社会技术范畴的问题（Foxon，2003，2007）。例如，在生态创新机制中环境法规和创新扶持政策发挥着重要作用。但是，这些规制并不是独立于技术之外的。政策／政治和经济技术之间存在着一种复杂的相互作用，政策是基于技术经济的评估以及对污染控制政策的社会需求。

为此，Foxon&Andersen（2009）提出应重视对生态创新系统层面的讨论。首先是整个经济，然后是国家创新体系，这才是真正的绿色创新体系。生态创新系统的核心是定位和纠正创新系统不同部分的"绿色错位"，如不同的政策领域、研究领域、金融机构、技术标准、市场信息标准等。

Cantono&Silverberg（2009）建立了信息传染和代理异质性相互作用的渗流模型，并扩展到学习经济，研究学习曲线和补贴对于生态创新扩散的作用机制，解释新技术采用的滞后。结果显示价格水平和普及程度比标准的异构概率模型呈更明显的非线性关系。并以环保能源技术如固定和流动的燃料电池为案例，结合消费者随着代理的不同特性而传染蔓延的过程，探索在有限的补贴政策可能引发的扩散。

丁堕（2003）提出了基于复杂适应系统的绿色创新系统的形成、创生和成长机制。彭福扬等（2006）提出了生态技术创新的动力机制、运行机制和激励约束机制。门虹云等（2007）提出了以生态技术创新组织体系、产品开发过程管理体系和生态技术创新激励机制为内容的生态技术创新机制。

总之，相对于一般创新而言，企业生态创新更具开放性和复杂性。如Tay-lor et al.（2005）所强调的，生态创新的需求拉动效应往往比一般创新低，且常常需由政策来唤起。同时，外部资源、组织及过程管理等因素也会影响生态创新。

在研究方法上，生态创新机理研究存在定性和定量（计量经济学）两种方法。前者主要是基于访谈或统计数据源的实证研究，可以对当地行动者的水平及环境技术创新的细节进行描述，对企业的内外部因素以及经济社会相关性进行诠释，但政策建议和普适性上受到限制。定量研究主要采用微观计量经济学方法，对生态创新的诸多变量通过建立计量模型进行更为严格和客观的解析。近年来，计量研究在生态创新研究中得到了越来越多的应用。

然而，由于生态创新的统计数据和指标的匮乏，目前的研究大多为静态的案例分析，研究方法及结论呈现较多争议（Coad et al., 2008）；其次，现有生态创新缺乏对生态创新特性的解构，缺乏对生态创新运作与实施机理的深入分析，尤其缺乏生态创新过程的纵向研究以及与一般创新的对比研究；最后，生态创新的动态研究缺乏，难以分析生态创新的演化过程及其动力机制。

# 第五节　企业生态创新案例研究

本节研究内容主要分为三个部分：首先，针对企业生态创新影响机制等问题，从大量调查案例中选取了四个典型的案例来展开深入的探索性案例研究；其次，结合生态创新理论，通过案例内分析和多案例之间的比较研究；最后，提出生态创新的类型及关键影响因素，构建企业生态创新机理及绩效的初始概念模型和研究命题。

## 一、案例研究方法

案例研究是一种运用特定的资料收集方法，如历史数据、二手档案、访谈调研观察等，并使用可靠技术对案例进行分析，从而得出带有普遍性结论的研究方法。案例研究根据研究目的可以划分为探索性、描述性及因果性三大类（Yin, 2003）。孙海法等（2004）则建议案例研究分为描述性、解释性、评价性和探索性案例四大类。其中，探索性案例（Exploratory case）尝试寻找对事物的新洞察，或尝试用新的观点去评价现象，是观察实践现象，解释"过程"和"原因"的有效方法是对新的研究题目进行研究，并构建理论体系的有效方法。多数是在已有研究的基础上，对现有理论进行扩展和补充，从而产生新理论假设。

本研究的主要目的是探究企业生态创新的类型及其运作的机理，剖析生态创新的关键要素及作用路径。从这个研究焦点出发，文献综述提供了基本的理论借鉴，对实践现象之间的联系进行观察是重要的拓展与补充，因此适合进行基于理论构建的探索性案例分析。

在案例研究的设计上，Eisenhardt（1989）提出探索性案例研究分为八个步骤：案例开始—案例选择—设计测量工具与访谈提纲—进入案例现场—分析数据—形成理论假设—文献展开—案例结束，而 Yin（2003）则分为五步，即研究设计、准备收集数据、收集数据、分析数据和撰写研究报告。综合 Eisenhardt（1989）和 Yin（2003）的观点，本书在对现有文献分析评述的基础上，形成理论预设和研究构思，合理选择案例样本，进行数据收集和数据分析，从而得出初始研究假设。

（一）研究设计

1．研究问题和理论预设

生态创新作为以减少污染、改善环境、节约能源为目的而进行的创新或者能带来良好生态效益的创新活动，提升了企业的环境绩效，可能从根本上带动和促进企业的可持续发展竞争力。

理论界对于企业生态创新绩效的认识存在很多争议，出现环境、经济、竞争绩效等多种观点以及彼此之间正向、负向、无关系和混合关系等多种结论文献（Boons&Wagner，2009）。究其根源，是因为忽视了生态创新类型、环境管制类型的划分（Cleff&Rennings，2000；Rehfeld et a1.，2007），及其对于企业生态创新绩效的不同影响作用。因素解析过于笼统化，不够精细，并且忽略了环保历程的作用，缺乏对双重外部性（创新的外部性和环境的外部性）的解析。

因此，企业生态创新类型、环境管制类型的清晰划分是揭示生态创新绩效关系的重要前提。为此，本书将预设四种企业生态创新的类型以及环境政策，并分别探讨不同类型下对企业生态创新绩效的作用关系（见图 7-3 和 7-4）。

生态创新类型的划分是本书研究的起点，也是解决企业生态创新绩效"悖论"的先决条件。现有的生态创新类型主要沿袭了一般创新的划分维度，如按对象或创新强度等（MEI，2007），在此基础上再施加环境绩效标准区分生态创新与一般创新（De Laurentis&Cooke，2008）；也存在单纯地从生态技术进行的划分（OECD，2005）。然而，这些模式界定与划分存在一定程度的学科分离现象，导致现有生态创新模式与环境保护发展范式有所脱节。为此，本书预设生态创新类型为四种：末端生态创新、生产过程生态创新、产品生态创新、组织生态创新。

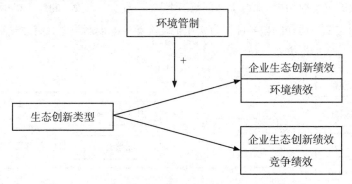

图7-3　生态创新类型与企业生态创新绩效的关系理论预设

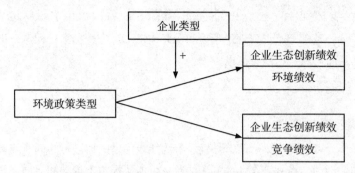

**图7-4　环境政策与企业生态创新绩效的关系理论预设**

在确定生态创新类型的基础上，下一个问题是如何运作，其作用机理是什么。如前文所述，文献中生态创新的影响因素大致可归为3大类，即生态创新本身技术特征、创新者特性和创新环境条件。其中，创新环境条件可以进一步区分为市场因素、环境政策等外部因素。生态创新的作用机理主要围绕环境外部性、供应链和网络能力三个方面展开。借鉴Kemp&Pearson（2007）、Mazzanti&Zoboli（2006）、Horbach（2008）等的研究，基于双重外部性理论（Rennings，2000）、资源基础理论及创新系统理论，综合国内外学者观点，本书拟从技术属性、资源特性和关系属性三方面区分生态创新特征。其中，技术属性表征产业技术特征、生态属性；资源特性表征企业现有的创新成果、创新基础和学习机制；关系表征外部利益相关者网络。

企业生态创新的能力，取决于他们能否协同生产效率、产品质量和环境目标（Oltra&Saint Jean，2007）。生态创新具有"新奇性（Novelty）"和"带来资源或环境改善"这两个内容，其成功运作主要体现在环境与经济目标的协同和外部关系的整合，这不仅来源于企业内部对创新战略及环境战略的选择，如"污染预防""产品管理""可持续发展""成本领先""先发者优势""长期愿景"等战略（Hart，1995），也受到企业与外部关系网络之间的反馈与交互等相互作用（Hansen et al.，2002）。

因此，本书将"环境和经济内、外部整合能力"这两个中介变量引入生态创新特性与生态创新绩效的关系模型中，探讨生态创新的"特征—能力—绩效"的运作机理（见图7-5），并对比在不同类型下运作的差异性，为企业正确选择生态创新类型，有效进行生态创新管理提供切实可行的理论方案。

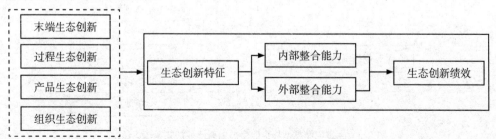

**图7-5　生态创新运作机理的理论预设**

（二）案例选择

Eisenhardt（1989）认为 4 到 10 个案例是归纳中使用原始案例的理想个数。考虑到生态创新理论构建的要求和增加案例的边际效用，同时参照 Yin（2003）等学者的建议，本书在选择案例企业时主要考虑以下几个因素：①为了降低案例研究的外部变异性，本书将案例企业限定在国内规模以上的制造企业。②为了保证案例研究的代表性和信息丰满度，本书分别挑选了具有代表性的四大类行业，即资源依赖型产业、劳动力密集型、资本密集型和技术密集型产业中的典型企业作为探索性案例研究对象。③为了更好地达到多重验证的效果，本书所选择案例企业时兼顾企业的规模、行业地位等差异。

在历时 4 年，实地调研了 110 余家制造业企业之后，具体选择了四个企业，其中，巩义耐材企业 A 作为资源依赖型的典型，宜兴热电企业 C 属于资本密集型的典型，北仑注塑机企业 B 企业属于技术密集型的典型，宁波纺织企业 D 属于劳动力密集型的典型。且选择的四个企业都进行过不同的生态创新实践活动，具备一定的生态创新类型的代表性。

1. 数据收集

在资料收集方面，本研究使用多证据来源收集数据，以提高研究效度。通过实地调研、政府统计数据以及二手资料整理等方式，多来源、多形式地收集数据资料。

在每个探索性案例研究中，都进行过广泛的、深入的实地调研。根据拟研究问题，采用开发式和半结构化问题的方法进行访谈，同时对访谈内容进行现场记录。访谈对象包括企业高层管理人员以及技术部门、采购部门和销售部门等的主管人员（访谈提纲请参见附录 1），每次访谈时间一般为 3 小时左右。并通过再次会面或电话等形式，进行长期动态追踪，与被访谈人员多次沟通，以补充所需信息，并对信息的记录、整理进行核对。

此外，还通过索取、查阅企业及政府文档和资料，借助企业网站、宣传手册、业界新闻等公开信息，对二手资料进行收集和整理。

同时，建立案例备忘录对资料进行整理，以提高研究信度。备忘录内容包括访谈记录、与案例研究相关的收集到的文件资料，以及根据调研情况整理的表格、文字叙述和分析材料等。并进行分类和编码，以备下一步数据分析之用。

在案例数据收集过程中，注重资料的现场性、原始性，避免先入为主及主观判断。在引用数据时，本书均注明证据的来源、场景和时间，以建立明确的逻辑联系。

2. 数据分析方法

本书的案例分析采用 Eisenhardt（1989）的分析性推演法，分为案例内（within-case analysis）和案例间分析（cross-case analysis）。

首先，对每个案例进行案例内分析。在对每个案例企业详细研究的基础上，对企业的生态创新结构特征、能力水平、企业生态创新绩效、环境管制等主要变量进行编码，并把这些编码制成表格，识别出各个案例的变量特征，并把所有案例的变量特征集合在一起，为下一步开展案例间分析做好准备工作。

接着进行案例间比较。通过对四个案例的比较、分析、归纳和总结，探索个变量之间的相关性与因果关系，从而提出初始研究假设，为后续的理论深化拓展及验证做基础。

## （三）企业生态创新典型案例的研究

# 一、A耐材企业生态创新案例（工艺EI）

## 1. 行业特征

耐火材料是高温工业的重要基础材料，主要应用于钢铁、建材等行业。耐火材料业的产业链较短，主要受原材料和市场的制约，属于资源型和衍生型产业，尤其与钢铁工业的发展密切相关。

耐火材料产业的污染物为粉尘、烟尘、噪声等，主要是烧结过程会释放出硫化物和烟尘，尤其是燃煤倒焰窑式生产方式，工艺落后，能耗高，排放的黑烟、粉尘等物质严重污染环境，极大地制约了行业发展。2007年9月，中国耐火材料行业协会通过了"绿色耐材"产品实施细则，明确提出采用循环经济的模式，坚持走科技含量高、经济效益好、资源消耗低、环境污染少、人力资源优势得到充分发挥的新型工业道路，转变增长方式，寻求符合中国国情的"绿色耐材"发展道路，坚持自主创新，实现我国耐材工业全面、协调、可持续发展。

在严格的环境约束下，耐火材料业在产业价值链的各个环节寻求环境经济效益的最优化，从原材料的供给到生产环节到市场的需求到回收体系，从政府、企业及社会等各个层面，环境对于产业竞争力的影响无处不在，如图7-6所示。

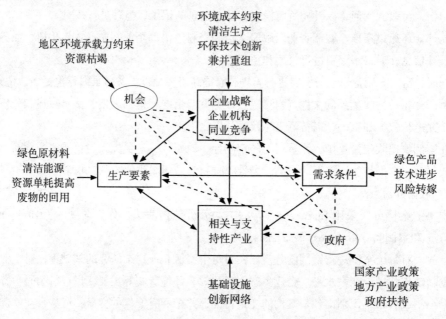

**图7-6 环境约束对耐火材料产业竞争力的影响**

而耐火材料行业一直是巩义市的支柱产业之一，占全市 GDP 的 1/3 强，产品占全国耐材市场份额的 35% 左右。巩义市耐材产业体系图 7-7 所示。

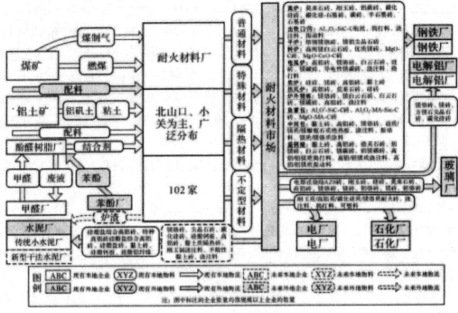

图7-7 巩义市耐材产业体系图

## 2. 企业简介

A 企业主要生产十多种材质的耐火材料产品和各种新型不定形耐火材料，年产各种耐火材料 20 余万吨。经调研，每吨耐火材料生产，约需要黏土 1.2 吨，黏合剂 0.007 吨，煤炭 0.26 吨，生产成品率约为 90%。如图 7-8。

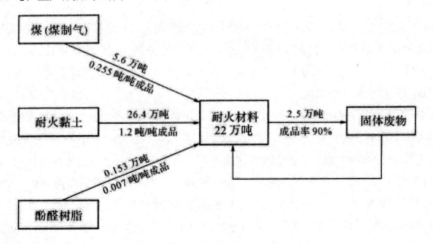

图7-8 A企业耐材生产工艺图

在政府引导下，A 企业积极进行节能降耗、低污染的集约化生产方式转变。"变烧煤为燃气，变人工操作为电子控制，变倒焰窑为隧道窑"的工艺改革。此项改革旨在不仅能够有效降低污染、增加产量，而且还能提高产品质量，降低成本和工人劳动强度，提高产品档次。如采用倒焰窑的生产方式，生产效率为 120 ～ 150 吨 /10 天，按照年工作 300 天计，每个倒焰窑的年产量仅为 4500 吨（以 135 吨 /10 天计），且多为低档产品，能源利用效率低，产品生产周期长，环境污染严重。而用先进隧道窑的生产效率为 3 吨 / 小时，需进行连续生产，按照每天生产 24 小时，每年工作 300 天计，一条隧道窑的年产量为 21600 吨，且产品每吨耗煤量能降低 40% ～ 50%，窑内温度可达 1560 摄氏度，可满足目前烧制各种耐火砖的需要。因此，A 企业进行了工艺设备的升级，率先采用隧道窑进行生产。企业所做的生态创新努力包括：

（1）重视产品及工艺过程的生态创新。先后开发出不仅达到环保和资源再利用的要求，还具有创新性的新工艺新产品。不污染环境、使用寿命长、运转周期有明显提高的高炉长寿用微孔刚玉砖、刚玉莫来石砖、微孔模压碳砖、低蠕变系列产品、抗热震低蠕变系列产品、Al2 03-SiC-C 砖等具有国际先进水平的产品，多次填补国内空白，分别荣获了"国家教委科学技术奖"（三等）、"国家冶金科学技术奖"（三等）、"国家星火计划科技成果博览会金奖"。并于 2009 年 3 月底在原有的四项专利基础之上新授权了三项发明专利，分别为：①碳复合砖及其生产方法。②鱼雷罐内衬结构和鱼雷罐用铝碳化硅碳砖、高铝砖。③鱼雷罐用铝碳化硅碳砖及鱼雷罐内衬结构。

（2）重视设备改造更新。为了保证高炉、热风炉用组合砖的质量，提高高炉寿命，陆续购进了大型液压振动成型机、切砖机、铣磨砖机等先进设备，建成了 20m×20m 可调组合平台，并聘请专家进行组合砖的设计及预砌施工指导。先后为武钢、攀钢、邯钢、昆钢、马鞍山等大中型钢厂的管道、燃烧口、铁口、风口、陶瓷砌体、陶瓷燃烧器等进行了预砌组合。

（3）重视产学研结合。先后同武汉科技大学、洛阳耐火材料研究院、武汉钢铁设计院、武汉冶金建材研究所等大专院校和科研院所建立了合作关系，聘请这些单位的 20 多位专家教授担任总工、技术顾问等职，其中武汉科技大学的林彬荫教授级高工自 1986 年开始担任企业总工和厂长特别助理。

（4）重视产业链构建及关系网络建设。产品畅销全国 30 多个省市的 200 多家用户，并出口美国、日本、俄罗斯、荷兰、印度、巴西、土耳其、意大利、乌克兰、哈萨克斯坦、墨西哥等数十个国家和地区。与全国 197 家大型厂商有常年业务往来，主要涉及钢铁、碳素、玻璃等行业，产品销往上海宝钢、鞍钢、马钢、攀钢、首钢、晋钢、蒙钢以及日本、俄罗斯、印度、美国、澳大利亚等。企业以销定业生态创新团机理研究产，且随钢铁厂的技术改造不断进行新品和技术的开发，在工艺条件允许的情况下，上述大型钢铁厂同类产品的 90% 以上来自该企业。为宝钢、武钢、鞍钢、包钢、太钢等大中型钢铁企业的 150 余座高炉、热风炉量身定做产品组合，品质为国内领先。并被宝钢、唐钢评为"优秀耐材供应商"，荣膺太钢"质量优良服务满意单位"称号等等。

（5）积极服务社会，共塑区域耐材品牌。为周边地区耐火材料厂家提供有偿或无偿技术支持和服务，对耐材产品进行检测、鉴定，对其各项技术指标提供科学的检测依据。对达标产品，中心提供技术质量证明，使一些小的、自己无法进行检测的耐材生产企业的产品得到检测，让其产品质量得到认可，降低了不合格产品外流对河南省耐材产业带来的负面影响，维护巩义乃至河南省耐材产业的形象，让河南省耐材产品成为国际、国内市场的畅销产品，提高和巩固区域耐材产品的市场地位。

## 二、B注塑机企业生态创新案例（产品EI）

### 1. 行业特征

注塑机的基本过程是塑化、注射和定型，基于其基本功能，注塑机主要由塑化注射系统、合模系统、液压传动系统和电气控制系统等四大部分。目前，发达国家的注塑机以精密注塑机、大型注塑机等高技术含量、高附加值的机型为主，以德国为主的发达国家注塑机主要以不断的技术创新来夺取市场份额，产品利润较高。意大利和日本分列第二、三位。相比于塑料机械行业先进的国家，我国塑机的主要差距在：国产塑机在国内外市场上竞争能力差，市场占有率低；国产塑机出口量小，占塑料机械年产值的 10% 以下，远小于德国、意大利、美国等发达国家 70% 的出口比例；技术水平较国外产品差，主要体现在设备效率相当于世界水平的一半，制品精度比世界水平低一半以上，能耗较国外水平高一倍以上，寿命比国外水平低一半，产品品种、规格相当于国外的一半，产品开发周期是国外的三倍。组合结构、专用化、系列化、标准化，复合化、微型化、大型化、个性化、智能化、节能化等是塑料机械发展的方向和趋势。注塑机的下游行业主要包括家电行业、汽车行业、建筑行业、医药行业等。

近 10 年来，我国塑料机械制造工业高速发展，制造企业大多分布在经济较为发达的东南沿海——珠江三角洲、长江三角洲一带。其中，以宁波地区发展最为迅猛，尤以北仑的塑料机械制造业实力最强，总量最大，销售收入占宁波市塑机销售收入的 65% 以上，生产的注塑机机型多，形成多元化、系列化的发展趋势，总体水平居国内前列，其中规模以上的大型企业生产的注塑机产品技术层次与香港、台湾地区处于同一水平。此外，除了注塑机生产企业，将军机械、永企业生态创新的类型与机理探索性案例研究祥铸造、华伟等港台注塑机配件企业也纷纷落户北仑，为新进驻的注塑机企业进行零部件的配套生产。北仑的塑机企业、配套企业、工艺协作单位几乎都是外资企业和民营经济。如图 7-9 所示。

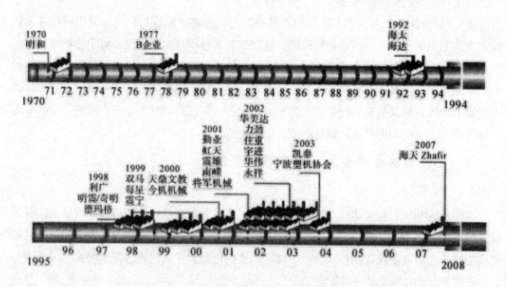

**图7-9　北仑注塑机生产和配套企业进驻情况（带下画线的为注塑机配件生产企业）**

　　通过实地的企业访谈，进一步了解了当地主要注塑机企业的原材料和零配件供应情况，如图 7-10 所示。目前当地注塑机生产的 5 个系统中，以螺杆为主的注射系统以及以钣金和零部件为主的机械部件系统，已基本实现本地化；铸件供应主要由当地的外企和民营企业；而液压控制系统和电气控制系统主要依赖国外企业。行业专家的调研表明，控制系统是注塑机生产中的核心系统和技术所在，也是我国民营注塑机生产企业需要加强的关键环节之一。

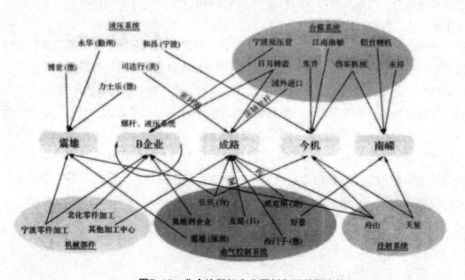

**图7-10　北仑注塑机企业原料和配件供应情况**

2. 企业简介

B 企业 1966 年创立，起初做农机维修，1977 年成立注塑机厂，主要生产注塑机及相关机械产品。长期发展战略是攀登中国机械行业的珠峰。目前锁定的主要竞争对手是日本企业。经营策略是利用资金的优势，与其他企业密切合作，三个"三七开"：30% 外加工，70% 自制；30% 内销，70% 外销；30% 轻资产，70% 重资产。以注塑机为例，核心的配件及铸件自己制造，如螺杆；其他铸件外协，当地供应商为主；机械零件加工的外协企业至少有 50 家，对于这些企业而言，B 企业的需求占其总量的 60% 左右，而对于 B 企业而言，每一种零件或加工工艺必须有 3 个左右供应商。目前国内外供应商有 300 多家，不付预付款，三个月一结算。卖产品允许赊款，几乎无贷款，近两年开始有部分少量贷款。

产品理念起初是批量化、标准化，近年来向个性化设备发展，目前约 40% 为个性化产品，正在从设计—营销—制造进行重大改革，调整企业组织机构、加大技术投入、利用国际科技成果、采用先进工艺装备和材料，并力图将个性化生产纳入标准的体系。

研发的第一阶段：20 世纪 80 年代末 90 年代初，开始研发小量新产品，设立单独的技术部门。第二阶段：20 世纪 90 年代末，技术部门成立中试车间，与生产部门配合，自己装配，产品开发周期降低，设计人员更直接的接触生产，更快地解决问题，转换能力提高。第三阶段：2000 年后，将新品销售部分独立出来，子公司进行独立推广，效果明显。并提出了 B 企业自己的技术发展方向：迎合国际市场需求，进行产品的生态设计，开发节能、节材、环保、高效、智能化的产品。

注塑机制造过程中，环境影响较小，只是在喷漆和电镀工艺，其他工序不存在污染。电镀工序外包。油漆原材料尽量选择环保无污染的材料。车间是全自动化环保车间，仅每个月加活性炭时人进入。喷漆按照职能部门要求，从 2010 年开始出环境影响评价报告书。在成品构成中，电费占了相当的比例，依据注塑机设备工艺的需求，注塑机油泵、马达耗电占整个设备耗电量比例高达 50% ~ 65%，生产工艺的各阶段需要不同的压力和流量。由高压节流造成的能量损失高达 36% ~ 68%。随着世界各国在环保，如能耗、噪声、泄漏等控制方面日益严格的要求，节能已成为注塑机制造的研究重点。

B 企业从 2002 年开始研发节能环保型全自动注塑机，三年研发成功，2006 年投入研发经费约 1.5 亿元，推出具有完全自主核心技术的"J5 伺服节能注塑机"。J5 系列可以大幅度节水节电。HTD 全电动节能环保注塑机，与传统产品相比，可节电 60% ~ 90%，节水 90% 以上，能耗和生产成本要低得多。2007 年 12 月，投资 9800 万美元，年产 2000 台全电动注塑机，是高效、节能、绿色环保型的行业高端产品，并拥有自主知识产权。

但因投入成本太大，故一直没有投入大批量生产。最近几年，温州等地区的企业不是按照产值多少，而是根据耗电量纳税，这给了节能产品很大的市场空间。而节能注塑机国内市场以前一直被日本占据，2007 年，日本降价 30%，力图压垮 B 企业自主研发的节能产品。B 企业通过市场反馈，集中力量调整性能，使得与日本产品水准相同，成功地占据了国内市场。2007 年共生产注塑机 2 万台，其中 1/3 左右出口。2008 年仅 10 月份海天的订单就有 3000 台。尽管在金融危机中，2008 年 11 月变成 600 台，12 月 300 台，2009 年 1 月没订单，企业陷入了困境，但正是节能环保型注塑机，带领 B 企业走出危机，而且逆势上扬。

目前，B 企业销售的注塑机中，80% 是节能产品，企业转型成功。2000 年开始海天注塑机虽然产量规模是全球第一，但产值一直排在全球第四。而在金融危机后，产值一跃成为全球第一，获得绿色产品认证。且只有买了海天节能产品，用户地方政府有退税（缺电的地方有补助）。制定了注塑机国家标准。与浙大等多家院校合作，并拥有国家实验室及博士后流动站。

### 三、C 宜兴协联生态创新案例（组织 EI）

#### 1. 行业特征

热电联产是我国综合防治煤烟型大气污染的重点途径之一。热电企业的环境污染主要包括以下内容：①废气污染。主要是煤烟型污染。热电企业的烟气脱硫脱硝任务十分艰巨。②废水污染。主要是两大部分：制水过程中产生的污染，污染指标为 pH、悬浮物（SS）和化学耗氧量（COD），以及冲灰过程中产生的污染，氟、硫化物及砷化物是主要污染物。③固体废弃物污染：炉渣和粉煤灰以及粉尘污染。

#### 2. 企业简介

宜兴协联的发展是由热电向生化行业的多元化历程。围绕热电、生化之间的能源梯级利用和废物循环利用，采取了一系列生态创新实践：①集中供热。②灰渣的综合利用。③生物脱硫（就是用 $CaCO_3$ 喷气体以生成 $CaSO_4 \cdot 2H_2O$）。④色谱分离技术。

目前下辖宜兴协联热电有限公司和宜兴协联生物化学有限公司，基本形成了热电、生化两大产业板块，是国家首批排污达标柠檬酸生产企业、江苏省清洁文明生产企业、江苏省循环经济污水处理试点企业。2005 年销售超 10 亿元，利税超过 1.5 亿元。自营出口比例 80% 左右，出口美国市场的协联品牌自主率接近 70%。2009 年，利润总额比 2008 年上升 370%，工业增加值比 2008 年增加 56%，上交各项税额比 2008 年增加 12%，取得了历史最好成绩。近 5 年内，偿还了近 10 亿工程欠款和银行借款，上缴税收 4.6 亿元，回报股东 2 亿多元，赢得金融机构、供应商和其他合作伙伴信任。

宜兴协联热电有限公司注册资金 6000 万美元。2003 年年初，协联实施了总投资达 10 多亿元的 2×135MW 热电机组扩建工程，自主完成设备安装、调试等建设任务。现役热电机组（1×15MW+1×12MW+2×60MW+2×135MW）装机容量 417MW，是无锡地区规模最大的热电联产企业，集中供热区域覆盖宜兴市主要工业集中区。

宜兴协联生物化学有限公司总投资 4000 万美元，年产 7 万吨柠檬酸（盐），已通过美国犹太认证和 ISO9001 质量管理体系及 ISO14000 环境管理体系认证，与美国最大的化工品分销商、欧洲最大的化工品分销商以及国际知名的饮料食品企业都已经建立合作关系，产品主要销往北美、日本和欧盟地区。

宜兴协联公司的产品包括两大块：热电生产和柠檬酸生产，都是属于污染型的传统产业。烟气和浓糖水是协联的主要污染物。柠檬酸生产传统上是个重污染源，废水处理排放花费不小。协联采用了先进的清洁生产理念发展循环经济，创建了这两个看似互不相关的产品，却在生产过程中形成了互补关系。先后投资1.5亿元用于污水处理系统的建设和烟气生物脱硫工程的建设，是世界上首次将生物脱硫成功应用于电厂烟气，"中国热电企业脱硫的一次技术革命"。引进了荷兰帕克公司具有世界先进水平的高效生物反应器，作为"循环型污水处理系统"的核心装置。公司的生产、生活污水全部经由反应器采用微生物技术处理，废水处理后，有害成分转变为沼气与污泥。系统日产沼气2万立方，沼气经生物法脱硫后用于发电。公司利用沼气发电机组每天可发电2万多千瓦时，除生产用掉6000多千瓦时外，还"净赚"15000千瓦时左右。发出的电可供柠檬酸生产，产生的余热又可带动中央空调供生活办公区采暖、制冷，处理后的废水还可回用于生产。污泥经过生物处理脱水后具备较高的燃烧值，可作为燃料用于发电。对柠檬酸生产过程中的高浓度COD废水作了再利用，极大地提高电厂烟气排放标准，改善环境质量，消耗了柠檬酸生产过程中的大量废水，同时，节省资源和副产品。协联产业共生体系如图7-11所示。

现在，协联的循环利用系统总投资将达1.5亿美元，比传统的化学治污系统多投资5000多万元，但废水废气经过生化处理变成资源产生的效益一年近1000万元，且这种回报稳定，有利于企业的长远发展。此外，公司上马135MW机组以后，获得良好的经济效益和消耗水平。供电标煤耗远低于60万千瓦超临界机组。

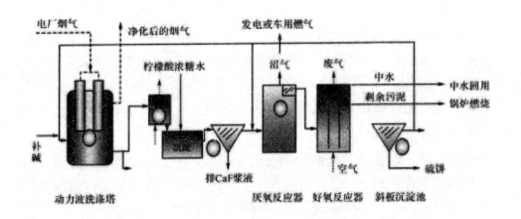

**图7-11 宜兴协联污水处理流程图**

在全国首次使用色谱分离工艺替代传统钙盐工艺生产柠檬酸，置换出高纯度单质硫。又可减少90%的水耗，少排90%的废水，且不产生废渣。2010年6月全面开工6万吨色谱提纯法柠檬酸项目，该工艺是在1万吨色谱成功应用的基础上实施的，解决了技术瓶颈，也为更大规模应用积累了运行经验。色谱的应用将为企业生产发展带来一系列有利条件：

一是项目上马后可减少 2/3 的污染物排放，减少 5 万吨硫酸和 5 万吨碳酸钙的消耗，不仅减少了资源的依赖和大幅度的污染物排放，而且直接降低了生产成本。二是色谱提纯技术的应用为柠檬酸最终实行污水回用提供了可能。三是该工艺的应用将极大地提高自动化水平，改善工人的劳动环境，减少 2/3 的用工量。下一步有关管理部门将制订更加严格的行业准入门槛，这就为色谱工艺这样的先进技术提供更大的发展机遇。五年内在柠檬酸领域，色谱工艺提供方将确保宜兴协联在国内乃至泰国等东南亚地区为工艺唯一使用方。

走多元化发展道路，通过产业链接，体现产业间互补优势。下一步，协联将发展以柠檬酸酯为代表的环保增塑剂产品，该系列产品是环保市场具有巨大增长潜力和国际国内发展趋势性的产品。通过产业链的延伸，上游拥有能源和柠檬酸原料两大重要成本优势，为增强环保增塑剂市场竞争能力提供强大的支撑，从而构筑起更为可靠的产业链优势。

通过与科研院所和拥有核心技术的企业、单位合作，实施宜兴协联转型发展，成为国内环保增塑剂和有机酸行业的领军企业。公司与浙江大学农学院合作，在菌丝体的综合利用方面开展深入研究，把菌丝体做成功能性动物营养饲料——氨基葡萄糖酸，价格由原来的每吨几十元上升到 20000 元 / 吨。通过热泵技术的成功应用，协联在污水热量回收上取得了新的突破。原来采用冷却塔冷却水降温的方式：一是会产生气味；二是有热量损耗。热泵技术不仅解决了以上问题，而且通过热量回收，年可加工 150 万吨热水，一年可以节约 1500 万元费用，加工的热水量足够全市生活使用。通过与清华大学合作开展中水回用的研究，柠檬酸用水理论上完全可以达到"零"排放。

2009 年 11 月，江南大学生物工程学院与宜兴协联建立战略合作联盟，并成为江南大学发酵微生物工程科研基地。

公司先后开展了"首席工程师（技师）""全能值班员"评聘活动，并实行企校合作，与江南大学合办的生化大专班、与南京工程学院合办的热能动力和发电厂及电力系统大专班，目前近 200 名职工已毕业，为企业发展储备人力资源。

## 四、D宁波纺织企业案例（末端治理）

### 1. 行业特征

纺织服装产业是我国发展历史最为悠久的产业之一，是传统优势类产业，也是重要的民生产业。具有劳动密集型特征，主要涉及 3 个行业即化学纤维制造业（大类代码 28）、纺织业（大类代码 17）和纺织服装、鞋、帽制造业（大类代码 18）。包括从上游化学纤维生产到中游纺织面料制造加工再到下游纺织品和服装制造。纺织服装产业链如图 7-12 所示。其中，以染色、印花和后整理三道工序为主的染整系统是决定纺织服装产品档次的关键环节，也是水污染最严重的环节。

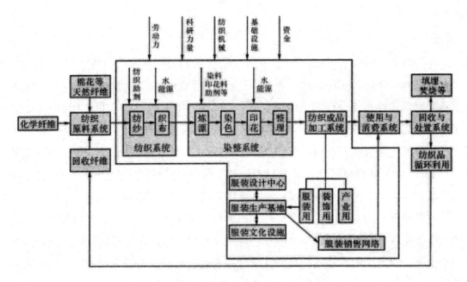

**图7-12　纺织服装产业链分析图**

以宁波北仑区 2008 年经济普查的要素消耗指标为例，整体产业层面有 3 个特点：一是产业资源消耗增速高于工业平均水平。纺织服装产业用水、电、水蒸气和人工量分别增长 9.6%、8.4%、1.7% 和 16.6%，高于同口径工业 27.4 个百分点、4.2 个百分点、9.8 个百分点和 0.3 个百分点；二是产业资源消耗增幅高于同期产值增幅。产业用水、电和人工增幅各高出产业工业产值增幅 1.3 个百分点、0.1 个百分点和 8.3 个百分点；三是产业要素使用中水蒸气和人工指标较高。产业亿元产值耗汽和用工分别达到 43350.7 百万千焦、590 人，是同口径工业的 5.3 倍和 3.6 倍，水耗和电耗是后者的 25.4% 和 88.4%，高能耗和劳动密集型特征相对显著。

分行业看，也有 3 个特点：一是纺织行业资源消耗指标相对上升。纺织行业用水、电、蒸汽和人工分别增长 5.2%、3.5%、5.6% 和 11.7%，高出同期产值增速 14.0 个百分点、12.3 个百分点、3.2 个百分点和 20.5 个百分点，主要是产品价格下降和停工、半停工状态增多两方面原因导致资源消耗相对产出增加；二是服装行业资源消耗指标相对下降。服装行业用水、电、蒸汽和人工分别增长 12.5%、15.3%、8.1% 和 19.3%，低于产值增速 14.7 个百分点、11.9 个百分点、19.1 个百分点和 7.9 个百分点，主要得益于近几年来节能减排投入发挥成效；三是两大行业资源消耗各有侧重。服装行业亿元产值水耗和人工分别是同口径纺织行业 1.3 倍、4.2 倍，而电耗是后者的 60%，蒸汽指标基本持平。

总体来看，纺织服装业的环境问题主要是高能耗高水耗以及污水排放和回用。当前发达国家纺织服装业的重点转向高技术、高附加值的新型纤维、染整新技术、高档面料、高档服装的开发和生产，而将劳动密集型或影响环境的服装加工、化纤生产、印染加工等生产中心转向第三世界尤其是亚洲发展中国家。国际产业转移呈现梯度式、组团式、产业链整体转移趋势；消费中心（主要在发达国家）与生产中心的分离，使得近年来纺织服装贸易迅速增长。

2. 企业简介

D 纺织企业创建于 1988 年，集织布、染整、印绣花、裁剪与缝制四个完整的工序于一体，是中国最大的纵向一体化针织服装代工企业；是我国最大的针织服装出口企业之一，在出口至日本的针织服装制造商中列第一位。主要生产针织休闲服装，近年来大力发展运动服装。曾获得中国制造业前 500 强企业，浙江省百强企业，针织行业竞争力前十强，销售收入前五十强和中国纺织服装行业出口百强企业等荣誉。D 企业已通过 ISO9001：2000 质量体系认证及 ISO14001 环境体系认证，并成为杜邦莱卡推荐认证工厂，获 ITS 资格认证和最佳产品质量奖。D 企业的目标是实现针织服装代工的全球最具竞争力企业。

作为国内针织行业的龙头企业，既是创利税大户又是用水大户。面对当前资源紧缺的客观形势，D 企业以打造资源节约型、生态环保型绿色创新型企业为己任。纺织企业是劳动密集型产业，从粗放式的管理转向集约化管理，有着很大的效益潜力可挖。D 企业依靠技术、管理和环保优势，不断扩大贴牌加工内涵，同时注重节能降耗和规范用工，开创纺织服装这一传统行业的发展"蓝海"。

目前申洲国际从事与科研相关的人员有上千人，公司建成国内一流的建筑面积逾 6000 平方米的面料工程技术研发中心，每年面料新产品开发能力达 1000 个以上；投入了 20 亿元引进先进设备，技术装备整体上达到世界一流水平。D 企业的环保技术等大都是自主研发，产品和工艺的生态设计以客户要求为主。

2005 年以前坚持将所有利润的 60% ~ 90% 都投入技改，2005 年上市以后，每年仍然把 50% 的利润用于技改。仅最近五年，D 企业用于引进设备、技术改造的投入就高达 20 多亿元。重视环保，先后投入 1800 万元建造了两个在浙江省企业中最大的污水处理站，又在在新厂区投资 6000 万元，建造了日处理污水 6 万吨的排污设备；花高出国内最先进机型 3 倍的价格引进德国的绿色环保气雾染色机，达到节水、节电、排污三项指标大大降低的目的；在使用原材料方面，宁可花更高的价格采购进口的无污染染料，以减少对环境的破坏。

2000 年开始节能减排，意图一是节省成本，增加利润，二是企业的社会责任，三是满足客户要求。如外商对污水处理派了 3 个专家来巡视，联合性验厂。当前尚没有国家的绿色纺织品标准，而国际客户要求第三方检测，因而 D 企业聘用国外检测机构，采用国际标准。这里要提及的是，国内尚缺乏绿色纺织品的知识产权，国内检测仅占到 21% 的市场份额。

近 5 年，D 企业主要是挖掘内部潜力，节能降耗，提高资源效率，提高员工福利，满足政府一级排放的要求，同时也压缩成本，向管理要效益，例如以下几项明细账：①蒸气价格从每吨 118 元上升到 260 元，D 企业通过工艺改进，节约 30% 的用气量，一年可节省 2000 多万元。②投入 5 亿元引进低能耗、节能型染色设备，使得染色工厂的用水量降到普通印染企业的四分之一，一年至少节省水费 5000 万元；此外由于耗水量减少，染色化工原料和助剂一年还能省下 3000 万元左右。③利用先进设备进行标准化生产，如通过电脑分色仪可使染色准确率达 99.9%，而一般的印染企业准确率连 70% 都不到，仅次品率的降低一年也节省将近 6000 万元。④手工剪裁面料损耗大是服装企业的常见问题。2007 年 D 企业引进意大利和美国的自动裁床，从制图到裁剪一体化电脑操作，用料省了 15% 以上，每天给企业省下 15 吨布，一年至少节省一个亿。⑤采用条形码管理，物流中心的差错率从以前的 3% ~ 4% 一下子降到了零，一天可以少浪费 7 吨布，一年又节省下来 5000 多万元。⑥强化细节管理，安装节能灯具，仅以制衣部 2 万多盏灯计算，每年可节电约 46 万度。

D 企业也是浙江省第一批通过的 12 家清洁生产企业之一，浙江省首批绿色企业，2009 年综合能耗增长 14.0%，低于产值增速 12.6 个百分点；单位产值能耗 0.347 吨标煤，下降 10.1%。低能耗、低排放、高产出、高效益，日益成为 D 企业的核心竞争力。

D 企业的废水主要来自染色、染纱等工序。2010 年，D 企业投资 4000 多万元，运行了国内最大印染废水回用系统，4 个染整车间、1 个水洗车间都加入了循环系统，每年能减用自来水 450 万吨，节约水费 2047 余万元，同时还能削减 COD（化学耗氧量）排放 360 吨。目前，D 企业正着手更换 4 个染整车间水管以提高中水利用率。此外，还将通过增强污水生物处理能力，最终实现 COD 零排放。整体效益相当于 20 万人的中型水库，产生的收益在 400 万 ~ 600 万元。加上已建造的日 6 万吨处理能力的污水处理厂，总共水处理 75000 吨。实际运行水量在 12000 ~ 18000 吨，其中中水 11000 ~ 12000 吨。中水回用不仅有经济效益，更为重要的是可在一定程度上缓解用水紧缺状况，减少污水排放，降低成本，达到经济环境社会效益的统一。

此外的生态细节管理还包括回收包装塑料袋。以前只做废品，现在回收后一年可获利 60 万元。与此同时，D 企业还升级了贴牌加工的内涵，除了为国际客户做代工之外，他们还与"优衣酷""耐克""阿迪达斯"等众多巨头以股份合作、技术合作等形式建立战略伙伴关系，形成了利益共同体，增强了议价能力，降低了成本上涨带来的风险，从而打造其纺织代工企业的世界一流的核心竞争力。

# 参考文献

[1] 纪德尚主编. 二十一世纪企业成长与先进企业文化建设研究 [M]. 西安：陕西人民出版社，2008，07.

[2] 侯先荣，吴奕湖. 企业创新管理：理论与实践 [M]. 北京：电子工业出版社，2003年03月第1版.

[3] 郭斌. 信息时代的企业管理：Business Management in the Information Age[M]. 杭州：浙江大学出版社，2009，02.

[4] 熊钟琪主编. 企业创新管理 [M]. 北京：国防科技大学出版社，2005，2.

[5] 夏洪胜，张世贤主编. 企业创新 [M]. 北京：经济管理出版社，2014，03.

[6] 顾琴轩. 促进企业创新，理论与实践 [M]. 上海：上海交通大学出版社，2012，01.

[7] 张平华. 中国企业管理创新 [M]. 北京：中国发展出版社，2004年01月第1版.

[8] 汤幼平. 转型期中国企业管理创新思考 [M]. 北京：经济科学出版社，2012，12.

[9] 肖旭，赵宏，梁莉丹. 现代企业组织管理创新 [M]. 广州：中山大学出版社，2007，1.

[10] 万后芬主编. 绿色营销 [M]. 北京：高等教育出版社，2001年06月第1版.

[11] 周朝琦，侯龙文. 质量管理创新 [M]. 北京：经济管理出版社，2000年01月第1版.

[12] 谢晋宇. 企业人力资源开发与管理创新 [M]. 北京：经济管理出版社，2000年.

[13] 孙锐. 战略人力资源管理与组织创新氛围研究——基于中国企业研发人员的调查 [M]. 北京：人民出版社，2013，11.

[14] 李海，郭必恒，李博等. 中国企业文化建设：传承与创新 [M]. 北京：企业管理出版社，2005年01月第1版.

[15] 夏洪胜，张世贤主编. 企业创新 [M]. 北京：经济管理出版社，2014，03.

[16] 司春林. 商业模式创新 [M]. 北京：清华大学出版社，2013，05.

[17] 董颖. 企业生态创新的机理研究 [M]. 杭州：浙江大学出版社，2013，05.